U0331311

新世纪网络教育系列教材

行政公文写作通解

张永璟◎主编 李锦云 王瑶 张夏梦◎副主编

清华大学出版社

北京

内 容 简 介

本书主要包括公文规则、公文原理、公文写作、事务文写作等内容,将办文、办事、办会的理念贯穿全书。本书案例新颖,内容符合《党政机关公文处理工作条例》的规定;理论结合案例,使读者能够学以致用;写作范例有高端、有低端,适用面广。

本书适合作为全日制高等教育、成人教育、网络教育的教材,也适合作为党政机关公务员、国企秘书文员和其他行政公文写作爱好者的参考书。

图书在版编目(CIP)数据

行政公文写作通解/张永璟主编 . --北京:清华大学出版社,2015(2023.8 重印)
新世纪网络教育系列教材
ISBN 978-7-302-39085-5

Ⅰ. ①行… Ⅱ. ①张… Ⅲ. ①行政-公文-写作-网络教育-教材 Ⅳ. ①H152.3

中国版本图书馆 CIP 数据核字(2015)第 017208 号

责任编辑:田在儒
封面设计:王跃宇
责任校对:刘　静
责任印制:丛怀宇

出版发行:清华大学出版社
　　　　网　　　址:http://www.tup.com.cn,http://www.wqbook.com
　　　　地　　　址:北京清华大学学研大厦 A 座　　　邮　编:100084
　　　　社 总 机:010-83470000　　　　　　　　　　邮　购:010-62786544
　　　　投稿与读者服务:010-62776969,c-service@tup.tsinghua.edu.cn
　　　　质量反馈:010-62772015,zhiliang@tup.tsinghua.edu.cn
印　装　者:三河市龙大印装有限公司
经　　销:全国新华书店
开　　本:185mm×260mm　　　印　张:16.5　　　字　数:376 千字
版　　次:2015 年 7 月第 1 版　　　　　　　　　印　次:2023 年 8 月第 10 次印刷
定　　价:47.00 元

产品编号:061888-02

时光荏苒,本人在华南师范大学网络学院讲授"行政公文写作"课已有13个春秋。这13年是网上虚拟大学发展壮大的13年,也是本人公文写作能力教学相长的13年。初始之时,选修此课的学员每年有近1.5万人次,遍及全国各地;至今仍然保持着3000人左右的壮观规模。屈指算来,修读此课的学员总人数早就突破了10万,从中可见"行政公文写作"的课程权重与"人气"。

"人气"居高不下,使得教材由1.0升级为2.0成为当务之急。何也?当代社会一日千里,公文写作的规则更是日新月异。如果不以万变应万变,用旧教材培训新学生,写出来的公文就是病文、废文甚至害文。有鉴于此,本人不揣冒昧编写本书,旨在将与公文写作有关的新规则、新要求、新范式"一网打尽",借此为一线的秘书人员纾解其案牍之劳,确保其在写作公文时不出现硬伤。2012年7月1日,新的《党政机关公文处理工作条例》颁布实施,1996年5月3日中共中央办公厅发布的《中国共产党机关公文处理条例》和2000年8月24日国务院发布的《国家行政机关公文处理办法》停止执行;公文的版式也完全按照新的《党政机关公文格式》①国家标准执行。于是,公文写作"从头到脚都是新的"。如果不及时更新知识,那么一下笔就会错。此外,2013年国务院关于公布《通用规范汉字表》的通知②(国发〔2013〕23号);加上2011年施行的《标点符号用法》③《出版物上数字用法》等国家标准,新陈代谢的速度令人咋舌。因此,反映公文"新陈代谢"的著述必须面世,否则"文章经国之大业"就沦为一句空话;大学应从象牙塔变身为社会的"服务站""发动机"也会沦为一句空话。

遵从上述思路,本书重点阐述了方方面面的新规矩、新理念、新范式:既完整罗列其条款,也对其重点,进行解释甚至句读。基于用理论指导实践的考虑,本书还辟专章讲了公文写作理论,便于读者虚实结合、道术结合,取得事半功倍的学习效果。基于为秘书减轻负担,使之"有样学样"的考虑,本书精选了大量的新公文案例、事务文案例。东汉刘桢有两句诗"驰翰未暇食,日昃不知晏;沉迷簿领书,回回目纷乱",把秘书人员埋头文稿,忘记用饭,不知早晚,头昏眼花的状况描写得相当生动形象。本书案例的选集,不厌其多、不厌其精,目的只有一个——"接地气",旨在帮助秘书(或将来的秘书)从上气不接下气中解放出来。

---

① 质检总局,标准委.党政机关公文格式(GB/T 9704—2012)〔S〕.北京:中国标准出版社,2012.

② http://www.gov.cn/zwgk/2013-08/19/content_2469793.htm,2013-08-19.

③ 中国标准出版社.专业标准汇编〔S〕.北京:中国标准出版社,2012:29-52.

　　本人置身于象牙塔多年,颇感校门与社会的对接之不易。对于一个在"校门"中的人来说,编写一本旨在指导"衙门"写作的著述,是勉为其难的,因为纸上谈兵、书卷气息都难以克服;但是,社会的需要、文秘工作者的呼声、十余年的教学相长积累与本人在广州市党政军群机关举行近百场公文讲座所收获的"经验",使我及我的队伍敢于"先行先试",抛出引玉之砖。

　　是为前言。

张永璟

目录

CONTENTS

第一章
公文规则

本章规则所论及的《条例》(《党政机关公文处理工作条例》)《格式》(《党政机关公文格式》),其刚性都是毫无疑问的,都须细致深入地解读并践行之。国家层面、省部级层面的《工作规则》是工作中的行动指南,本章摘引其如何办文内容,旨在帮助行政公文写作者"从心所欲,不逾矩"。

第一节

新《条例》

本节采用"夹注"的方式,在关键节点上对《条例》进行强调与说明。"老"秘书工作者要注意新旧规则之间的大同小异,防止公文在细微处出现硬伤。

党政机关公文处理工作条例

第一章　总　　则

第一条　为了适应中国共产党机关和国家行政机关(以下简称党政机关)工作需要,推进党政机关公文处理工作科学化、制度化、规范化,制定本条例。

〔党政合一,一举两得,委实为科学之举。〕①

第二条　本条例适用于各级党政机关公文处理工作。

第三条　党政机关公文是党政机关实施领导、履行职能、处理公务的具有特定效力和规范体式的文书,是传达贯彻党和国家的方针政策,公布法规和规章,指导、布置和商洽工作,请示和答复问题,报告、通报和交流情况等的重要工具。

第四条　公文处理工作是指公文拟制、办理、管理等一系列相互关联、衔接有序的工作。

第五条　公文处理工作应当坚持实事求是、准确规范、精简高效、安全保密的原则。

第六条　各级党政机关应当高度重视公文处理工作,加强组织领导,强化队伍建设,设立文秘部门或者由专人负责公文处理工作。

〔领导、队伍、专人,一个也不能少。〕

第七条　各级党政机关办公厅(室)主管本机关的公文处理工作,并对下级机关的公文处理工作进行业务指导和督促检查。

第二章　公　文　种　类

〔公文扩容为15种,因为原来的党政公文分别只有14种、13种。〕

第八条　公文种类主要有:

(一)决议。适用于会议讨论通过的重大决策事项。

(二)决定。适用于对重要事项作出决策和部署、奖惩有关单位和人员、变更或者撤销下级机关不适当的决定事项。

(三)命令(令)。适用于公布行政法规和规章、宣布施行重大强制性措施、批准授予

---

① 编者注,下同。

和晋升衔级、嘉奖有关单位和人员。

（四）公报。适用于公布重要决定或者重大事项。

（五）公告。适用于向国内外宣布重要事项或者法定事项。

（六）通告。适用于在一定范围内公布应当遵守或者周知的事项。

（七）意见。适用于对重要问题提出见解和处理办法。

（八）通知。适用于发布、传达要求下级机关执行和有关单位周知或者执行的事项，批转、转发公文。

（九）通报。适用于表彰先进、批评错误、传达重要精神和告知重要情况。

（十）报告。适用于向上级机关汇报工作、反映情况，回复上级机关的询问。

（十一）请示。适用于向上级机关请求指示、批准。

（十二）批复。适用于答复下级机关请示事项。

（十三）议案。适用于各级人民政府按照法律程序向同级人民代表大会或者人民代表大会常务委员会提请审议事项。

（十四）函。适用于不相隶属机关之间商洽工作、询问和答复问题、请求批准和答复审批事项。

（十五）纪要。适用于记载会议主要情况和议定事项。

［"会议纪要"现改为"纪要"。文种使用时要注意："令、决定、通报"用于奖励时要注意区分其针对性；"决定、意见、通知"用于布置工作时要注意其权重；"公告、通告"要注意其适用的范围。］

第三章　公文格式

第九条　公文一般由份号、密级和保密期限、紧急程度、发文机关标志、发文字号、签发人、标题、主送机关、正文、附件说明、发文机关署名、成文日期、印章、附注、附件、抄送机关、印发机关和印发日期、页码等组成。

（一）份号。公文印制份数的顺序号。涉密公文应当标注份号。

（二）密级和保密期限。公文的秘密等级和保密的期限。涉密公文应当根据涉密程度分别标注"绝密""机密""秘密"和保密期限。

（三）紧急程度。公文送达和办理的时限要求。根据紧急程度，紧急公文应当分别标注"特急""加急"，电报应当分别标注"特提""特急""加急""平急"。

（四）发文机关标志。由发文机关全称或者规范化简称加"文件"二字组成，也可以使用发文机关全称或者规范化简称。联合行文时，发文机关标志可以并用联合发文机关名称，也可以单独用主办机关名称。

（五）发文字号。由发文机关代字、年份、发文顺序号组成。联合行文时，使用主办机关的发文字号。

（六）签发人。上行文应当标注签发人姓名。

（七）标题。由发文机关名称、事由和文种组成。

（八）主送机关。公文的主要受理机关，应当使用机关全称、规范化简称或者同类型机关统称。

（九）正文。公文的主体，用来表述公文的内容。

（十）附件说明。公文附件的顺序号和名称。

（十一）发文机关署名。署发文机关全称或者规范化简称。

（十二）成文日期。署会议通过或者发文机关负责人签发的日期。联合行文时，署最后签发机关负责人签发的日期。

（十三）印章。公文中有发文机关署名的，应当加盖发文机关印章，并与署名机关相符。有特定发文机关标志的普发性公文和电报可以不加盖印章。

（十四）附注。公文印发传达范围等需要说明的事项。

（十五）附件。公文正文的说明、补充或者参考资料。

（十六）抄送机关。除主送机关外需要执行或者知晓公文内容的其他机关，应当使用机关全称、规范化简称或者同类型机关统称。

（十七）印发机关和印发日期。公文的送印机关和送印日期。

（十八）页码。公文页数顺序号。

第十条　公文的版式按照《党政机关公文格式》国家标准执行。

第十一条　公文使用的汉字、数字、外文字符、计量单位和标点符号等，按照有关国家标准和规定执行。民族自治地方的公文，可以并用汉字和当地通用的少数民族文字。

第十二条　公文用纸幅面采用国际标准 A4 型。特殊形式的公文用纸幅面，根据实际需要确定。

［印章的使用变化最大，要注意掌握。］

第四章　行　文　规　则

第十三条　行文应当确有必要，讲求实效，注重针对性和可操作性。

第十四条　行文关系根据隶属关系和职权范围确定。一般不得越级行文，特殊情况需要越级行文的，应当同时抄送被越过的机关。

第十五条　向上级机关行文，应当遵循以下规则：

（一）原则上主送一个上级机关，根据需要同时抄送相关上级机关和同级机关，不抄送下级机关。

（二）党委、政府的部门向上级主管部门请示、报告重大事项，应当经本级党委、政府同意或者授权；属于部门职权范围内的事项应当直接报送上级主管部门。

（三）下级机关的请示事项，如需以本机关名义向上级机关请示，应当提出倾向性意见后上报，不得原文转报上级机关。

（四）请示应当一文一事。不得在报告等非请示性公文中夹带请示事项。

（五）除上级机关负责人直接交办事项外，不得以本机关名义向上级机关负责人报送公文，不得以本机关负责人名义向上级机关报送公文。

（六）受双重领导的机关向一个上级机关行文，必要时抄送另一个上级机关。

第十六条　向下级机关行文，应当遵循以下规则：

（一）主送受理机关，根据需要抄送相关机关。重要行文应当同时抄送发文机关的直接上级机关。

（二）党委、政府的办公厅（室）根据本级党委、政府授权，可以向下级党委、政府行文，其他部门和单位不得向下级党委、政府发布指令性公文或者在公文中向下级党委、政府提出指令性要求。需经政府审批的具体事项,经政府同意后可以由政府职能部门行文,文中须注明已经政府同意。

(三)党委、政府的部门在各自职权范围内可以向下级党委、政府的相关部门行文。

(四)涉及多个部门职权范围内的事务,部门之间未协商一致的,不得向下行文;擅自行文的,上级机关应当责令其纠正或者撤销。

(五)上级机关向受双重领导的下级机关行文,必要时抄送该下级机关的另一个上级机关。

第十七条 同级党政机关、党政机关与其他同级机关必要时可以联合行文。属于党委、政府各自职权范围内的工作,不得联合行文。

党委、政府的部门依据职权可以相互行文。

部门内设机构除办公厅(室)外不得对外正式行文。

[行文中一定不要出现越位、错位、缺位的问题,否则会被"问责"。]

第五章 公 文 拟 制

第十八条 公文拟制包括公文的起草、审核、签发等程序。

第十九条 公文起草应当做到:

(一)符合党的理论路线方针政策和国家法律法规,完整准确体现发文机关意图,并同现行有关公文相衔接。

(二)一切从实际出发,分析问题实事求是,所提政策措施和办法切实可行。

(三)内容简洁,主题突出,观点鲜明,结构严谨,表述准确,文字精练。

(四)文种正确,格式规范。

(五)深入调查研究,充分进行论证,广泛听取意见。

(六)公文涉及其他地区或者部门职权范围内的事项,起草单位必须征求相关地区或者部门意见,力求达成一致。

(七)机关负责人应当主持、指导重要公文起草工作。

第二十条 公文文稿签发前,应当由发文机关办公厅(室)进行审核。审核的重点是:

(一)行文理由是否充分,行文依据是否准确。

(二)内容是否符合党的理论路线方针政策和国家法律法规;是否完整准确体现发文机关意图;是否同现行有关公文相衔接;所提政策措施和办法是否切实可行。

(三)涉及有关地区或者部门职权范围内的事项是否经过充分协商并达成一致意见。

(四)文种是否正确,格式是否规范;人名、地名、时间、数字、段落顺序、引文等是否准确;文字、数字、计量单位和标点符号等用法是否规范。

(五)其他内容是否符合公文起草的有关要求。

需要发文机关审议的重要公文文稿,审议前由发文机关办公厅(室)进行初核。

第二十一条 经审核不宜发文的公文文稿,应当退回起草单位并说明理由;符合发文条件但内容需作进一步研究和修改的,由起草单位修改后重新报送。

第二十二条 公文应当经本机关负责人审批签发。重要公文和上行文由机关主要负责人签发。党委、政府的办公厅(室)根据党委、政府授权制发的公文,由受权机关主要负责人签发或者按照有关规定签发。签发人签发公文,应当签署意见、姓名和完整日期;

圈阅或者签名的,视为同意。联合发文由所有联署机关的负责人会签。

[宪、法、规、章,甚至于"例",在写作公文前都要细致了解。]

第六章 公文办理

第二十三条 公文办理包括收文办理、发文办理和整理归档。

第二十四条 收文办理主要程序是:

(一)签收。对收到的公文应当逐件清点,核对无误后签字或者盖章,并注明签收时间。

(二)登记。对公文的主要信息和办理情况应当详细记载。

(三)初审。对收到的公文应当进行初审。初审的重点是:是否应当由本机关办理,是否符合行文规则,文种、格式是否符合要求,涉及其他地区或者部门职权范围内的事项是否已经协商、会签,是否符合公文起草的其他要求。经初审不符合规定的公文,应当及时退回来文单位并说明理由。

(四)承办。阅知性公文应当根据公文内容、要求和工作需要确定范围后分送。批办性公文应当提出拟办意见报本机关负责人批示或者转有关部门办理;需要两个以上部门办理的,应当明确主办部门。紧急公文应当明确办理时限。承办部门对交办的公文应当及时办理,有明确办理时限要求的应当在规定时限内办理完毕。

(五)传阅。根据领导批示和工作需要将公文及时送传阅对象阅知或者批示。办理公文传阅应当随时掌握公文去向,不得漏传、误传、延误。

(六)催办。及时了解掌握公文的办理进展情况,督促承办部门按期办结。紧急公文或者重要公文应当由专人负责催办。

(七)答复。公文的办理结果应当及时答复来文单位,并根据需要告知相关单位。

第二十五条 发文办理主要程序是:

(一)复核。已经发文机关负责人签批的公文,印发前应当对公文的审批手续、内容、文种、格式等进行复核;需作实质性修改的,应当报原签批人复审。

(二)登记。对复核后的公文,应当确定发文字号、分送范围和印制份数并详细记载。

(三)印制。公文印制必须确保质量和时效。涉密公文应当在符合保密要求的场所印制。

(四)核发。公文印制完毕,应当对公文的文字、格式和印刷质量进行检查后分发。

第二十六条 涉密公文应当通过机要交通、邮政机要通信、城市机要文件交换站或者收发件机关机要收发人员进行传递,通过密码电报或者符合国家保密规定的计算机信息系统进行传输。

第二十七条 需要归档的公文及有关材料,应当根据有关档案法律法规以及机关档案管理规定,及时收集齐全、整理归档。两个以上机关联合办理的公文,原件由主办机关归档,相关机关保存复制件。机关负责人兼任其他机关职务的,在履行所兼职务过程中形成的公文,由其兼职机关归档。

[程序理念是此次公文新规的重要理念,要认真深入地解读。]

第七章 公文管理

第二十八条 各级党政机关应当建立健全本机关公文管理制度,确保管理严格规范,充分发挥公文效用。

第二十九条 党政机关公文由文秘部门或者专人统一管理。设立党委(党组)的县级以上单位应当建立机要保密室和机要阅文室,并按照有关保密规定配备工作人员和必要的安全保密设施设备。

第三十条 公文确定密级前,应当按照拟定的密级先行采取保密措施。确定密级后,应当按照所定密级严格管理。绝密级公文应当由专人管理。

公文的密级需要变更或者解除的,由原确定密级的机关或者其上级机关决定。

第三十一条 公文的印发传达范围应当按照发文机关的要求执行;需要变更的,应当经发文机关批准。

涉密公文公开发布前应当履行解密程序。公开发布的时间、形式和渠道,由发文机关确定。

经批准公开发布的公文,同发文机关正式印发的公文具有同等效力。

第三十二条 复制、汇编机密级、秘密级公文,应当符合有关规定并经本机关负责人批准。绝密级公文一般不得复制、汇编,确有工作需要的,应当经发文机关或者其上级机关批准。复制、汇编的公文视同原件管理。

复制件应当加盖复制机关戳记。翻印件应当注明翻印的机关名称、日期。汇编本的密级按照编入公文的最高密级标注。

第三十三条 公文的撤销和废止,由发文机关、上级机关或者权力机关根据职权范围和有关法律法规决定。公文被撤销的,视为自始无效;公文被废止的,视为自废止之日起失效。

第三十四条 涉密公文应当按照发文机关的要求和有关规定进行清退或者销毁。

第三十五条 不具备归档和保存价值的公文,经批准后可以销毁。销毁涉密公文必须严格按照有关规定履行审批登记手续,确保不丢失、不漏销。个人不得私自销毁、留存涉密公文。

第三十六条 机关合并时,全部公文应当随之合并管理;机关撤销时,需要归档的公文经整理后按照有关规定移交档案管理部门。

工作人员离岗离职时,所在机关应当督促其将暂存、借用的公文按照有关规定移交、清退。

第三十七条 新设立的机关应当向本级党委、政府的办公厅(室)提出发文立户申请。经审查符合条件的,列为发文单位,机关合并或者撤销时,相应进行调整。

［公文的安全、秘书之"秘",此次新规则强调得相当充分。］

第八章 附　则

第三十八条 党政机关公文含电子公文。电子公文处理工作的具体办法另行制定。

第三十九条 法规、规章方面的公文,依照有关规定处理。外事方面的公文,依照外事主管部门的有关规定处理。

第四十条 其他机关和单位的公文处理工作,可以参照本条例执行。

第四十一条 本条例由中共中央办公厅、国务院办公厅负责解释。

第四十二条 本条例自 2012 年 7 月 1 日起施行。1996 年 5 月 3 日中共中央办公厅发布的《中国共产党机关公文处理条例》和 2000 年 8 月 24 日国务院发布的《国家行政机关公文处理办法》停止执行。

［第三十八条、第四十一条相当值得期待。同时希望读者自行跟进此一信息。］

新《格式》

格式,要视为内容的一部分。格式直接关系到公文的形象,形象直接关系到公信力与执行力。此次新《格式》与旧《格式》相比较,新《格式》更科学、更合理、更严谨,也更具可操作性。

党政机关公文格式①

1. 范围

本标准规定了党政机关公文通用的纸张要求、排版和印制装订要求、公文格式各要素的编排规则,并给出了公文的式样。

本标准适用于各级党政机关制发的公文。其他机关和单位的公文可以参照执行。

使用少数民族文字印制的公文,其用纸、幅面尺寸及版面、印制等要求按照本标准执行,其余可以参照本标准并按照有关规定执行。

2. 规范性引用文件

下列文件对于本标准的应用是必不可少的。凡是注日期的引用文件,仅所注日期的版本适用于本标准。凡是不注日期的引用文件,其最新版本(包括所有的修改单)适用于本标准。

GB/T 148　印刷、书写和绘图纸幅面尺寸

GB 3100　国际单位制及其应用

GB 3101　有关量、单位和符号的一般原则

GB 3102(所有部分)　量和单位

GB/T 15834　标点符号用法

GB/T 15835　出版物上数字用法

3. 术语和定义

下列术语和定义适用于本标准。

3.1 字 word

标示公文中横向距离的长度单位。在本标准中,一字指一个汉字宽度的距离。

3.2 行 line

标示公文中纵向距离的长度单位。在本标准中,一行指一个汉字的高度加3号汉字高度的7/8的距离。

---

① 质检总局,标准委. 党政机关公文格式(GB/T 9704—2012)[S]. 北京:中国标准出版社,2012.

4. 公文用纸主要技术指标

公文用纸一般使用纸张定量为 $60 \sim 80 \ \text{g/m}^2$ 的胶版印刷纸或复印纸。纸张白度 80% ~ 90%，横向耐折度 ≥15 次，不透明度 ≥85%，pH 为 7.5 ~ 9.5。

5. 公文用纸幅面尺寸及版面要求

5.1 幅面尺寸

公文用纸采用 GB/T 148 中规定的 A4 型纸，其成品幅面尺寸为：210mm × 297mm。

5.2 版面

5.2.1 页边与版心尺寸

公文用纸天头（上白边）为 37mm ± 1mm，公文用纸订口（左白边）为 28mm ± 1mm，版心尺寸为 156mm × 225mm。

5.2.2 字体和字号

如无特殊说明，公文格式各要素一般用 3 号仿宋体字。特定情况可以作适当调整。

5.2.3 行数和字数

一般每面排 22 行，每行排 28 个字，并撑满版心。特定情况可以作适当调整。

5.2.4 文字的颜色

如无特殊说明，公文中文字的颜色均为黑色。

6. 印制装订要求

6.1 制版要求

版面干净无底灰，字迹清楚无断划，尺寸标准，版心不斜，误差不超过 1mm。

6.2 印刷要求

双面印刷；页码套正，两面误差不超过 2mm。黑色油墨应当达到色谱所标 BL100%，红色油墨应当达到色谱所标 Y80%、M80%。印品着墨实、均匀；字面不花、不白、无断划。

6.3 装订要求

公文应当左侧装订，不掉页，两页页码之间误差不超过 4mm，裁切后的成品尺寸允许误差 ±2mm，四角成 90°，无毛茬或缺损。

骑马订或平订的公文应当：

a）订位为两钉外订眼距版面上、下边缘各 70mm 处，允许误差 ±4mm；

b）无坏钉、漏钉、重钉，钉脚平伏牢固；

c）骑马订钉锯均订在折缝线上，平订钉锯与书脊间的距离为 3 ~ 5mm。

包本装订公文的封皮（封面、书脊、封底）与书芯应吻合、包紧、包平、不脱落。

7. 公文格式各要素编排规则

7.1 公文格式各要素的划分

本标准将版心内的公文格式各要素划分为版头、主体、版记三部分。公文首页红色分隔线以上的部分称为版头；公文首页红色分隔线（不含）以下、公文末页首条分隔线（不含）以上的部分称为主体；公文末页首条分隔线以下、末条分隔线以上的部分称为版记。

页码位于版心外。

7.2 版头

7.2.1 份号

如需标注份号，一般用 6 位 3 号阿拉伯数字，顶格编排在版心左上角第一行。

［这是一个新节点，要注意掌握。］

7.2.2 密级和保密期限

如需标注密级和保密期限，一般用 3 号黑体字，顶格编排在版心左上角第二行；保密期限中的数字用阿拉伯数字标注。

7.2.3 紧急程度

如需标注紧急程度，一般用 3 号黑体字，顶格编排在版心左上角；如需同时标注份号、密级和保密期限、紧急程度，按照份号、密级和保密期限、紧急程度的顺序自上而下分行排列。

7.2.4 发文机关标志

由发文机关全称或者规范化简称加"文件"二字组成，也可以使用发文机关全称或者规范化简称。

发文机关标志居中排布，上边缘至版心上边缘为 35mm，推荐使用小标宋体字，颜色为红色，以醒目、美观、庄重为原则。

〔上边缘至版心上边缘为 35mm，这是一个新变化。〕

联合行文时，如需同时标注联署发文机关名称，一般应当将主办机关名称排列在前；如有"文件"二字，应当置于发文机关名称右侧，以联署发文机关名称为准上下居中排布。

7.2.5 发文字号

编排在发文机关标志下空二行位置，居中排布。年份、发文顺序号用阿拉伯数字标注；年份应标全称，用六角括号"〔〕"括入；发文顺序号不加"第"字，不编虚位（即 1 不编为 01），在阿拉伯数字后加"号"字。

〔这是一个易错节点，不可小觑。〕

上行文的发文字号居左空一字编排，与最后一个签发人姓名处在同一行。

7.2.6 签发人

由"签发人"三字加全角冒号和签发人姓名组成，居右空一字，编排在发文机关标志下空两行位置。"签发人"三字用 3 号仿宋体字，签发人姓名用 3 号楷体字。

如有多个签发人，签发人姓名按照发文机关的排列顺序从左到右、自上而下依次均匀编排，一般每行排两个姓名，回行时与上一行第一个签发人姓名对齐。

7.2.7 版头中的分隔线

发文字号之下 4mm 处居中印一条与版心等宽的红色分隔线。

7.3 主体

7.3.1 标题

一般用 2 号小标宋体字，编排于红色分隔线下空两行位置，分一行或多行居中排布；回行时，要做到词意完整，排列对称，长短适宜，间距恰当，标题排列应当使用梯形或菱形。

7.3.2 主送机关

编排于标题下空一行位置，居左顶格，回行时仍顶格，最后一个机关名称后标全角冒号。如主送机关名称过多导致公文首页不能显示正文时，应当将主送机关名称移至版记，标注方法见 7.4.2。

7.3.3 正文

公文首页必须显示正文。一般用 3 号仿宋体字，编排于主送机关名称下一行，每个自然段左空两字，回行顶格。文中结构层次序数依次可以用"一、""（一）""1.""（1）"标注;一般第一层用黑体字、第二层用楷体字、第三层和第四层用仿宋体字标注。

[这是一个新节点,要注意掌握。这样规定公文更为醒目,也更美观大方。]

7.3.4 附件说明

如有附件,在正文下空一行左空两字编排"附件"二字,后标全角冒号和附件名称。如有多个附件,使用阿拉伯数字标注附件顺序号(如"附件:1.××××");附件名称后不加标点符号。附件名称较长需回行时,应当与上一行附件名称的首字对齐。

7.3.5 发文机关署名、成文日期和印章

7.3.5.1 加盖印章的公文

成文日期一般右空四字编排,印章用红色,不得出现空白印章。

单一机关行文时,一般在成文日期之上、以成文日期为准居中编排发文机关署名,印章端正、居中下压发文机关署名和成文日期,使发文机关署名和成文日期居印章中心偏下位置,印章顶端应当上距正文(或附件说明)一行之内。

联合行文时,一般将各发文机关署名按照发文机关顺序整齐排列在相应位置,并将印章一一对应、端正、居中下压发文机关署名,最后一个印章端正、居中下压发文机关署名和成文日期,印章之间排列整齐、互不相交或相切,每排印章两端不得超出版心,首排印章顶端应当上距正文(或附件说明)一行之内。

7.3.5.2 不加盖印章的公文

单一机关行文时,在正文(或附件说明)下空一行右空两字编排发文机关署名,在发文机关署名下一行编排成文日期,首字比发文机关署名首字右移两字,如成文日期长于发文机关署名,应当使成文日期右空两字编排,并相应增加发文机关署名右空字数。

联合行文时,应当先编排主办机关署名,其余发文机关署名依次向下编排。

7.3.5.3 加盖签发人签名章的公文

单一机关制发的公文加盖签发人签名章时,在正文(或附件说明)下空两行右空四字加盖签发人签名章,签名章左空两字标注签发人职务,以签名章为准上下居中排布。在签发人签名章下空一行右空四字编排成文日期。

联合行文时,应当先编排主办机关签发人职务、签名章,其余机关签发人职务、签名章依次向下编排,与主办机关签发人职务、签名章上下对齐;每行只编排一个机关的签发人职务、签名章;签发人职务应当标注全称。

签名章一般用红色。

[这是一个新节点,要注意——了解并熟练掌握。]

7.3.5.4 成文日期中的数字

用阿拉伯数字将年、月、日标全,年份应标全称,月、日不编虚位(即 1 不编为 01)。

7.3.5.5 特殊情况说明

当公文排版后所剩空白处不能容下印章或签发人签名章、成文日期时,可以采取调整行距、字距的措施解决。

7.3.6 附注

如有附注,居左空两字加圆括号编排在成文日期下一行。

7.3.7 附件

附件应当另面编排,并在版记之前,与公文正文一起装订。"附件"二字及附件顺序号用 3 号黑体字顶格编排在版心左上角第一行。附件标题居中编排在版心第三行。附件顺序号和附件标题应当与附件说明的表述一致。附件格式要求同正文。

如附件与正文不能一起装订,应当在附件左上角第一行顶格编排公文的发文字号并在其后标注"附件"二字及附件顺序号。

[这个新节点,很明晰,可操作性大大增强。]

7.4 版记

7.4.1 版记中的分隔线

版记中的分隔线与版心等宽,首条分隔线和末条分隔线用粗线(推荐高度为 0.35mm),中间的分隔线用细线(推荐高度为 0.25mm)。首条分隔线位于版记中第一个要素之上,末条分隔线与公文最后一面的版心下边缘重合。

7.4.2 抄送机关

如有抄送机关,一般用 4 号仿宋体字,在印发机关和印发日期之上一行、左右各空一字编排。"抄送"二字后加全角冒号和抄送机关名称,回行时与冒号后的首字对齐,最后一个抄送机关名称后标句号。

如需把主送机关移至版记,除将"抄送"二字改为"主送"外,编排方法同抄送机关。既有主送机关又有抄送机关时,应当将主送机关置于抄送机关之上一行,之间不加分隔线。

7.4.3 印发机关和印发日期

印发机关和印发日期一般用 4 号仿宋体字,编排在末条分隔线之上,印发机关左空一字,印发日期右空一字,用阿拉伯数字将年、月、日标全,年份应标全称,月、日不编虚位(即 1 不编为 01),后加"印发"二字。

[这是一个易错节点。]

版记中如有其他要素,应当将其与印发机关和印发日期用一条细分隔线隔开。

7.5 页码

一般用 4 号半角宋体阿拉伯数字,编排在公文版心下边缘之下,数字左右各放一条一字线;一字线上距版心下边缘 7mm。单页码居右空一字,双页码居左空一字。公文的版记页前有空白页的,空白页和版记页均不编排页码。公文的附件与正文一起装订时,页码应当连续编排。

8. 公文中的横排表格

A4 纸型的表格横排时,页码位置与公文其他页码保持一致,单页码表头在订口一边,双页码表头在切口一边。

9. 公文中计量单位、标点符号和数字的用法

公文中计量单位的用法应当符合 GB 3100、GB 3101 和 GB 3102(所有部分),标点符号的用法应当符合 GB/T 15834,数字用法应当符合 GB/T 15835。

[这一部分的具体内容参见附注。]

10. 公文的特定格式

10.1 信函格式

发文机关标志使用发文机关全称或者规范化简称,居中排布,上边缘至上页边为30mm,推荐使用红色小标宋体字。联合行文时,使用主办机关标志。

发文机关标志下4mm处印一条红色双线(上粗下细),距下页边20mm处印一条红色双线(上细下粗),线长均为170mm,居中排布。

如需标注份号、密级和保密期限、紧急程度,应当顶格居版心左边缘编排在第一条红色双线下,按照份号、密级和保密期限、紧急程度的顺序自上而下分行排列,第一个要素与该线的距离为3号汉字高度的7/8。

发文字号顶格居版心右边缘编排在第一条红色双线下,与该线的距离为3号汉字高度的7/8。

标题居中编排,与其上最后一个要素相距二行。

第二条红色双线上一行如有文字,与该线的距离为3号汉字高度的7/8。

首页不显示页码。

版记不加印发机关和印发日期、分隔线,位于公文最后一面版心内最下方。

[这是最为重要的内容之一,必须正确全面地掌握。]

10.2 命令(令)格式

发文机关标志由发文机关全称加"命令"或"令"字组成,居中排布,上边缘至版心上边缘为20mm,推荐使用红色小标宋体字。

发文机关标志下空二行居中编排令号,令号下空二行编排正文。

签发人职务、签名章和成文日期的编排见7.3.5.3。

10.3 纪要格式

纪要标志由"×××××纪要"组成,居中排布,上边缘至版心上边缘为35mm,推荐使用红色小标宋体字。

标注出席人员名单,一般用3号黑体字,在正文或附件说明下空一行左空两字编排"出席"二字,后标全角冒号,冒号后用3号仿宋体字标注出席人单位、姓名,回行时与冒号后的首字对齐。

标注请假和列席人员名单,除依次另起一行并将"出席"二字改为"请假"或"列席"外,编排方法同出席人员名单。

纪要格式可以根据实际制定。

[这也是一个高频常识,要认真熟悉。]

11. 式样

A4型公文用纸页边及版心尺寸见图1;公文首页版式见图2;联合行文公文首页版式1见图3;联合行文公文首页版式2见图4;公文末页版式1见图5;公文末页版式2见图6;联合行文公文末页版式1见图7;联合行文公文末页版式2见图8;附件说明页版式见图9;带附件公文末页版式见图10;信函格式首页版式见图11;命令(令)格式首页版式见图12。

00001   机密★一年
                                             特　急

×　×　部　文　件

×× 〔2010〕1号

关于××××的通知

××××：

　　××××××××××××××××××××××××

××××××××××××××××××××××××××

×××××××××××××××××××××××。

　　××××××××××××××××××××××××

××××××××××××××××××××××××××

××××××××××××××××××××××××××

— —

图1　公文首页版式

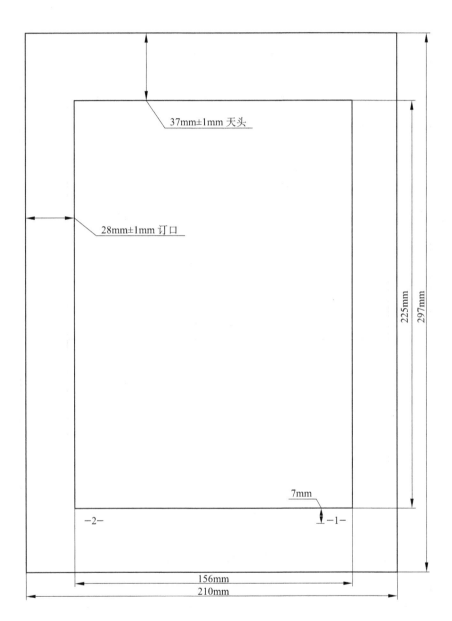

图2 A4型公文用纸页边及版心尺寸

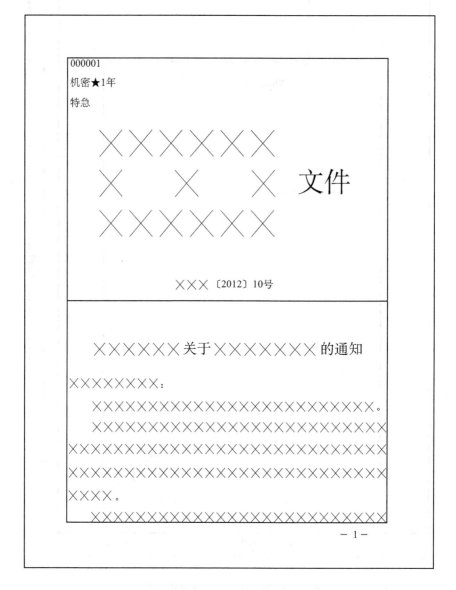

图3 联合行文公文首页版式1

注:版心实线框仅为示意,在印制公文时并不印出。

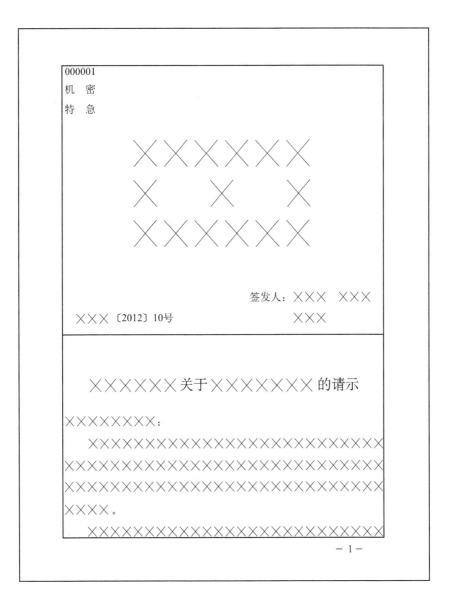

图4 联合行文公文首页版式2

注:版心实线框仅为示意,在印制公文时并不印出。

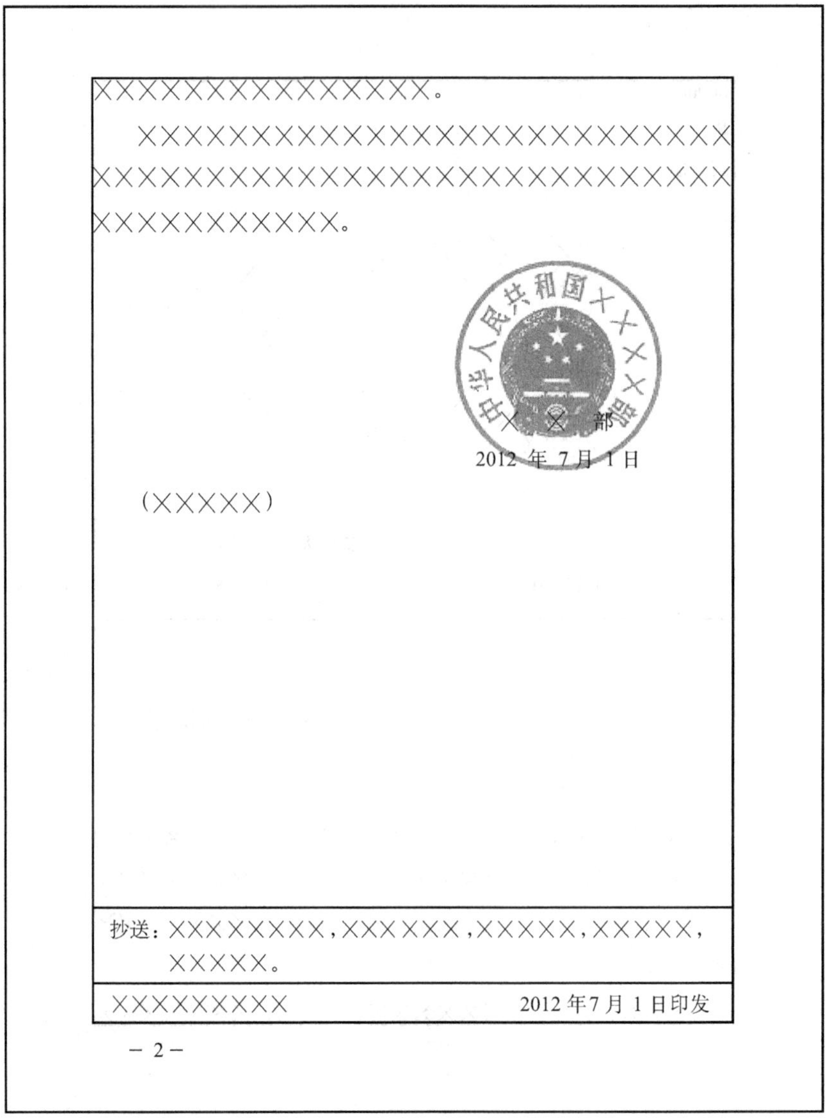

×××××××××××××××××。

　　×××。

（×××××）

中华人民共和国×××

×　×　部

2012　年　7　月　1　日

抄送：×××××××，××××××，×××××，×××××，

　　×××××。

| ××××××××× | 2012 年 7 月 1 日印发 |

—2—

图 5　公文末页版式 1

注:版心实线框仅为示意,在印制公文时并不印出。

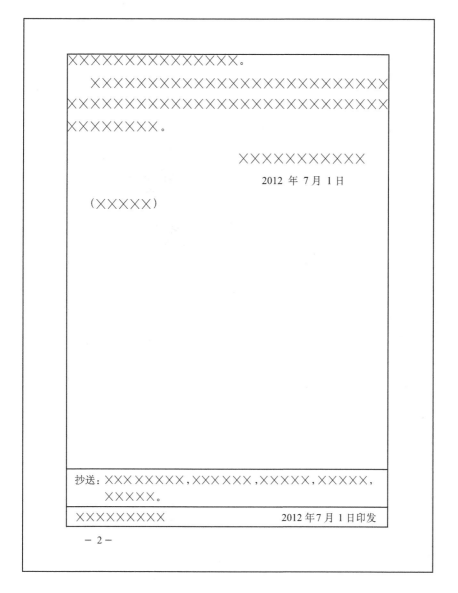

图 6　公文末页版式 2

注:版心实线框仅为示意,在印制公文时并不印出。

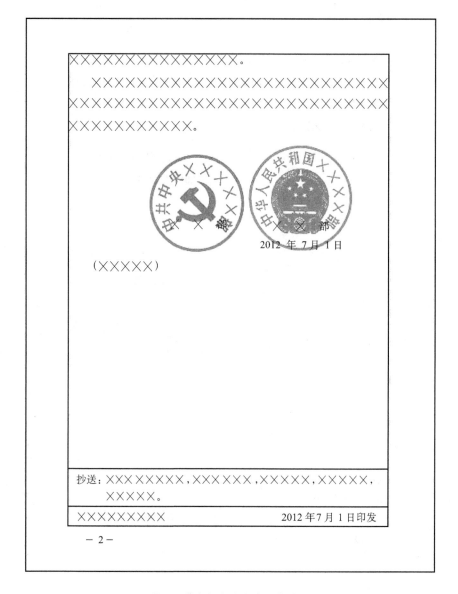

××××××××××××××××××。
×××××××××××××××××××××××
×××××××××××××××××××××××××
××××××××××××。

2012 年 7 月 1 日

（×××××）

抄送：×××××××，××××××，×××××，×××××，
×××××。

××××××××   2012 年 7 月 1 日印发

— 2 —

图7 联合行文公文末页版式1

注：版心实线框仅为示意，在印制公文时并不印出。

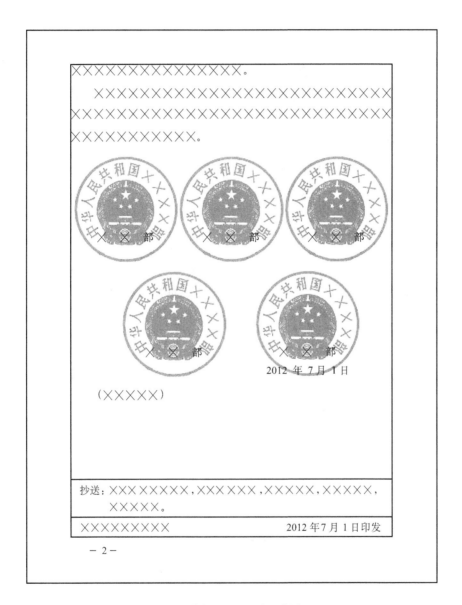

图 8 联合行文公文末页版式 2

注：版心实线框仅为示意，在印制公文时并不印出。

XXXXXXXXXXXXXXX。

　　XXXXXXXXXXXXXXXXXXXXXX

XXXXXXXXXXXXXXXXXXXXXXX

XXXXXXXXXXX。

　　附件：1.XXXXXXXXXXXXXXXXXXX

　　　　　XXXX

　　　　2.XXXXXXXXXXX

　　　　　　　　　　　XXXXXXX

　　　　　　　　　　　X　X　X　X

　　　　　　　　　　2012 年 7 月 1 日

（XXXXX）

图 9　附件说明页版式

注：版心实线框仅为示意，在印制公文时并不印出。

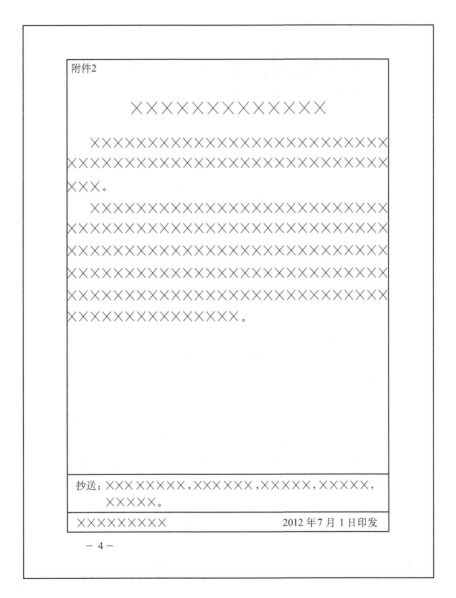

图 10　带附件公文末页版式

注:版心实线框仅为示意,在印制公文时并不印出。

中华人民共和国××××部

000001   ×××〔2012〕10号

机　密

特　急

××××关于×××××××的通知

×××××××：

　　××××××××××××××××××××××
××××××××××××××××××××××××
××××××××××××××××××××××××
××××××××××××××××××××××××。
　　××××××××××××××××××××××
××××××××××××××××××××××××
××××××××××××××××××××××××
×××××××××××××××××××××××。
　　××××××××××××××××××××××
××××××××××××××××××××××××
××××××××××××××××××××××××
××××××××××××××××××××××××
××××××××××××××××××××××××
××××××××××××××××××××××。

图 11　信函格式首页版式

注：版心实线框仅为示意，在印制公文时并不印出。

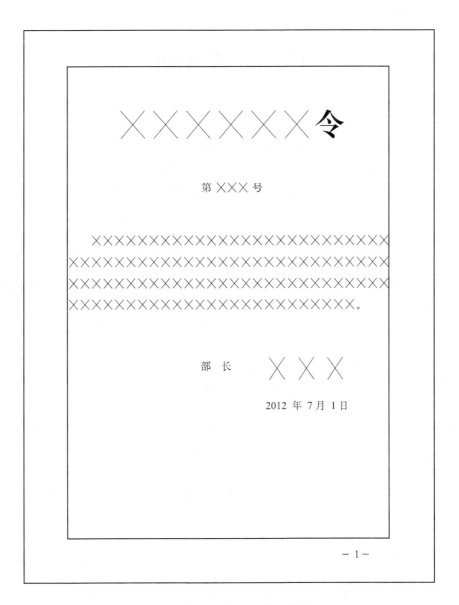

图 12　命令（令）格式首页版式

注：版心实线框仅为示意，在印制公文时并不印出。

第三节
国务院办文规则①

　　《国务院工作规则》的制定是"依法行政"的具体表现,也是建设法治政府落实依法治国基本方略的重要抓手。坚持用法治方式和法治思维履行政府职能、推动改革发展,在民主法制建设方面取得新的进展,新的《国务院工作规则》就是一个缩影。

　　本节只选择其中的办文专章。欲系统了解办会、办事的信息,请看其电子版。

第九章　公文审批

　　四十二、各地区、各部门报送国务院的公文,应当符合《党政机关公文处理工作条例》的规定。除国务院领导同志交办事项和必须直接报送的绝密级事项外,一般不得直接向国务院领导同志个人报送公文。各部门报送国务院的请示性公文,凡涉及其他部门职权的,必须主动与相关部门充分协商,由主办部门主要负责人与相关部门负责人会签或联合报国务院审批。部门之间有分歧的,主办部门主要负责人要主动协商;协商后仍不能取得一致意见的,主办部门应列明各方理据,提出办理建议,与相关部门负责人会签后报国务院决定。

　　［新《条例》的权重由此可见一斑。"协同理念"成为当下政府办文、办事的重要理念,有必要深入地学习与研讨。］

　　四十三、各地区、各部门报送国务院审批的公文,由国务院办公厅按照国务院领导同志分工呈批,并根据需要由国务院领导同志转请国务院其他领导同志核批,重大事项报总理审批。

　　四十四、国务院制定的行政法规、发布的命令、向全国人大或全国人大常委会提出的议案,由总理签署。

　　四十五、以国务院名义发文,经国务院分管领导同志审核后,由总理签发。

　　以国务院办公厅名义发文,由国务院秘书长签发;如有必要,报国务院分管领导同志签发或报总理签发。

　　属部门职权范围内事务、应由部门自行发文或联合发文的,不再由国务院批转或国务院办公厅转发。

　　凡法律、行政法规已作出明确规定的,一律不再制发文件。没有实质内容、可发可不发的文件简报,一律不发。

　　［这是对铲除文山会海、对"简报"要"简"的最为给力的规定。］

---

　　①　中央人民政府网,http://www.gov.cn.

省部级办文规则

一、以广东省政府为例

广东是改革开放的热土,是先行先试的试验场,其办文理念不乏可圈可点之处。此处虽只列举其办文规则,但理念可见一斑。

第九章　公文审批①

四十四、各地区、各部门报送省政府的公文,应当符合《党政机关公文处理工作条例》的规定,其中报送省政府的地方性法规草案送审稿、规章送审稿,还应当符合《广东省地方立法条例》和《规章制定程序条例》的规定。除省政府领导同志交办事项和必须直接报送的绝密级事项外,一般不得直接向省政府领导同志个人报送公文。各部门报送省政府的请示性公文,凡涉及其他部门职权的,必须主动与相关部门充分协商,由主办部门主要负责人与相关部门负责人会签或联合报省政府审批。部门之间有分歧的,主办部门主要负责人要主动协商;协商后仍不能取得一致意见的,主办部门应列明各方理据,提出办理建议,与相关部门负责人会签后报省政府决定。

[了解上位法,此意识一定要强化,这是杜绝公文硬伤的基本程序。]

四十五、各地区、各部门报送省政府审批的公文,除有关拟订和制定法规、规章的公文,由省政府法制机构负责办理呈批外,其他均由省政府办公厅按照省政府领导同志分工呈批,并根据需要由省政府领导同志转请其他省领导核批,重大事项报省长审批。如属有关部门职责范围内的事务,由省政府办公厅直接转交有关部门办理,办理部门应及时向省政府办公厅反馈办理结果。

[结果导向,可圈可点。]

四十六、省政府制定的规章、发布的命令、向省人大及其常委会提出的议案,由省长签署。

四十七、以省政府名义发文,经省政府分管领导同志审核后,由省长签发。其中以省政府名义发出的函件,属于分管副省长职权范围的,可授权分管副省长签发;常规事项的行文,也可授权秘书长签发。

以省政府办公厅名义发文,由省政府秘书长签发,也可授权副秘书长或办公厅主任、

---

① 广东省人民政府网,http://www.gd.gov.cn.

副主任签发。如有必要,报分管副省长或省长审定。

四十八、精简文件简报,以省政府、省政府办公厅名义下发的正式文件每年不超过100个。凡法律、法规已作出明确规定的,一律不再制发文件。没有实质内容、可发可不发的文件简报,一律不发,一般性工作会议不发纪要。属部门职权范围内的事务、应由部门自行发文或联合发文的,不再由省政府批转或省政府办公厅转发。

[精细化管理,这是管理的潮流,以此管理文事,可事半功倍。]

充分利用电子政务系统,提高公文处理效率。

[与时俱进,给力之举。]

二、以财政部为例

财里面有政,政与财密不可分。财政部的工作规则之所以堪为典范,一是因为这个部门的权重颇重,二是财政部工作规则文本质量颇优,比如在办文分工方面备而不繁同时又有很强的可操作性。

财政部办文规则^①(节选)

第八章　公　文　审　批

三十九、财政部机关公文应当符合《党政机关公文处理工作条例》的规定,按照财政部机关公文处理有关规定办理。

[新《条例》不可不重视。]

四十、财政部收到的重要公文,由办公厅主任或副主任负责呈报有关部领导阅批后转有关司局办理。

四十一、以财政部名义报送国务院的公文,除国务院领导同志交办事项和必须直接报送的绝密级事项外,一般不直接向国务院领导同志个人报送公文。报送国务院的请示性公文,凡涉及其他部门职权的,必须主动与相关部门充分协商,由财政部主要负责人与相关部门负责人会签或联合报国务院审批。部门之间有分歧的,主办司局及分管部领导应主动协商;协商后仍不能取得一致意见的,应列明各方理据,提出办理建议。

[工作规则中彰显了"协同理念"。]

四十二、在公文办理中司局之间应加强协调,主办司局要主动会签相关司局。如意见有分歧,主办司局的负责同志要主动与协办司局协商,协办司局要积极配合。协商后仍不能取得一致意见的,主办司局应列出各方理据,提出建设性意见报主管部领导,由主管部领导进行协调或裁定,协办司局应及时将协调或裁定情况报分管部领导。

[其对"协同理念"的重视,由此可见一斑。]

四十三、财政部各司局按部领导分工报批公文。以财政部名义制发的各类公文须由部领导签发。

四十四、由部长或其他部领导签发公文的权限分别如下。

---

① 中国财政部网站,http://www.mof.gov.cn.

[分工精细,体现了"精细化管理"的理念。]

（一）由部长签发的财政部文件和我部主办的联合发文:向党中央、国务院报送的报告、请示、意见;财政部令,财政部公告;行政诉讼答辩状、行政诉讼上诉状;财税法律、行政法规草案送审稿和财政规章及重要的规范性文件;涉及国家预算的重大问题的处理;重要的涉外事项和政策性宣传稿件;财政部内设机构变动和司级以上干部的任免、处分等。此类公文先由分管部领导核签意见或建议,报部长或主持工作的副部长签发。

（二）由副部长、部长助理签发的财政部文件和我部会办的联合发文:外部门主办会签我部的上行文,回复全国人大专门委员会及其常委会办事机构、国务院办公厅征求意见的公文,年度中央部门预算和调整预算的批复,中央对地方税收返还和转移支付预算的分配和下达,中央与地方年终结算事项,对全国人大代表议案及由财政部主办的全国人大代表建议和全国政协委员提案的答复,一般规范性文件,行政复议、应诉有关法律文书,年度会议计划批准召开的专业会议,一般涉外事项和政策性的宣传稿件,财政部编报的《财政简报》及增刊、《财政上报信息（综合）》《财政动态》和《财政监督要情》等。其中,年度中央部门预算和调整预算的批复,中央对地方税收返还和转移支付预算的分配和下达,分管部领导签发后,报副部长（党组副书记）阅发。外部门主办我部会办的联合上行文,一般也由分管部领导签发（属部长助理分管的,签批意见后报任党组副书记的副部长签发）,并报部长或主持工作的副部长阅发。如内容重要或有不同意见需要部领导决策的,由分管部领导提出建议意见后报部长或主持工作的副部长签发。

四十五、除国务院关税税则委员会办公室、国际司、国家农业综合开发办公室、人事教育司、国务院农村综合改革工作小组办公室外,各司局对外正式行文均须以财政部办公厅名义制发,由制发司局主要负责人签发;重要的报其分管部领导核签。

四十六、财政部各司局要指定专人,严格按照有关规定和要求,认真做好财政部公文的审核工作,进一步精简公文,提高公文质量。部文件、部函、部党组文件、各司局以办公厅名义行文正式印制前,办公厅要进行复核,其中上行文须经办公厅分管文秘工作的负责人审核。同时,要加快网络办公进程,提高公文处理的效率。

[第四十六条再次强调了办文的程序与通过无纸办公以提高效率的问题。]

第五节
机关工作的其他规则

"十八大"以后的"吏治"规则层出不穷,为"把权力关进笼子里"逐渐筑牢了栅栏,并初见成效:贪官不好贪了,庸官不好混了,坏官不好受了。让权力在阳光下运行,让阳光把权力的霉点晒化、晒净,开启善政、善治的新时代,成为当代最大的"民声"与"民生"。

党风、政风、民风的互动共进,将成为中国凝聚正能量、复兴中国梦的辉煌篇章。

(1) 2012 年 12 月 4 日,八项规定出台。

(2) 2013 年 1 月,中央出台"六项禁令"。

(3) 2013 年 3 月,新一届中央政府承诺"三不"。

(4) 2013 年 3 月,中央组织部印发《关于在干部教育培训中进一步加强学员管理的规定》(〔2013〕8 号)。

(5) 2013 年 5 月 27 日,中纪委(全称为中国共产党中央纪律检查委员会)颁发《关于在全国纪检监察系统开展会员卡专项清退活动的通知》(中纪发〔2013〕3 号)。

(6) 2013 年 6 月起,党的群众路线教育实践活动集中解决"四风"问题。

(7) 2013 年 7 月,中共中央办公厅、国务院办公厅印发通知,要求各级党政机关 5 年内一律不得以任何形式和理由新建楼堂馆所。此前,即 2007 年,中共中央办公厅、国务院办公厅曾颁布《关于进一步严格控制党政机关办公楼等楼堂馆所建设问题的通知》①(中办发〔2007〕11 号);原国家计委《关于印发党政机关办公用房建设标准的通知》(计投资〔1999〕2250 号)将继续发挥其权威效力,成为整治"第四公"(办公用房)的"尚方宝剑";《中共中央办公厅、国务院办公厅关于调整党政机关汽车配备使用标准的通知》也于同年发布(1999 年 3 月 3 日)。

(8) 2013 年 8 月,五部门发文向豪华晚会说"不"。

(9) 2013 年 9 月,中纪委和中央党的群众路线教育实践活动领导小组联合下发通知,要求坚决刹住中秋、国庆期间公款送礼等不正之风。

(10) 2013 年 9 月 23 日,财政部等部门发布会议费管理新规,狠刹会议费支出。关于印发《中央和国家机关会议费管理办法》的通知(财行〔2013〕286 号)。

(11) 2013 年 9 月,中纪委严禁节日期间公款送礼、公款吃喝。

(12) 2013 年 10 月 31 日,中纪委发出通知,严禁公款购买印制寄送贺年卡等物品。

(13) 2013 年 10 月底,中央政治局会议审议并同意印发《党政机关厉行节约反对浪费条例》,表明加强作风建设已经上升到党内法规的高度。

(14) 2013 年 11 月 4 日,《中央党的群众路线教育实践活动领导小组关于开展"四风"突出问题专项整治和加强制度建设的通知》颁发。

(15) 2013 年 11 月 25 日,国务院办公厅关于对贯彻落实"约法三章"进一步加强督促检查的意见发布。

(16) 2013 年 12 月 8 日,中共中央办公厅、国务院办公厅印发《党政机关国内公务接待管理规定》。

(17) 2013 年 12 月 27 日,中共中央办公厅、国务院办公厅印发《关于务实节俭做好元旦春节期间有关工作的通知》。

(18) 财政部发布关于印发《中央和国家机关差旅费管理办法》的通知(财行〔2013〕531 号)。

---

① http://www.gov.cn/gongbao/content/2007/content_632070.htm,2014-01-24.

（19）2014 年 1 月 15 日，中共中央印发《党政领导干部选拔任用工作条例》①。

（20）中共中央办公厅、国务院办公厅近日印发了《关于领导干部带头在公共场所禁烟有关事项的通知》。

（21）中共中央办公厅、国务院办公厅印发《关于党员干部带头推动殡葬改革的意见》。

（22）中共中央办公厅印发了《关于开展第二批党的群众路线教育实践活动的指导意见》。

（23）2013 年国务院共计取消和下放行政审批事项 400 多项，此一工作仍在进行中。

苟日新，日日新，又日新。太阳每天都是新的，办文办会办事的规则每天也都有新的。因此，要用一种"进行时"而不是"完成时"的工作姿态面对新规则、新要求。总之，坚持党要管党、从严治党，强化党对党风廉政建设和反腐败工作统一领导，强化反腐败、体制机制创新和制度保障，加强思想政治教育，严明党的纪律，坚持不懈纠正"四风"，保持惩治腐败高压态势，努力取得人民群众比较满意的进展和成效，"以文辅政"的秘书责无旁贷。

此外，根据《中华人民共和国保守国家秘密法》而制定的《中华人民共和国保守国家秘密法实施条例②》已于 2014 年 3 月 1 日起施行。1990 年 4 月 25 日国务院批准、1990 年 5 月 25 日国家保密局发布的《中华人民共和国保守国家秘密法实施办法》同时废止。

---

① http://www.ccdi.gov.cn/flfg/cyfg/201401/t20140116_17113.html,2014-01-22.

② 中央人民政府网,http://www.gov.cn.

第二章

公文原理

━━━━━━━━━━━━━━━━━━━━━━━━━━━

公文作为"文"，自然就有文的结构与要素。了解这些结构原理、要素规则，对于写好公文大有裨益。

第一节
如何拟制标题

题好文一半,公文更是如此。公文标题要注意的问题有以下4方面。

(1)宜短不宜长。短小精悍,本身就有一种美感;如果太过冗长反而让人心生烦恼,甚至会误读、误解。因此,要用一些概括力强的术语来拟写标题。比如,《国务院关于进一步优化企业兼并重组市场环境的意见》《国务院关于赣闽粤原中央苏区振兴发展规划的批复》《国务院关于加快发展对外文化贸易的意见》,不仅形式上短,信息也较为明了单一。

(2)宜虚不宜实。标题就是最为精练的内容提要,其信息当然只能以"虚"为主;读者想了解其具体信息,就要细读正文。例如《中共中央关于全面深化改革若干重大问题的决定》《国务院办公厅关于印发2014年政府信息公开工作要点的通知》《关于创新群众工作方法解决信访突出问题的意见》中的"若干重大问题""工作要点""突出问题"就都是"虚"的。

(3)宜雅不宜俗。因公文是权威之文,所以宜雅;公文也是"文",所以要有文采。比如《关于厉行节约反对食品浪费的意见》《关于培育和践行社会主义核心价值观的意见》《关于党员干部带头推动殡葬改革的意见》中的"厉行""践行""殡葬"等词都是书面语。

(4)形状要注意。新的《格式》规定,公文的标题的外形必须是"梯形、菱形"。何谓梯形?"只有一组对边平行的四边形。"[①]何谓菱形?"邻边相等的平行四边形。"[②]标题的外形虽然是外在的要素,但是关乎公文的威严与品格。

---

① 中国社科院语言研究所. 现代汉语词典(第6版)[M]. 北京:商务印书馆,2012:1277.
② 中国社科院语言研究所. 现代汉语词典(第6版)[M]. 北京:商务印书馆,2012:825.

第二节 如何撰写引言

一、近来式

公文引言有"近来"之类的术语的都称为"近来式"。用"近来",旨在说明所发公文是"有感而发",是因事而动。比如《国务院关于加快发展对外文化贸易的意见》(国发〔2014〕13号)[①]的引言:近年来,随着改革开放的推进,我国对外文化贸易的规模不断扩大、结构逐步优化,但核心文化产品和服务贸易逆差仍然存在,对外文化贸易占对外贸易总额的比重还较低,有待进一步加强。加快发展对外文化贸易,对于拓展我国文化发展空间、提高对外贸易发展质量,对于继续扩大改革开放、转变经济发展方式,对于稳增长促就业惠民生、提升国家软实力、全面建成小康社会具有重要意义。为进一步做好有关工作,现提出以下意见。

二、根据式

有了上位法,下级执行机关就要闻风而动、狠抓落实。《国务院关于全国中小企业股份转让系统有关问题的决定》(国发〔2013〕49号)[②]就是这样写就的:为更好地发挥金融对经济结构调整和转型升级的支持作用,进一步拓展民间投资渠道,充分发挥全国中小企业股份转让系统(以下简称全国股份转让系统)的功能,缓解中小微企业融资难,按照党的十八大、十八届三中全会关于多层次资本市场发展的精神和国务院第13次常务会议的有关要求,现就全国股份转让系统有关问题作出如下决定。

三、为了式

铲除文山会海,最重要的一个原则就是,文件的颁布要确有需要,并且发文之前的目标、目的一定要了然于胸。一般而言,每发一个公文都要达到一个或多个目的,体现在引言上就是"为了"之后的多个动宾式短语,比如财政部《关于调整和完善县级基本财力保障机制的意见》的引言,就阐述了四重目的:近年来,按照党中央、国务院的决策部署,财

---

①② 中央人民政府网,http://www.gov.cn.

政部研究制定了一系列健全县级基本财力保障机制、缓解县乡财政困难的政策措施。经过各地区、各有关部门的共同努力,县级财政保障能力明显提高。根据党的十八届三中全会关于深化财税体制改革的要求,为进一步巩固县级基本财力保障成果,增强基层政府执政能力,推进基本公共服务均等化,促进全面建成小康社会,现提出以下意见。

四、综合式

上面提到的几种引言写作方式都出现在一个公文的引言段,比如《国务院关于改进加强中央财政科研项目和资金管理的若干意见》(国发〔2014〕11 号)①的引言就是这样:《国家中长期科学和技术发展规划纲要(2006—2020 年)》实施以来,我国财政科技投入快速增长,科研项目和资金管理不断改进,为科技事业发展提供了有力支撑。但也存在项目安排分散重复、管理不够科学透明、资金使用效益亟待提高等突出问题,必须切实加以解决。为深入贯彻党的十八大和十八届二中、三中全会精神,落实创新驱动发展战略,促进科技与经济紧密结合,按照《中共中央、国务院关于深化科技体制改革加快国家创新体系建设的意见》(中发〔2012〕6 号)的要求,现就改进加强中央财政民口科研项目和资金管理提出如下意见。

第三节 如何写好正文

公文的正文没有固定的格式,该长则长,宜短则短。若从文章的角度看,公文的正文是"软"指标,因为它可长可短,可以这样写也可以那样写;但是,若从"公"的角度看,公文的正文又是"硬"指标:如何写才符合实际情况,才能调动本地、本系统、本单位的资源切实解决问题。这既涉及思想水平、认识水平、管理水平、政策水平,还涉及谋断意识、预测能力、组织能力、动手能力。

认识、落实、监督,是公文正文写作的三部曲。认识到位的同时,还必须落实到位,为了保证"心想事成",还必须监督到位。这三者一个也不能少。

稍微复杂一点就是:提高认识、加强领导、狠抓落实、经费保障、体制机制等制度供给、宣传发动社会参与、加强监督问责、世界视野。

更为复杂的就要考虑到以下方面的要素。

● 要从历史、宏观的角度认识问题。

---

① 中央人民政府网,http://www.gov.cn.

- 要有目标管理意识,虚实目标结合、长短目标结合。
- 要有达到目标的原则与方法。
- 要有精干的组织领导与管理队伍。
- 要有重点意识,分清轻重缓急,不能眉毛胡子一把抓。
- 要有试点意识,务实理性、行动取向。
- 要有科教意识,科教都是生产力。
- 要有创新驱动意识,通过创新给力进步与发展。
- 要有制度供给意识,法治理念必不可少。
- 要有强力的经费保障,否则步履维艰。
- 要有协同理念,齐心协力才能做成事,联治理念不可少。
- 要有精细化管理理念,确保任务不落空。
- 要有结果导向理念,既发挥其主动性、积极性,又有问责鞭策。
- 要有一支专家队伍,科学合理地确定路径。
- 要有精于业务的队伍,保证所作所为合实际、接地气。
- 宣传也是生产力,要有能力动员社会力量参与其中,共治理念不可少。
- 政务信息要公开,通过公开达到公平、公正。
- 每临大事有静气,要有风险管理意识,防患未然。
- 要有市场意识,准入、效率、行业自治不可或缺。
- 要有道德、文化意识,彰显中国特色与元素。
- 要有世界视野意识,欧陆、英美等先进理论皆可"拿来"。
- 要有与时俱进的理念,将鲜活的高频理念融入公文之中。
- 要有程序意识。

第四节 如何写结尾

一、希望要求式

结尾提出希望与期许或提出要求,有的有"希望"二字,有的则只是一种指向。比如:《国务院关于晋陕豫黄河金三角区域合作规划的批复》(国函〔2014〕40 号)①的开头:"推动晋陕豫黄河金三角地区合作发展,是深入实施西部大开发战略和促进中部地区崛起战

---

① 中央人民政府网,http://www.gov.cn.

略的重大举措,对于探索省际交界地区合作发展新路径、推动我国欠发达地区加快发展、推进区域一体化进程具有重要意义。各有关方面要提高认识、紧密合作、扎实工作,共同推动《规划》的落实,努力实现晋陕豫黄河金三角地区经济社会持续健康发展。"

二、限报式

"各地区、各部门要进一步提高对信息公开工作的认识,加强组织领导,明确责任分工,认真抓好落实,确保要点提出的各项任务落实到位。要针对涉及本地区、本部门的工作,制定分解细化方案和工作进度安排,结合实际制定本地区、本部门信息公开工作要点,并及时报国务院办公厅备案。2014年年底前,各地区、各部门要向国务院办公厅报送信息公开工作要点落实情况报告,国务院办公厅将适时对落实情况开展督查,通报结果。"《国务院办公厅关于印发2014年政府信息公开工作要点的通知》(国办发〔2014〕12号)这份文件中的结尾就是限时上报的表述。

三、呼吁式

这在一些比较重要的党务公文较为多见,政务公文并不常见。如《中共中央关于全面深化改革若干重大问题的决定》①的结尾就是这样:全党同志要紧密团结在以习近平同志为总书记的党中央周围,锐意进取,攻坚克难,谱写改革开放伟大事业历史新篇章,为全面建成小康社会、不断夺取中国特色社会主义新胜利、实现中华民族伟大复兴的中国梦而奋斗!

四、综合式

2014年是全面贯彻落实党的十八大和十八届二中、三中全会精神的重要一年,是全面深化改革、实施"十二五"规划的关键一年,贯彻党的十八大、中央经济工作会议精神,按照分工抓好《政府工作报告》确定的重点工作,具有十分重要的意义。各部门、各单位要按照统一部署,把落实《政府工作报告》提出的各项任务作为履职尽责的重点,保持良好精神状态,集中精力,扑下身子,着力谋发展、抓改革、调结构、惠民生,努力完成2014年经济社会发展预期目标,交出一份合格的"答卷",不辜负人民群众的期望。一要加强组织领导。各部门、各单位要充分发挥积极性、主动性,精心组织,周密部署,结合实际抓紧制定落实重点工作的实施方案,并于4月20日前报国务院。领导干部要以身作则,一把手要负总责。每一项工作都要落实到单位、落实到人。二要加强协作配合。各部门、各单位要立足全局,密切配合,加强协作,切实提高工作效率。需要多个部门参与的工作,牵头部门要发挥主导作用,协办部门要积极配合,形成工作合力。三要注重工作实

---

① 2013年11月12日中国共产党第十八届中央委员会第三次全体会议通过,见中央人民政府网,http://www.gov.cn.

效。坚决克服形式主义、官僚主义;坚持深入实际、深入基层,倾听民意;强化公开,引入第三方评估,接受人民监督;要勇于创新,创造性地抓好落实。四要加强督促检查。对各项任务落实,要有布置、有督促、有检查,做到年中重点抽查,年底集中督办,确保重点工作按时完成。要着眼于确保政令畅通,强化绩效考核和行政问责,做到令行禁止。国务院办公厅对重点工作落实情况要进行跟踪督促和汇总报告,对重点任务要适时开展专项督查,确保落实到位、取得实效。

第五节 常见错节点

(1) 版头常见错误。主要错在发文字号处;用信函格式错在首页显示了页码。

(2) 主体常见错误。标题未标全三要素,常将发文机关漏掉;层级的字体欠规范;有的年、月、日仍然用小写汉字;对不盖章、盖负责人章的格式不熟悉。

(3) 版记常见错误。印发机关常常与发文机关视为同一对象。

(4) 其他常见错误。天下文章一大抄,导致文不对题,或针对性不强;有些在写作公文之前,写作准备不够,导致“衔接写作”不够。

第三章

公文写作

　　本章重点阐述 15 种公文的适用场域及其文体特征；本章以案例为抓手，引导学员如何"有样学样"，如何触类旁通、举一反三，如何在 15 种公文写作的关键节点上掌握其要领；与此同时，本章还就易错节点进行了反复强调与说明。理论与实践结合、案例与原理结合、文本与文体结合，这"三结合"对于提高学员学以致用、用有所成的能力大有裨益；其"以文辅政"的书写硬功也会因此而逐渐形成。学习本章要有与时俱进的意识，要将书本知识与"中央人民政府网、省人民政府网、市区县人民政府网"联结起来，保证公文写作的术语、结构、理念与当代社会"零距离"。

决 议

一、定义

《党政机关公文处理工作条例》明确规定,"决议"适用于经会议讨论通过的重要决策事项。

决议和决定都是下行的指挥性公文,就其反映的内容来说基本上也是相同的,都侧重于对重要事项作出决策,同属决策性文件;但它与决定也有一定的区别。最主要的区别表现在发文的程序上,决议必须产生于会议,必须由特定的会议经表决通过后才能发文;而决定则不然,有的也产生于会议,是会议集体讨论并按照法定程序表决的结果,也有的是领导机关直接做出的。

"决议"按其内容的不同,一般划分为如下 3 类。

(1)审议批准性决议。这类决议即为审议批准法律、法规、文件等而发布的决议。如《中国共产党第十八次全国代表大会关于〈中国共产党章程(修正案)〉的决议》。

(2)方针政策性决议。这类决议主要着眼于从宏观,特别是路线、方针、政策上统一人们的思想认识,以确定大政方针。如《中国共产党中央委员会关于建国以来党的若干历史问题的决议》。

(3)专门事项性决议。这类决议主要就某一专门问题作出决定后而发布的决议。如《山东省关于认真学习贯彻中共十八大精神的决议》。

二、写作要点

(一)标题的写作

决议的标题有 3 种写法。

(1)由发文机关 + 主要内容 + 文种组成,如《全国人大常委会关于批准 2012 年中央决算的决议》。

(2)由会议名称 + 主要内容 + 文种组成,如《中国共产党第十八次全国代表大会关于中央纪律检查委员会工作报告的决议》《中国人民政治协商会议第十二届全国委员会第一次会议政治决议》。

(3)省略发文机关,由主要内容 + 文种组成,如《关于确认十一届三中、四中全会增补中央委员的决定的决议》。

决议的成文日期要加括号标写于标题之下居中位置,注明此次决议是在什么时间、什么会议予以通过的字样。如果公文标题中已包括会议名称,括号内只需注明"×××

×年×月×日通过"即可。如果公文标题中没有会议名称,此时括号内就要写明"××委员会(代表大会)第×次会议×××年×月×日通过"。

(二)主体的写作

(1)开头部分。决议的开头部分主要是写决议的依据。决议的依据包括理论依据和事实依据。理论依据是指有关的政策、法规等;事实依据是事实方面的有关情况。在写法上一般开门见山,直接陈述。

(2)主体部分。决议的主体部分是决议的主干部分,这部分的内容比较复杂,形式也灵活多样。具体写法可分为以下两种形式。

一是段落式。内容比较单一的决议,可以采用此种形式。例如批准事项或通过文件的决议,内容相对比较简单,就可以采用段落式的写法。段落式又可以分为篇段合一式和分段式。篇段合一式即一个自然段就是全部内容,分段式是指主体部分由几个自然段构成。

二是分条列写的结构模式。如果是内容相对复杂的决议,就可以采用分条列写的结构模式,分条写明会议通过的决议事项,会议对有关文件、事项作出的评价、决定,或对有关工作做出的部署安排、要求和措施。例如,如果是安排具体工作的决议,就必须写明工作的具体内容、措施、要求等。分条列写式的结构模式不仅使内容全面,而且结构严谨、层次清晰,给人井然有序的感觉。

(三)结尾的写作

决议的结语一般紧扣决议事项,有针对性地提出希望、号召和执行要求。但是有的决议可不单列这部分。

(四)语言要得体

决议是权威性很强的下行文,是经重要会议按照相关程序发布的,决议一经发布,就对受文机关具有很强的约束力,使其必须遵照执行或者遵守。所以,撰写决议时,应当准确庄重,不容置疑,以体现决议的权威性。

三、案例简析

案例一:审议批准性决议

中国共产党第十八次全国代表大会关于
中央纪律检查委员会工作报告的决议①

(2012 年 11 月 14 日中国共产党第十八次全国代表大会通过)

中国共产党第十八次全国代表大会审查、批准中央纪律检查委员会的工作报

---

① 中央人民政府网,http://www.gov.cn.

告。大会充分肯定了十七届中央纪律检查委员会的工作。

大会认为,党的十七大以来,在党中央坚强有力的领导下,经过全党全社会的共同努力,党风廉政建设和反腐败工作取得新的明显成效,为党和国家事业发展提供了有力保障。

大会要求,中央和地方各级纪律检查委员会,要高举中国特色社会主义伟大旗帜,以邓小平理论、"三个代表"重要思想、科学发展观为指导,全面履行党章赋予的职责,坚持围绕中心、服务大局,坚持标本兼治、综合治理、惩防并举、注重预防方针,紧紧围绕党的先进性和纯洁性建设,认真做好惩治和预防腐败各项工作,深入推进党风廉政建设和反腐败斗争。各级党委要继续加强对纪律检查工作的领导,把党风廉政建设和反腐败工作放在更加突出的位置,着力加强以保持党同人民群众血肉联系为重点的作风建设,深入推进以完善惩治和预防腐败体系为重点的反腐倡廉建设,认真解决反腐倡廉建设中人民群众反映强烈的突出问题,进一步提高反腐倡廉建设科学化水平,做到干部清正、政府清廉、政治清明,为落实党的十八大作出的各项重大决策和战略部署提供有力保证。

【评析】

这是一份审议批准性决议。此份决议结构上采用段落式,以自然段的形式指出中国共产党第十八次全国代表大会审查、批准中央纪律检查委员会的工作报告。全文 542 个字符,简洁明了,干脆利落,不容置疑,一点也不拖泥带水。陈述全部落实在决议的事项和要求上,重点相当突出。这样免除了其他枝节性问题的干扰,极好地体现了决议的权威性。

中国共产党第十八次全国代表大会关于
《中国共产党章程(修正案)》的决议①

(2012 年 11 月 14 日中国共产党第十八次全国代表大会通过)

中国共产党第十八次全国代表大会审议并一致通过十七届中央委员会提出的《中国共产党章程(修正案)》,决定这一修正案自通过之日起生效。

大会认为,十六大以来,以胡锦涛同志为主要代表的中国共产党人,坚持以邓小平理论和"三个代表"重要思想为指导,根据新的发展要求,深刻认识和回答了新形势下实现什么样的发展、怎样发展等重大问题,形成了以人为本、全面协调可持续发展的科学发展观……

大会认为,中国特色社会主义道路,中国特色社会主义理论体系,中国特色社会主义制度,是党和人民长期奋斗、创造、积累的根本成就……

大会认为,建设生态文明,是关系人民福祉、关乎民族未来的长远大计……

大会认为,改革开放是强国之路,是新时期最鲜明的特点……

大会认为,总结吸收近年来党的建设的成功经验,并与总纲部分的修改相衔接,对党章部分条文作适当修改十分必要……

大会要求,党的各级组织和全党同志高举中国特色社会主义伟大旗帜,以马克

① 中央人民政府网,http://www.gov.cn.

思列宁主义、毛泽东思想、邓小平理论、"三个代表"重要思想和科学发展观为指导，更好学习党章、遵守党章、贯彻党章、维护党章，坚持党要管党、从严治党，进一步加强党的执政能力建设、先进性和纯洁性建设，以改革创新精神全面推进党的建设新的伟大工程，全面提高党的建设科学化水平，坚定不移沿着中国特色社会主义道路前进，为全面建成小康社会而奋斗。

【评析】

这是一则经典的审议批准性决议，是决议文种中的范文。决议采用段落式，用不多的篇幅说明中国共产党第十八次全国代表大会审议并一致通过十七届中央委员会提出的《中国共产党章程（修正案）》，语言简洁明快，干脆利落。陈述全部落实在决定的事项上，重点相当突出。此份决议值得好好研究，是值得效仿的审议批准性决议。

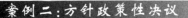

案例二：方针政策性决议

第十二届全国人民代表大会第一次会议关于全国人民代表大会常务委员会工作报告的决议①

(2013 年 3 月 17 日第十二届全国人民代表大会第一次会议通过)

第十二届全国人民代表大会第一次会议听取和审议了吴邦国委员长受第十一届全国人民代表大会常务委员会委托所作的工作报告。会议高度评价十一届全国人大常委会过去五年的工作，充分肯定我国人民代表大会制度建设取得的重大成就，同意报告提出的今后一年工作的总体安排，决定批准这个报告。

会议要求，十二届全国人大常委会要深入贯彻落实党的十八大和十八届一中、二中全会精神，高举中国特色社会主义伟大旗帜，以邓小平理论、"三个代表"重要思想、科学发展观为指导，坚持党的领导、人民当家做主、依法治国有机统一，紧紧围绕党和国家工作大局，依法行使立法、监督、决定、任免等职权，完善中国特色社会主义法律体系，维护国家法制的统一、尊严和权威，推动中央重大决策部署的贯彻落实，充分发挥最高国家权力机关的作用，为全面推进依法治国、加快建设社会主义法治国家，为全面建成小康社会、实现中华民族伟大复兴作出更大的贡献。

【评析】

这是一则极具号召性的方针政策性决议，级别高、格式规范、借鉴价值大。全文采用段落式，分为两个自然段。

第一段主要阐述决定的现实依据和决定的结果，根据现实情况，对第十一届全国人民代表大会常务委员会过去五年的工作给予充分肯定，也同意报告提出的今后一年

---

① 中央人民政府网，http://www.gov.cn。

工作的总体安排。第二段发出强有力的号召,号召十二届全国人大常委会要深入贯彻落实党的十八大和十八届一中、二中全会精神,高举中国特色社会主义伟大旗帜,以邓小平理论、"三个代表"重要思想、科学发展观为指导,充分发挥最高国家权力机关的作用,为全面推进依法治国、加快建设社会主义法治国家,为全面建成小康社会、实现中华民族伟大复兴作出更大的贡献。

这两个自然段,从决定的依据和结果,再到号召的提出,顺时而叙,言简意赅、条理清楚、主旨分明,使人一目了然。

案例三:专门事项性决议

关于学习贯彻中国共产党第十八次
全国代表大会精神的决议①

(2012 年 11 月 22 日政协第十一届全国委员会
常务委员会第十九次会议通过)

中国人民政治协商会议第十一届全国委员会常务委员会第十九次会议,认真学习讨论了中共十八大文件,听取了中共中央政治局常委、中央书记处书记刘云山同志所作的关于中共十八大会议情况和会议精神的报告。参加人民政协的各党派团体和各族各界人士,完全拥护胡锦涛同志代表中共十七届中央委员会所作的报告和大会通过的各项决议,衷心拥护中共十八大选举产生的新一届中共中央领导集体。

会议认为,中共十八大把科学发展观同马克思列宁主义、毛泽东思想、邓小平理论、"三个代表"重要思想一道确立为中国共产党必须长期坚持的指导思想,并写入中国共产党章程,实现了党的指导思想又一次与时俱进,反映了全党意志,体现了人民心愿,是一个重大的历史性贡献。

会议认为,中共十六大以来,以胡锦涛同志为总书记的中共中央,坚定不移地高举中国特色社会主义伟大旗帜,团结带领全党和全国各族人民,紧紧抓住和用好我国发展的重要战略机遇期,战胜一系列重大挑战,奋力把中国特色社会主义推进到新的发展阶段,巩固和发展了改革开放和社会主义现代化建设大局,提高了我国的国际地位,彰显了中国特色社会主义的巨大优越性和强大生命力,增强了中国人民和中华民族的自豪感和凝聚力,为全面建成小康社会打下了坚实基础,必将载入中华民族伟大复兴的光辉史册。

会议认为,中国特色社会主义事业需要全体中华儿女万众一心、团结奋斗。人民政协要高举爱国主义、社会主义旗帜,进一步巩固参加政协的各党派团体、各族各界人士的共同思想政治基础,促进"思想上同心同德、目标上同心同向、行动上同心同行",不断巩固和发展最广泛的爱国统一战线,促进全国各族人民大团结,促进海内外中华儿女大团结,为推进现代化建设、完成祖国统一、实现中华民族伟大复兴凝

---

① 中央人民政府网,http://www.gov.cn.

聚起强大合力。

会议强调,学习贯彻好中共十八大精神是当前和今后一个时期人民政协的首要政治任务……

会议号召,人民政协的各参加单位、各级组织和广大委员,高举中国特色社会主义伟大旗帜,在以习近平同志为总书记的中共中央领导下,为全面建成小康社会而奋斗,不断夺取有中国特色的社会主义新胜利,共同创造中国人民和中华民族更加幸福美好的未来。

【评析】

这是一则以学习贯彻中国共产党第十八次全国代表大会精神为主要内容的专门事项性决议,级别高,阐述清晰合理。全文采用段落式的结构形式,采用夹叙夹议的写法,把道理说深说透。所谓"夹叙夹议",就是用概况叙述的方式介绍情况、提供事实,用议论的方式做公正的评价和精辟的论述。

全文由 11 个段落组成。第一段说明了中国人民政治协商会议第十一届全国委员会常务委员会第十九次会议的概况;第二段开始,以"会议认为""会议强调"为开头,从各个方面论述了十八大会议精神。最后一个自然段发出强有力的号召,号召"人民政协的各参加单位、各级组织和广大委员,高举中国特色社会主义伟大旗帜,在以习近平同志为总书记的中共中央领导下,为全面建成小康社会而奋斗,不断夺取有中国特色社会主义新胜利,共同创造中国人民和中华民族更加幸福美好的未来"。

纵观全文,条例清晰,结构合理,用夹叙夹议的方式系统阐述了十八大的会议精神以及政协将如何贯彻十八大精神的措施,顺势而述,水到渠成。

四、练习题

1. 选择题(请在该小题的四个答案中选出一个正确答案)

(1) 决议和决定的共同点不包括(　　　)。

    A. 都是决策性文种　　　　　　B. 都是行政公文

    C. 都是下行文　　　　　　　　D. 都要求下级机关贯彻执行

(2) 适用于会议讨论通过的重要决策事项使用的文种是(　　　)。

    A. 决定　　　　B. 决议　　　　C. 纪要　　　　D. 通告

(3) 按行文关系和行文方向划分,"决议"属于(　　　)。

    A. 上行文　　　　　　　　　　B. 平行文

    C. 下行文　　　　　　　　　　D. 可以是上行文,也可以是下行文

(4) 决议的标题通常不会是(　　　)。

    A. 发文机关＋主要内容＋文种

    B. 会议名称＋主要内容＋文种

    C. 主要内容＋文种

    D. 发文机关＋文种

（5）决策类公文不包括（　　　）。

    A. 决议   B. 决定   C. 批复   D. 函

2. 简答题

（1）决议与决定有何区别？

（2）决议大致可以分为几类？各自的基本写作思路是怎样的？

3. 写作题

请修改下面的一则决议。

中国共产党××市第九次代表大会关于八届市委报告的决议

（中国共产党××市第九次代表大会 2003 年 4 月 27 日通过）

××同志代表八届市委在中国共产党××市第九次代表大会上作了×××的报告。

大会认为，报告确定加快建设富裕小康社会、为提前基本实现现代化而努力奋斗这个主题，完全符合党的十六大精神和省委的要求，符合我市的实际和全市人民的愿望。全市上下要统一思想，凝聚力量，以崭新的姿态向着这个目标迈进。

大会认为，报告实事求是地总结了市第八次党代会以来的工作。五年来，经过全市上下的共同努力，我市经济社会发展和党的建设的各个方面都取得了很大的成绩，为今后的发展奠定了良好的基础。

大会强调，推进"×××"战略，建设富裕小康社会，争取提前基本实现现代化，关键是加强党的建设，改善党的领导。要坚持以"三个代表"重要思想为指导，坚持党要管党、从严治党方针，加强思想理论假设、党内民主制度建设、执政能力建设、领导班子和干部队伍建设、党的基层组织和党员队伍建设、党风廉政建设和反腐败斗争，以改革的精神全面推进党的建设新的伟大工程。

大会号召，全市各级党组织和全体共产党员要更加紧密地团结在以胡锦涛同志为总书记的党中央周围，在中共浙江省委的领导下，高举邓小平理论伟大旗帜，全面实践"三个代表"重要思想，团结和带领全市人民，解放思想，开拓创新，艰苦奋斗，扎实工作，为我市建设富裕小康社会，为提前基本实现现代化而努力奋斗！

大会同意报告对当前面临的国内外形势和我市发展现状的分析。大会强调，必须牢牢把握发展这个党执政兴国的第一要务，进一步增强忧患意识和危机意识，增强历史责任感和时代紧迫感，抢抓机遇、迎难而上、加快发展。

大会同意报告确定的今后一个时期奋斗目标，同意把建设"×××"作为发展战略。大会强调，要以提升综合实力和国际竞争力为核心，加快建设东南沿海大商港，加快建设国际性轻工城，加快建设最具活力的开放城市，加快建设滨海山水文化名城，努力使××成为××甚至更大范围城市群的"领跑城市"。

大会同意报告对今后一个时期我市经济社会发展任务的部署。大会要求，以创新培育新优势,以调整促进新提高,以开放拓展新领域,以科技增强新动力,努力实现经济更快更好地发展。要坚持政府主导、市场运作、政策推动,加快城市化进程,加快欠发达地区发展步伐,促进区域经济协调发展。要坚持以促进社会全面进步和人的全面发展为目标,大力加强民主法制建设和精神文明建设,进一步弘扬和发展社会主义先进文化,力争跨入首批全国文明城市行列。

中国共产党××市第九次代表大会批准××同志代表八届市委所作的报告。报告认真总结过去,精心筹划未来,对今后一个时期我市改革发展和党的建设作出了全面部署,是指导全市广大共产党员和干部群众在新的征程上奋勇前进的纲领性文件。

第二节
决　定

一、定义

决定是一种适用于对重要事项进行决策和部署、奖惩有关单位和人员、变更或者撤销下级机关不适当的决策事项的公文文种。

决定与决议一样,属于决策类公文文种,但与决议相比,决定的产生程序可以是经会议集体讨论通过的,也可以是领导机关在自己职权范围内做出的。决定有如下3个特点:一是事关重大。决定只有对"重大问题""重大事项"等做出安排时才可使用。二是事关决策。非决策性的问题,不用"决定"行文。三是安排的具体性。决定是对重大事件、重大行动、重大问题等作出具体的、切实可行的决策安排,切忌抽象、笼统。

根据决定的定义,按照其使用范围,可以将决定分为如下三大类。

(1)决策性决定。这类决定主要是将重大事项或者重大行动的安排告知公众,一般分为两种类型:一是决策告知型,这类决定一般没有执行的具体要求,常用于告知会议召开、人事安排等事项;另一种是决策部署型,这类决定是有关机关对其职权范围内的重大事项作出政策性指导或者规定,相当于行政法规的作用。

(2)奖惩性决定。这类决定可以分为奖励性决定和惩罚性决定两种。奖惩性决定是指某一级的党、政组织,按照有关政策、规定、章程给予有功人员或有过人员所做的表彰或处分的正式书面决定。

(3)变更性决定。这类决定主要用于变更一些重要的法规或政策,以及撤销下级机关不适当的决策事项,包括违背国家法律、法规以及党的路线、方针、政策的决定事项；群众尚不能普遍认可的超前的决定事项；在现实面前显得不适应或者过时的决定事项。

二、写作要点

（一）标题的写作

决定的标题通常有两种写法：一种是发文机关＋事由＋文种的标题形式，如《国务院关于加强市县政府依法行政的决定》；另一种是事由＋文种的标题形式，如《关于授予广州市迎"九运"城市基础设施建设及环境综合整治特别奖的决定》。

值得注意的是，根据决定产生的形式的不同，决定的标题下面又有带括号和不带括号两种形式。由领导机关在自己职权范围内作出的决定，其标题是标准式的，即由"发文机关""事由"与"文种"中的两个或者三个元素组成。由会议集体讨论通过的决定，除有一个标准式的标题外，标题下面要附有一个括号，注明某年某月某日，由什么会议予以讨论通过的字样，如题为《中共中央关于加强和改进新形势下党的建设若干重大问题的决定》下面就附有一个括号，括号中标注"2009年9月18日中国共产党第十七届中央委员会第四次全体会议通过"的字样。

（二）主体的写作

1. 内容

决策告知型决定的事项内容比较简单，或是传达某次会议的重要决议，或是告知已经作出的某项决定等。因此，这类决定的写法相对来说也比较简单。通常情况下，这类决定首先是对决定的缘由作比较详尽的交代，详细说明作出决定的依据和重要意义，然后直接交代所决定的事项。

决策部署型决定相对来说内容比较复杂一些。决策部署型决定的发文目的主要是安排部署有关执行事项。因此，决定的缘由部分比较简洁，重点在执行事项部分，对事项的性质、意义、具体举措以及需要注意的问题都要作出详细的解释和规定。

奖惩性决定开头篇幅要比一般决定长一些，开头部分主要介绍被表彰或者受处分对象的基本情况，叙述其基本事实，也就是先进事迹或事故情况，然后写出表彰或处分的决定，最后，就此提出希望、要求或者号召。

变更性决定一般会简要说明变更的缘由或者依据，但有时也单刀直入地指出要变更的法规或者决定是什么，然后分条列项分别说明变更的条款。变更性决定通常都要在决定后面附上变更后的法规文本。

2. 结构模式

决定的结构模式主要有段落式和分条列项式两种。其中，段落式又可以分为篇段合一式和分条列段式两种。

篇段合一式一般用于内容相对单一的决定,如决策告知型决定、奖惩性决定以及变更性决定。

内容相对复杂的决定一般采用分条列项式或分条列段式的结构模式。分条列项的结构模式是把全文的内容按性质划分为几个大的层次,各个层次分别冠以能概括其中心内容的小标题。一般来说,涉及重大问题、确定大政方针的决定会采用这种分条列项式的结构模式。而传达某一重要工作的部署的决定或者内容相对复杂的奖惩性决定和变更性决定,多采用分条列段式的结构模式。一个段落表达一个独立的意思,段与段之间一般是并列或者递进的逻辑关系。

(三)结尾的写作

决议的写作有时并没有单独的结尾,最后一个段落写完即结束全文。当然,也有一些决定,在正文之后,另有一个属鼓舞号召性文字的结尾。

(四)语言要得体

决定是一种权威性很强的下行文,决定一经发布,就对受文单位具有很强的约束力。所以,撰写决定时,从内容到语气,都应当准确庄重,以体现决定的权威性。

写作时,要掌握恰当的表达方式。例如,决策部署型决定,由于内容比较复杂,在表达方式上应当以说明为主,适当结合议论、说明性的文字来表达决定的具体内容、事项与要求,而议论文字通常用来明确篇旨和段旨,起亮明观点、点出主旨的作用。而奖惩性决定更多地需要使用说明性的文字,议论性文字较少使用,只有在讲到事物的性质、意义或者影响时才需要涉及。

三、案例简析

案例一:决策告知型决定

国务院关于取消76项评比达标
表彰评估项目的决定①

国发〔2013〕34号

各省、自治区、直辖市人民政府,国务院各部委、各直属机构:

经研究论证,国务院决定,再取消一批评比达标表彰评估项目,共计76项。

各地区、各部门要切实做好取消评比达标表彰评估项目的落实和衔接工作,加强后续监管,接受社会监督。要按照转变政府职能、创新政府管理的要求,继续从严

---

① 中央人民政府网,http://www.gov.cn.

从紧加快清理其他评比达标表彰评估项目,做到:没有法律法规依据和党中央、国务院文件规定的,一律不得开展;与政府职能无关、对推动工作没有实际意义的,一律不得进行;已取消的,一律不得变相保留或恢复;已转交行业协会等社会组织承担的,一律不得使用财政资金和向企业或社会摊派费用。要进一步加大简政放权力度,不断提高政府管理科学化水平。

　　附件:国务院决定取消的评比达标表彰评估项目目录(共计76项)

国务院
2013 年 9 月 5 日

　　(此件公开发布)

　　附件(全文略)

【评析】

　　这是一篇决策告知型决定,全文由两个自然段组成。第一段只有一句话,简明扼要地指出"国务院决定,再取消一批评比达标表彰评估项目,共计76项。"语言简练,语气庄重,权威性极强;第二段主要对各地区、各部门切实做好取消评比达标表彰评估项目的落实和衔接工作做进一步的指导和要求,并期望最终能够达到"不断提高政府管理科学化水平"的要求。

　　全文从决定的由来到决定的作出,条理清晰、主旨分明,而且语言简洁、规范,值得读者好好揣摩、学习。这篇决定的结构有一个比较特别的地方,就是"附件"的设立,避免了行文的冗长,这一点尤其值得注意和借鉴。

国务院关于取消和下放一批行政审批项目等事项的决定①

国发〔2013〕19 号

各省、自治区、直辖市人民政府,国务院各部委、各直属机构:

　　第十二届全国人民代表大会第一次会议批准的《国务院机构改革和职能转变方案》明确提出,要减少和下放投资审批事项,减少和下放生产经营活动审批事项,减少资质资格许可和认定,取消不合法不合理的行政事业性收费和政府性基金项目。经研究论证,国务院决定,取消和下放一批行政审批项目等事项,共计117项。其中,取消行政审批项目71项,下放管理层级行政审批项目20项,取消评比达标表彰项目10项,取消行政事业性收费项目3项;取消或下放管理层级的机关内部事项和涉密事项13项(按规定另行通知)。另有16项拟取消或下放的行政审批项目是依据有关法律设立的,国务院将依照法定程序提请全国人民代表大会常务委员会修订相关法律规定。

　　各地区、各部门要认真做好取消和下放管理层级行政审批项目等事项的落实和

---

① 中央人民政府网,http://www.gov.cn。

衔接工作,切实加强后续监管。要按照深化行政体制改革、加快转变政府职能的要求,继续坚定不移推进行政审批制度改革,清理行政审批等事项,加大简政放权力度。要健全监督制约机制,加强对行政审批权运行的监督,不断提高政府管理科学化、规范化水平。

　　附件:1. 国务院决定取消和下放管理层级的行政审批项目目录(共计91项)

　　2. 国务院决定取消的评比、达标、表彰项目目录(共计10项)

　　3. 国务院决定取消的行政事业性收费项目目录(共计3项)

国务院

2013 年 5 月 15 日

(此件公开发布)

【评析】

这是一份典型的告知性决定。全文采用段落式,分为3个自然段。

第一段首先说明国务院取消和下放一批行政审批项目等事项的依据,接下来用简练的笔墨叙述国务院取消和下放一批行政审批项目等事项的总体概况。用数字说明问题,客观而又有说服力。第二段主要是在第一段的基础上,提出在取消和下放一批行政审批项目等事项工作过程中应该注意的问题和要求,干脆利落,铿锵有力。

总体来说,这份决定从内容到语气都非常符合"决定"这种文类的写作要求。这篇决定值得学习的另外一点,就是结尾处"附注"的采用,一来客观地展现事实,二来避免了行文的冗长。

案例二:决策部署型决定

国务院关于加强食品安全工作的决定①

国发〔2012〕20 号

各省、自治区、直辖市人民政府,国务院各部委、各直属机构:

　　食品安全是重大的民生问题,关系人民群众身体健康和生命安全,关系社会和谐稳定。党中央、国务院对此高度重视,近年来制定实施了一系列政策措施。各地区、各部门认真抓好贯彻落实,不断加大工作力度,食品安全形势总体上是稳定的。但当前我国食品安全的基础仍然薄弱,违法违规行为时有发生,制约食品安全的深层次问题尚未得到根本解决。随着生活水平的不断提高,人民群众对食品安全更为关注,食以安为先的要求更为迫切,全面提高食品安全保障水平,已成为我国经济社会发展中一项重大而紧迫的任务。为进一步加强食品安全工作,现作出如下决定。

---

① 中央人民政府网,http://www.gov.cn.

一、明确加强食品安全工作的指导思想、总体要求和工作目标

（1）指导思想。以邓小平理论和"三个代表"重要思想为指导，深入贯彻落实科学发展观，从维护人民群众根本利益出发，促进我国食品安全形势持续稳定好转。

（2）总体要求。坚持统一协调与分工负责相结合，强化协作配合，形成全程监管合力。坚持集中治理整顿与严格日常监管相结合，切实提高食品安全监管水平。

（3）工作目标。用5年左右的时间，使我国食品安全监管体制机制、食品安全法律法规和标准体系、检验检测和风险监测等技术支撑体系更加科学完善，生产经营者的食品安全管理水平和诚信意识普遍增强，食品安全总体水平得到较大幅度提高。…

二、加大食品安全监管力度

（4）深入开展食品安全治理整顿……

（5）严厉打击食品安全违法犯罪行为……

三、落实食品生产经营单位的主体责任

（6）强化食品生产经营单位安全管理……

（7）落实企业负责人的责任……

四、加强食品安全监管能力和技术支撑体系建设

（8）加强监管队伍建设……

（9）完善食品安全标准体系……

五、动员全社会广泛参与

（10）大力推行食品安全有奖举报……

（11）加强宣传和科普教育……

六、加强食品安全工作的组织领导

（12）加强组织领导。地方各级政府要把食品安全工作摆上重要议事日程，主要负责同志亲自抓，切实加强统一领导和组织协调。要认真分析评估本地区食品安全状况，加强工作指导，及时采取有针对性的措施，解决影响本地区食品安全的重点难点问题和人民群众反映的突出问题。

（13）严格责任追究。建立健全食品安全责任制，上级政府要对下级政府进行年度食品安全绩效考核，并将考核结果作为地方领导班子和领导干部综合考核评价的重要内容。发生重大食品安全事故的地方在文明城市、卫生城市等评优创建活动中实行一票否决。

国务院

2012 年 6 月 23 日

【评析】

这是一篇决策部署性决定。从总体上看，全文写得理真辞切，严谨缜密，堪称部署性决定公文的典范。其最主要的特点首先是小标题式的结构形式的采用，使文章条理分明、主旨鲜明。此文针对有关食品安全工作的若干问题，首先在标题中"一锤定音"，即"加强食品安全工作"，可以说是题出旨见，令人一目了然。在行文中，为使主旨明白显

露,总共分列了 6 个问题,均以小标题的形式来显示段旨,从不同的角度、不同的方面鲜明有力地烘托了全文的主旨。其次是结构严谨,逻辑缜密。全文所列的 6 个小标题,第一个小标题是一个独立的部分,阐述了加强食品安全工作的指导思想、总体要求和工作目标,这部分属于全文的引叙;第二至第六个小标题是全文的主体,从不同的方面分别阐述了应当如何加强食品安全工作。第二至第六部分是问题的分析和解决部分,布局严谨,结构缜密,论述全面,具有很强的逻辑性。此外,这篇决定在用语上也很有独到之处,既有决定类文体庄严持重的风格特征,又恰当自然地运用了一些艺术表述手法,从而使行文显得庄重得体,却又不呆板枯燥。

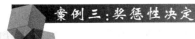
案例三:奖惩性决定

国务院关于表彰全国"两基"工作先进单位和先进个人的决定①

国发〔2012〕46 号

各省、自治区、直辖市人民政府,国务院各部委、各直属机构:

1986 年义务教育法和 1988 年《扫除文盲工作条例》施行以来,在党中央、国务院的正确领导下,各地区、各部门高度重视、真抓实干,社会各界积极参与、齐心协力,我国"两基"(基本普及九年义务教育、基本扫除青壮年文盲)工作取得重大成就,2011 年全面实现九年义务教育,青壮年文盲率下降到 1.08%,改变了中国教育的基本面貌,实现了教育发展的历史性跨越。在实施"两基"巩固提高和"两基"攻坚过程中,涌现出一大批先进单位和个人。为表彰先进,激励和动员全社会进一步重视、关心、支持教育事业,推动教育改革发展,国务院决定,授予北京市朝阳区教育委员会等 300 个单位"全国'两基'工作先进单位"称号,授予徐万厚等 500 人"全国'两基'工作先进个人"称号。

希望受到表彰的先进单位和先进个人珍惜荣誉,再接再厉,为义务教育工作再上新台阶作出新的更大的贡献。各地区、各部门以及关心支持教育事业的社会各界要向受到表彰的先进单位和先进个人学习,深入贯彻落实《国家中长期教育改革和发展规划纲要(2010—2020 年)》,坚持把教育摆在优先发展位置,巩固义务教育普及成果,促进义务教育均衡发展,推动教育事业在新的历史起点上科学发展,为建设教育强国和人力资源强国、实现中华民族伟大复兴而努力奋斗。

附件:1. 全国"两基"工作先进单位名单
2. 全国"两基"工作先进个人名单

国务院
2012 年 9 月 5 日

---

① 中央人民政府网,http://www.gov.cn.

【评析】

这是一份表彰性决定。全文采用段落式,分为两个自然段。

第一段首先介绍 1986 年义务教育法和 1988 年《扫除文盲工作条例》施行以来我国"两基"(基本普及九年义务教育、基本扫除青壮年文盲)工作取得的重大成就,然后自然转出对先进单位和先进个人工作表现的充分肯定。第二段主要着眼于未来,对获奖单位和个人提出希望和鼓励,同时对各地区、各部门以及关心支持教育事业的社会各界提出建议,鼓励他们深入贯彻落实《国家中长期教育改革和发展规划纲要(2010—2020 年)》,坚持把教育摆在优先发展位置,巩固义务教育普及成果,促进义务教育均衡发展,推动教育事业在新的历史起点上科学发展,为建设教育强国和人力资源强国、实现中华民族伟大复兴而努力奋斗。

该决定全文逻辑谨严,语言简洁凝练、干脆利落,是一篇内容和形式都兼顾得很好的奖惩性决定范文。

国务院关于 2012 年度国家科学技术奖励的决定①
国发〔2013〕3 号

各省、自治区、直辖市人民政府,国务院各部委、各直属机构。

为深入贯彻党的"十八大"和全国科技创新大会精神,大力实施科教兴国战略和人才强国战略,国务院决定,对为我国科学技术进步、经济社会发展、国防现代化建设作出突出贡献的科学技术人员和组织给予奖励。

根据《国家科学技术奖励条例》的规定,经国家科学技术奖励评审委员会评审、国家科学技术奖励委员会审定和科技部审核,国务院批准并报请国家主席胡锦涛签署,授予郑哲敏院士、王小谟院士 2012 年度国家最高科学技术奖;国务院批准,授予"水稻复杂数量性状的分子遗传调控机理"等 41 项成果国家自然科学奖二等奖,授予"飞机钛合金大型复杂整体构件激光成形技术"等 3 项成果国家技术发明奖一等奖,授予"修复周围神经缺损的新技术及其应用"等 74 项成果国家技术发明奖二等奖,授予"嫦娥二号工程"等 3 项成果国家科学技术进步奖特等奖,授予"盾构装备自主设计制造关键技术及产业化"等 22 项成果国家科学技术进步奖一等奖,授予"特色热带作物种质资源收集评价与创新利用"等 187 项成果国家科学技术进步奖二等奖,授予美国化学家理查德·杰尔等 5 名外国专家中华人民共和国国际科学技术合作奖。

全国科学技术工作者要向郑哲敏院士、王小谟院士及全体获奖者学习,自觉弘扬求真务实、勇于创新的科学精神,坚定不移地走中国特色自主创新道路,为实现创新驱动发展、全面建成小康社会和中华民族伟大复兴作出新的更大的贡献。

国务院

2013 年 1 月 8 日

(此件公开发布)

———————————

① 中央人民政府网,http://www.gov.cn.

【评析】

这也是一份表彰性决定,跟前例不同的是,这是一份对众多单位和人员的表彰决定。全文采用段落式,分为 3 个自然段。

第一段主要说明表彰的依据,即为了深入贯彻党的"十八大"和全国科技创新大会精神,大力实施科教兴国战略和人才强国战略,国务院决定对为我国科学技术进步、经济社会发展、国防现代化建设作出突出贡献的科学技术人员和组织给予奖励。

第二段主要是宣布表彰的决定,说明授予某某人物、某某组织何种奖励。

第三段主要是点明表彰的目的,并对全国科学技术工作者提出要求和希望,语言简洁明了而有针对性。

案例四:变更性决定

国务院关于修改《中华人民共和国植物新品种保护条例》的决定①

国务院决定对《中华人民共和国植物新品种保护条例》作如下修改。

一、将第三十九条第三款修改为:"省级以上人民政府农业、林业行政部门依据各自的职权处理品种权侵权案件时,为维护社会公共利益,可以责令侵权人停止侵权行为,没收违法所得和植物品种繁殖材料;货值金额 5 万元以上的,可处货值金额 1 倍以上 5 倍以下的罚款;没有货值金额或者货值金额 5 万元以下的,根据情节轻重,可处 25 万元以下的罚款。"

二、将第四十条修改为:"假冒授权品种的,由县级以上人民政府农业、林业行政部门依据各自的职权责令停止假冒行为,没收违法所得和植物品种繁殖材料;货值金额 5 万元以上的,处货值金额 1 倍以上 5 倍以下的罚款;没有货值金额或者货值金额 5 万元以下的,根据情节轻重,处 25 万元以下的罚款;情节严重,构成犯罪的,依法追究刑事责任。"

本决定自 2013 年 3 月 1 日起施行。

《中华人民共和国植物新品种保护条例》根据本决定作相应修改,重新公布。

中华人民共和国植物新品种保护条例

(1997 年 3 月 20 日中华人民共和国国务院令第 213 号公布 根据 2013 年 1 月 31 日《国务院关于修改〈中华人民共和国植物新品种保护条例〉的决定》修订)

(全文略)

【评析】

这是一则典型的变更性决定。首段以不容置疑的口吻形式宣布"国务院决定对《中

① 中央人民政府网,http://www.gov.cn.

华人民共和国植物新品种保护条例》作如下修改",语言简洁,语气庄重。接着采用分条的形式说明将要修改的部分以及修改后的内容,结构严谨,令人一目了然。然后说明决定实施的有效期限,"本决定自2013年3月1日起施行。"最后,公布出新的《中华人民共和国植物新品种保护条例》,令受众对新的《中华人民共和国植物新品种保护条例》内容了然于胸,考虑周到、全面。

四、练习题

1. 选择题(请在该小题的4个答案中选出一个正确答案)

(1)适用于对重要事项进行决策和部署、奖惩有关单位和人员、变更或者撤销下级机关不适当的决策事项的一种公文文种是(   )。

    A. 决定   B. 决议   C. 通告   D. 意见

(2)适合会议讨论通过的重要决策事项使用的文种是(   )。

    A. 决定   B. 决议   C. 纪要   D. 通告

(3)按行文关系和行文方向划分,"决定"属于(   )。

    A. 上行文   B. 平行文

    C. 下行文   D. 可以是上行文,也可以是下行文

(4)决定通常包括如下3类,除了(   )。

    A. 决策部署型决定   B. 决策性决定

    C. 奖惩性决定   D. 变更性决定

(5)决策类公文不包括(   )。

    A. 决议   B. 决定   C. 批复   D. 函

2. 简答题

(1)简述决议与决定的异同。

(2)请谈谈奖惩性决定的写作思路与结构。

3. 写作题

请以中华人民共和国教育部的名义写一份奖励性的决定,决定的内容为表彰对新课程改革做出重大贡献的单位和个人。

第三节

命令(令)

一、定义

命令(令)是一种很古老的体式。在古代,命令和令是作为两种体式出现的。1981年2月,国务院办公厅颁布的《国家行政机关公文处理暂行办法》仍把命令和令作为两种公文(后来正式发布时合二为一)。实际上,二者同属一种。

依据最新版本的《党政机关公文处理工作条例》,命令(令)的定义是:适用于公布行政法规和规章、宣布施行重大强制性措施、批准授予和晋升衔级、嘉奖有关单位和人员。

根据命令(令)的定义,可以把命令(令)划分为四大种类。

(1)公布令。公布令是一种发布法规、规章、规定、办法等的命令。公布令是复体行文,即法随令出。

(2)行政令。行政令是国家行政机关发布施行重大行政措施时使用的一种命令。

(3)任免令。任免令也是命令(令)的一种,是任免国家工作人员职务时使用的一种命令(令)。以国家主席令任免的工作人员,是经全国人大常委会决定的部长级以上干部;以国务院总理令任免的工作人员是副部长级干部。地方上的人事任免不用"命令",而用"决定"或"通知"代替。

(4)嘉奖令。嘉奖令是表彰、奖励在社会主义现代化建设中做出卓越贡献的有功单位和个人时使用的一种命令。

命令具有如下特点:第一,它是公文中最具有权威性和强制性的文种。第二,执法机关的规定性。《中华人民共和国宪法》和《地方各级人民代表大会组织法》规定:中国人民代表大会常务委员会委员长、中华人民共和国主席、国务院总理、各部部长、各委员会主任可以发布命令。第三,它是所有公文中篇幅最短小的文种。有些命令全文只有一句话或者一段文字。第四,它有严格的时间规定性。时间性主要体现为如下两个方面:一是公布性命令均需标明开始实施的时间;二是针对某种特殊和重大事项而采取的强制性行政措施时发布的命令,一旦任务完成,命令应自动失效。

二、写作要点

（一）标题的写作

命令（令）的标题有以下 4 种形式。

（1）发令机关＋文种。例如，《中华人民共和国国家发展和改革委员会令》。

（2）发令人的职务＋文种。例如，《中华人民共和国主席令》。

（3）发令机关＋事由＋文种。例如，《国务院、中央军委关于授予钱学森同志"国家杰出贡献科学家"荣誉称号的命令》。

（4）事由＋文种。例如，《向全国进军的命令》。

需要进一步了解到的是，命令（令）标题下面的编号不同于其他公文，而是有其独特之处。与别的公文文种不同，命令（令）的编号不按年度编排，而是从国家领导人任职开始依次编排的流水号，第一号，第二号……第三十号直至任职期满为止。下届新的领导人颁发命令，就得从任职开始重新编号。国家行政机关令文的编号也是如此。

（二）主体的写作

命令（令）正文的写法因种类不同而有所差异。公布令一般由公布对象、公布依据、公布事项和执行要求等几部分内容组成；行政令一般由发令原因（依据）、命令的事项以及执行要求组成；任免令可以直接写出任免的根据、任免事项、任免人的姓名和职务；嘉奖令的内容主要由人物简介及事迹介绍、嘉奖决定以及号召（希望）和要求组成。

四种命令（令）虽然写法各有不同，但是不论哪种命令，其正文均由 3 部分组成。

一是发布命令的原因。命令的首段首先要说明为什么发布命令，以及发布命令的依据。常用"为此，发布命令如下"，或"根据……为……特发布命令"等开启下文。

二是命令的事项。这是正文的主体部分。命令的事项，有的简单到全文只有一句话或一段文字，如任免令："根据中华人民共和国第十届全国人民代表大会第一次会议的决定，任命温家宝为中华人民共和国国务院总理。"但有的较为复杂的命令，如行政令、嘉奖令的正文，可以采取分段或者分条列项的形式进行详细的表述。

三是执行要求。执行要求是指要求有关单位和人员在执行命令时必须遵照的规定。公布令一般会写出"自××××年×月×日起施行"；行政令可能会写上"以上各项，希遵照执行"的字样。

（三）结尾的写作

命令（令）的结尾一般包括两个部分，一是签署，二是成文日期。签署位于正文的右下方，写明发令单位名称或者发令人的职务及姓名。如果同时有两个发令人，发令人的职务和姓名要上下对称排列。成文日期写在签署之下，年月日要标注齐全。

（四）语言要得体

命令体公文篇幅一般都非常短小，像公布令和任免令一般只有几十个字，全文只有一段话。但是,这十几个字要担负起指挥千军万马的责任,指导党和国家的重大社会活动。因此,"精"和"确"是对命令体公文写作的语言要求。写令文时,一定要直言不讳,言简意赅,措辞准确,表达坚定有力。

三、案例简析

 案例一:公布令

中华人民共和国主席令

第三号

《中华人民共和国旅游法》已由中华人民共和国第十二届全国人民代表大会常务委员会第二次会议于 2013 年 4 月 25 日通过,现予公布,自 2013 年 10 月 1 日起施行。

中华人民共和国主席 习近平

2013 年 4 月 25 日

【评析】

这是一则非常简洁的公布性命令。公布的对象是《中华人民共和国旅游法》,实施时间是"自 2013 年 10 月 1 日起施行。"这则命令采用篇段合一式,用一句话的形式就交代清楚公布的对象和实施的时间,语言非常简洁,语气不容置疑,体现了命令体公文精准、权威的特点。

另外,此命令有一个值得注意的地方就是签署,签署位于正文的右下方,写明发令单位名称或者发令人的职务及姓名。最后,成文日期写在签署之下,年月日要标注齐全。

中华人民共和国交通运输部令[①]

2013 年第 11 号

《关于修改〈中华人民共和国船舶油污损害民事责任保险实施办法〉的决定》已于 2013 年 8 月 22 日经第 10 次部务会议通过,现予公布,自公布之日施行。

部 长 杨传堂

2013 年 8 月 31 日

【评析】

这同样是一则公布性命令。全文采用篇段合一式,用两句话的长度交代了公布的对

---

① 中央人民政府网,http://www.gov.cn。

象、依据和实施时间。逻辑谨严,结构清晰,语言精准。

案例二:行政令

中国人民解放军驻澳门部队进驻澳门
特别行政区的命令

中国人民解放军驻澳门部队全体官兵:

根据《中华人民共和国宪法》赋予中国人民解放军的使命,依照《中华人民共和国澳门特别行政区基本法》《中华人民共和国澳门特别行政区驻军法》有关规定,命令你们进驻中华人民共和国澳门特别行政区,于1999年12月20日开始履行防务职责。

我国政府对澳门恢复行使主权,是继香港回归祖国后中华民族的又一盛事,标志着中国人民按照"一国两制"的方针,在实现祖国统一大业的道路上又迈出了坚实的一步。中国人民解放军驻澳门部队担负澳门特别行政区的防务,是中国政府对澳门恢复行使主权的重要象征,使命神圣,责任重大。你们进驻澳门特别行政区以后,要坚持人民解放军全心全意为人民服务的宗旨,发扬优良传统,忠实履行职责,遵纪守法,依法治军,把部队建设成"政治合格,军事过硬,作风优良,纪律严明,保障有力"的威武文明之师,为维护祖国统一,捍卫国家主权和领土完整,保持澳门的稳定和发展做出积极的贡献。

中华人民共和国中央军事委员会主席 江泽民

1999 年 12 月 19 日

【评析】

这也是一则行政性命令。该命令有两个自然段,层次十分清晰。

第一段的前两句话"根据《中华人民共和国宪法》赋予中国人民解放军的使命,依照《中华人民共和国澳门特别行政区基本法》《中华人民共和国澳门特别行政区驻军法》有关规定",是发布命令的缘由,重点是写派驻的合法性,即有3部法律可依,分别是《中华人民共和国宪法》《中华人民共和国澳门特别行政区基本法》《中华人民共和国澳门特别行政区驻军法》。最后两句话是命令的事项,包括命令的对象(你们)、命令的范围(中华人民共和国澳门特别行政区)和命令的具体时间(1999 年 12 月 20 日开始)及所命令的内容,这里用"履行防务职责"来高度凝练命令内容,更加体现出了命令的严肃性。

第二段详细论述了对中国人民解放军驻澳门部队全体官兵的要求和希望,言辞恳切,有谆谆教导之意。

案例三：任免令

中华人民共和国主席令①

第二号

根据中华人民共和国第十二届全国人民代表大会第一次会议的决定：

任命张高丽、刘延东(女)、汪洋、马凯为国务院副总理；

任命杨晶(蒙古族)、常万全、杨洁篪、郭声琨、王勇为国务委员；

任命杨晶(蒙古族，兼)为国务院秘书长；

任命王毅为外交部部长；

任命常万全(兼)为国防部部长；

任命徐绍史为国家发展和改革委员会主任；

任命袁贵仁为教育部部长；

余文略。

中华人民共和国主席 习近平

2013 年 3 月 16 日

【评析】

这是一则高级别的任免令，具有较强的借鉴意义。

标题由发令机关(或机关领导人名义)与文种两部分组成。主体部分首先简洁地说明了此项命令的依据和命令的事项，语言简洁明了，语气不容置疑，体现了很强的权威性，令人不得不遵从。然后分条列举任免对象及职务，结构清晰，令人一目了然。

任免令一般都是很简洁的，这则任免令堪称任免令的模板，值得好好研究、揣摩。

案例四：嘉奖令

国务院　中央军委关于授予福建省
公安边防总队宁德市支队三都边防派出所
"爱民固边模范边防派出所"荣誉称号的命令②

国函〔2007〕47 号

公安部：

福建省公安边防总队宁德市支队三都边防派出所全体官兵牢记全心全意为人民

---

① ② 中央人民政府网，http://www.gov.cn。

服务的宗旨,坚持立警为公、执法为民、爱民固边、强边富民,忠实履行职责使命,出色地完成了各项公安边防保卫任务,为辖区经济发展和社会稳定做出了突出贡献。

三都边防派出所始终把维护边境地区安宁和促进辖区经济社会发展放在首位,努力做到"经济发展到哪里,保障工作就跟进到哪里;治安热点在哪里,管理工作就跟进到哪里;人民需要在哪里,服务工作就跟进到哪里",创造性地开展公安边防工作,创建了全国第一个海上"110"、第一个海上"120"、第一个海上法律服务中心、第一个海上希望工程基金。1998 年以来,该派出所共破获刑事案件 152 起、治安案件 624 起,抓获各类重大案犯 236 名;为群众办实事、做好事 3740 余件,抢救遇险船只 1520 余艘、遇险群众 6400 余人次,挽回经济损失 1.2 亿多元。该派出所的突出事迹赢得了社会广泛赞誉,1998 年以来,该派出所先后 87 次受到表彰,荣立集体一等功 1 次、三等功 2 次;2001年被公安部评为"人民满意公安基层单位",党支部 2003 年被福建省委评为"全省先进基层党组织",2003 年至 2005 年连续 3 年被公安部评为"一级公安派出所",2003 年至 2006 年连续 4 年被共青团中央、公安部授予"全国青年文明号"荣誉称号。

国务院、中央军委号召全体公安民警、武警官兵和全军指战员向三都边防派出所学习。学习他们忠于党、忠于祖国、忠于人民的政治本色,学习他们牢记宗旨、一心为民、爱民固边、强边富民的高尚情操,学习他们乐于奉献、不计得失、视国家和人民利益高于一切的优秀品质,学习他们恪尽职守、奋发有为、开拓创新、勇攀高峰的进取精神。全体公安民警、武警官兵和全军指战员要以他们为榜样,在以胡锦涛同志为总书记的党中央坚强领导下,认真学习邓小平理论和"三个代表"重要思想,牢固树立和落实科学发展观,继承和发扬我党我军优良传统,不断提高队伍的整体素质和战斗力,圆满完成党和人民赋予的各项任务,为全面建设小康社会、构建社会主义和谐社会做出新的更大的贡献。

国务院总理　温家宝

中央军委主席　胡锦涛

2007 年 5 月 15 日

【评析】

这是一则表扬某个组织的嘉奖令。标题采用"发文机关＋事由＋文种"的形式。

全文采用段落式,由 3 段组成。首段主要是总括福建省公安边防总队宁德市支队三都边防派出所全体官兵的功绩,也就是该命令的颁发依据。第二段采用列数字的说明方法详细介绍了福建省公安边防总队宁德市支队三都边防派出所全体官兵的卓越成就。第三段发出号召,号召全体公安民警、武警官兵和全军指战员向三都边防派出所学习,同时,希望全体公安民警、武警官兵和全军指战员能够不断提高队伍的整体素质和战斗力,圆满完成党和人民赋予的各项任务,为全面建设小康社会、构建社会主义和谐社会作出新的更大的贡献。

这 3 个自然段逻辑清晰,结构谨严,语言规范,堪称嘉奖令的模板,值得好好研究和学习。

四、练习题

1. 选择题（请在该小题的 4 个答案中选出一个正确答案）

（1）命令是公文的一种，下列能够发布"命令"或"令"的是（　　）。

    A. 县（市）长　　　　　　　　B. 大学校长

    C. 国家大型企业负责人　　　　D. 企业负责人

（2）命令的标题形式不可以用（　　）的形式。

    A. 发文机关 + 文种　　　　　　B. 发文机关 + 事由 + 文种

    C. 发令人的职务 + 文种　　　　D. 文种

（3）国家行政机关发布施行重大行政措施时使用的一种命令是（　　）。

    A. 公布令　　　B. 行政令　　　C. 嘉奖令　　　D. 任免令

（4）适用于公布行政法规和规章、宣布施行重大强制性措施、批准授予和晋升衔级、嘉奖有关单位和人员的公文文种是（　　）。

    A. 决定　　　　B. 通告　　　　C. 公告　　　　D. 命令

（5）命令的主体一般由如下几个部分组成，除了（　　）。

    A. 发布命令的原因　　　　　　B. 实施时间

    C. 命令的事项　　　　　　　　D. 执行要求

2. 简答题

（1）命令和决定有什么区别？

（2）命令大致可以分为几类？

3. 写作题

以国务院总理的名义，写一则关于表彰张三在慈善方面作出杰出贡献的命令。

第四节 公报

一、定义

公报是机关公文中的一个主要文种,是党政机关和人民团体公开发布重大事件或重要决定事项的报道性公文。最新版本的《党政机关公文处理工作条例》对其所下的定义是:适用于公布重要决定或者重大事项。

按照内容及性质来分,常用的公报有如下3类。

(1)会议公报。这是用以报道重要会议或会谈的决定和情报的公报。这种公报一般用于党中央召开的会议,如《中国共产党第十四届中央委员会第三次全体会议公报》《中国共产党第十八届中央纪律检查委员会第二次全体会议公报》等。

(2)事项公报。这是党的高级领导机关用以发布重大情况、重要事件的公报。高层行政机关、部门向人民群众公布重大决策、重要事项或重大措施时有时也沿用此类公报。统计公报是典型的事项公报。《安全监管监察系统开展先进评选表彰工作公报》《2000年第五次全国人口普查主要数据公报》等都属于事项性公报。

(3)外交公报。这是一种具有特殊用途的公报,主要用以发布国家之间、政党之间、团体之间经过会议达成的某种协议,如《中俄联合公报》《中美建交联合公报》《中俄总理第五次定期会晤联合公报》《中国共产党总书记胡锦涛与中国国民党主席连战会谈新闻公报》等。

从适用范围来看,公报适用于公布重要决定或者重大事项。

从使用权限来看,公报的使用者都是党和国家的高级机关,一般机关不用公报发布情况。可以采用公报形式的情况具体包括如下几个方面:党中央、国务院及全国人大、政协等最高国家领导机关;省、市领导机关有时也采用公报的形式发布重大事件或者重大决定;大型会议或者活动,有时也采用公报的形式发布决定事项或活动内容。

公报具有如下特点。

(1)发文机关的特定性。公报的使用者都是党和国家的高级机关,一般机关不用公报发布情况。

(2)受众的广泛性。公报是党政机关和人民团体公开发布重大事件或重要决定事项的报道性公文,是公之于众的文件,无须保密,既没有主送机关也没有抄送机关,因此,它的受众是非常广泛的。

（3）内容的重要性。公报的内容应是国内外、党内外普遍关心和瞩目的重大事件或重大决定，不重要的事件是不能用公报来发布的。公报一经发布，必然产生较强烈的反响。

（4）内容和传播方式的新闻性。从内容上来说，公报发布的都是新近的、群众应知而未知的事项，在一定程度上具有新闻的特点；从传播方式上来说，公告一般不用红头文件的方式传播，而是在报刊上公开刊登，制作和发布迅速而及时，具有很强的新闻性。

公告与公报在使用上有相似之处。首先，发文机关的特定性。不管是公告还是公报，使用者都是党和国家的高级机关；其次，受众范围的广泛性。因为二者发布的形式都具有新闻性的特点，是以刊登或者转播的形式传播；再次，内容的重要性。只有重要的事项或者决定，才可以作为公报和公告的发布内容。但是，二者之间又有区别。首先，就文件内容来说，公报主要用于发布重要事项；公告既发布重要事项，也可以发布法定事项。其次，就写作思路来说，二者思路不尽相同。

二、写作要点

（一）标题的写作

公报的标题有如下 3 种形式。

（1）会议公报。会议公报的标题一般采用"会议名称＋文种"的形式或者"行政机关名称＋会议名称＋文种"的形式，如《中国共产党第十四届中央委员会第三次全体会议公报》。

（2）事项公报。事项公报的标题一般采用"内容（时间＋范围＋事项）＋文种"的形式，如《1999 年全国教育事业发展统计公报》。

（3）外交公报。外交公报的标题一般采用"国家名称＋国家名称＋联合公报""政府名称＋事由＋联合公报""会议名称＋新闻公报"的形式，如《中蒙联合公报》《中华人民共和国和尼日利亚联邦共和国联合公报》《中俄总理第五次定期会晤联合公报》。

（二）正文的写作

（1）会议公报。会议公报的开头部分主要是写明会议的基本情况，包括会议的时间、地点、出席人员、主持人等。例如《中国共产党第十八届中央委员会第三次全体会议公报》开头由 3 个自然段组成。第一段说："中国共产党第十八届中央委员会第三次全体会议，于 2013 年 11 月 9 日至 12 日在北京举行。"第二段的内容是："出席这次全会的有中央委员 204 人，候补中央委员 169 人。中央纪律检查委员会常务委员会委员和有关方面负责同志列席了会议。党的"十八大"代表中部分基层同志和专家学者也列席了会议。"基本情况包括时间、地点、人物、事件等叙述要素,写得简明扼要、清楚明白。主体部分介绍会议议定情况和主要精神,用"会议强调""会议指出""会议要求"等引领段落,展开对各个方面内容的叙述和说明。结尾部分一般是提出号召、希望或者要求等。例如,在公报最后一段发出强有力的号召:"全会号召,全党同志要紧密团结在以习近平同志为总书记的党中央周围,锐意进取,攻坚克难,谱写改革开放伟大事业历史新篇章,为全面建成小康社会、不断夺取有中国特色社会主义新胜利、实现中华民族伟大复兴的中国梦而奋斗!"

（2）事项公报。事项公报的开头部分一般是用最鲜明、最精练的语言概述事件的核心内容,即何时、何地、发生了什么重大事件。主体部分是用段落的形式交代事项的具体内容。结尾部分可以有所升华,即指出我们从此次事件中可以获得的启发或者教训,或者是希望有关部门或者人员做好相关准备。

（3）外交公报。外交公报主要分为3部分撰写。开头部分写基本情况,包括时间、地点、人物、事件等。如《中华人民共和国和南非共和国联合公报》首段写明:"应南非共和国总统雅各布·祖马阁下邀请,中华人民共和国主席习近平阁下于二〇一三年三月二十五日至二十六日对南非共和国进行国事访问。访问期间,习近平主席与祖马总统举行了会谈。"接着,主体部分主要写双方议定的事项,必要时可分条列项撰写。同样以《中华人民共和国和南非共和国联合公报》为例,第二段开始就用分条列项的方式从六个方面详细介绍了会晤的的内容,条理清晰、逻辑严谨。外交公报的结尾部分,可补充意义、交代会议气氛或双方对会谈的肯定程度,以及受邀回访的意向。有时也可不单独写结尾部分。在《中华人民共和国和南非共和国联合公报》中,结尾部分就是以对未来的美好愿景和对会谈的肯定结尾。

（三）结尾的写作

事项性公报和会议性公报一般没有尾部;联合公报要在正文之后写明双方签署人的身份、姓名、年、月、日并写明签署地点。

（四）语言要得体

公报是一种具有权威性、指导性和新闻性的公文文种。因此,写作公报时,要十分讲究用语的准确性和概括性。是什么,不是什么;做什么,应该怎样做,必须准确无误地传达给读者,要最大限度地使用低密度的语言,用较少的文字涵盖丰富的内容,做到言约意丰。有些公报,特别是涉及会议的公报和涉及统计情况的公报,内容往往比较繁杂,因此,在撰写时,一定要注意做到重点明确,主旨突出。

三、案例简析

 案例一：会议性公报

中国共产党第十七届中央委员会
第七次全体会议公报①

（2012 年 11 月 4 日中国共产党第十七届
中央委员会第七次全体会议通过）

中国共产党第十七届中央委员会第七次全体会议，于 2012 年 11 月 1 日至 4 日在北京举行。

出席会议的有中央委员 200 人，候补中央委员 165 人。中央纪律检查委员会委员和有关负责同志列席会议。

会议由中央政治局主持。中央委员会总书记胡锦涛作了重要讲话。

会议决定，中国共产党第十八次全国代表大会于 2012 年 11 月 8 日在北京召开。

会议听取和讨论了胡锦涛受中央政治局委托作的工作报告。全会讨论并通过了党的十七届中央委员会向党的第十八次全国代表大会的报告，讨论并通过了《中国共产党章程（修正案）》，决定将这两份文件提请党的第十八次全国代表大会审议。习近平就党的十七届中央委员会向党的第十八次全国代表大会的报告讨论稿和《中国共产党章程（修正案）》讨论稿向全会作了说明。

全会充分肯定了党的十七届六中全会以来中央政治局的工作。一致认为，中央政治局高举中国特色社会主义伟大旗帜，全面贯彻党的十七大和十七届三中、四中、五中、六中全会精神，以邓小平理论和"三个代表"重要思想为指导，深入贯彻落实科学发展观，团结带领全党全军全国各族人民，坚持以科学发展为主题、以加快转变经济发展方式为主线，着力稳增长、控物价、调结构、惠民生、抓改革、促和谐，继续实施积极的财政政策和稳健的货币政策，保持宏观经济政策的连续性和稳定性，着力扩大国内需求，着力加强自主创新和节能减排，着力深化改革开放，着力保障和改善民生，全面推进社会主义经济建设、政治建设、文化建设、社会建设以及生态文明建设，全面推进党的建设新的伟大工程，各项事业取得了新的显著成绩，保持了经济平稳较快发展、社会和谐稳定，为召开党的第十八次全国代表大会创造了良好条件。

全会总结了党的十七大以来 5 年的工作。一致认为，这 5 年是不平凡的 5 年。面对复杂多变的国际环境和艰巨繁重的改革发展稳定任务，以胡锦涛同志为总书记的党中央带领全党，紧紧依靠全国各族人民，经受住各种困难和风险考验，全面推进了党和国家各项工作。经济平稳较快发展，改革开放取得重大进展，人民生活水平

---

① 中央人民政府网，http://www.gov.cn.

显著提高,民主法制建设迈出新步伐,文化建设迈上新台阶,社会建设取得新进步,国防和军队建设开创新局面,港澳台工作进一步加强,外交工作取得新成就,党的建设全面加强,坚持和发展了中国特色社会主义。

全会决定,增补范长龙、许其亮为中共中央军事委员会副主席。

全会按照党章规定,决定递补中央委员会候补委员王学军、王建平为中央委员会委员。

全会审议并通过了《中共中央纪律检查委员会关于薄熙来严重违纪问题的审查报告》《中共中央纪律检查委员会关于刘志军严重违纪问题的审查报告》,确认中央政治局 2012 年 9 月 28 日作出的给予薄熙来开除党籍、2012 年 5 月 28 日作出的给予刘志军开除党籍的处分。

全会全面分析了当前形势和任务,深入讨论了新形势下发展中国特色社会主义伟大事业、推进党的建设新的伟大工程的若干重大问题,为召开党的第十八次全国代表大会作了充分准备。

【评析】

这是一篇公布党的十七届中央委员会第七次全体会议情况的公报。

标题直接由会议名称(全称)和文种组成,并在其下用括号注明会议通过的日期。主体部分包括三大部分:一是引言,即例文第一自然段,交代会议召开的时间和地点;二是会议的基本情况,包括出席会议人员、议题及主要活动,这层内容是全文的重心。主体部分用"会议决定""会议听取和讨论了""会议总结了"等一系列词语作为主体各段落的开头,层次清晰,主旨明了。结尾处是对会议成绩的评价,此次会议"为召开党的第十八次全国代表大会作了充分准备"。

值得注意的是,由于是会议公报,涉及的是对会议全部内容的反映,代表全体与会人员的意志,因此文中先后多次出现"会议决定""会议审议""会议讨论""会议总结"等标志性词语,并以之提领一项议题内容,这是会议公报常用的一种表达方式。

从语言上来说,这篇会议公报显得简洁而规范。

案例二:事项性公报

2012 年度云南省人才发展统计公报①

2012 年,在省委、省政府的正确领导下,各地各部门认真贯彻落实全国、全省人才工作会议精神,紧紧围绕建设绿色经济强省、民族文化强省和中国面向西南开放重要桥头堡的战略目标,以落实全省中长期人才发展规划为主线,以高层次创新型人才和产业发展实用型人才为重点,加强人才培养、引进、使用工作,加大人才发展

---

① 云南省人民政府网,http://www.yn.gov.cn。

投入力度,加快推进人才强省战略,人才队伍总量持续增加,素质不断提高,为推动云南科学发展、和谐发展、跨越发展提供了有力的人才保证和智力支持。

一、人才规模

全省人才资源总量357.15万人,其中:中央驻滇单位31.37万人,本省人才325.78万人。本省人才中,党政人才31.99万人,企业经营管理人才47.18万人,专业技术人才119.84万人,高技能人才56.5万人,农村实用人才68.97万人,社会工作专业人才1.3万人。

二、杰出人才

全省"两院"院士总数10人,国家"千人计划"(含青年、外专"千人计划")入选者15人,国家"万人计划"入选者2人,新世纪"百千万人才工程"国家级人选38人,国家级有突出贡献中青年专家47人,享受国务院政府特殊津贴人员1565人,"长江学者"5人,全国宣传文化系统"四个一批"人才12人,国家级非物质文化遗产项目代表性传承人69人,省科学技术杰出贡献奖获得者10人,省委联系专家565名,省有突出贡献中青年专家1555人,享受省政府特殊津贴人员1478人,省中青年学术和技术带头人后备人才713人,省技术创新人才培养对象468人……

三、人才素质

全省党政、企业经营管理和专业技术人才中大学本科及以上学历人数85.62万人;从事研发(R&D)人员数4.7万人,其中:规模以上工业企业R&D人员数1.9万人;每万劳动力R&D人员数为7.6人年;高技能人才占技能劳动者比例22.7%。

四、人才引进

全年引进海内外高层次人才1008人,入选"百名海外高层次人才引进计划"11人,累计引进79人;入选"高端科技人才引进计划"17人,累计引进68人;安置回国(来滇)博士后、博士及我省急需紧缺专业硕士21人;来滇工作的外国专家685人;来滇挂职干部94人。

五、人才培养

全年评审13000名高级专业技术人才,选拔享受省政府特殊津贴人员100人、省中青年学术技术带头人后备人才46人、省技术创新人才培养对象58人,培育创新团队29个。全年高等教育毕业生18.64万人,其中博士生374人,硕士生8031人,普通本科生5.87万人,普通专科生6.02万人,成人本科生2.71万人,成人专科生3.19万人;各类中等职业教育毕业生18.71万人;全省技工学校毕业生2.44万人。

六、人才载体

全省院士专家工作站40个,博士后科研流动站和工作站59个,高层次人才创新创业示范基地6个。国家重点实验室、国家工程技术研究中心5个,国家级企业技术中心16个,国家级高新技术开发区、经济技术开发区等各类园区6个。省重点实验室、省工程技术研究中心118个,省级企业技术中心237个,省级高新技术开发区、经济技术开发区等各类园区49个。

七、人才投入

省人力资本投资1752.9亿元,占GDP的17%。其中:全省各级各类学校教育经费支出 858.01 亿元,占总人力资本投资的 48.95%;全省卫生总费用 826.14 亿元,占 47.13%;全社会研发支出 68.75 亿元,占 3.92%。全省财政教育支出 675 亿元,全省财政科技支出 33 亿元,全省财政医疗卫生支出 267 亿元,省级人才发展专项资金 3.37 亿元。

八、人才效能

全省人才贡献率 16.89%,全省万人发明专利拥有量 0.89 件,全省 PCI 国际专利申请量 19 件。2012 年全年共登记科技成果 928 项,其中基础理论成果 86 项,应用技术成果 803 项,软科学成果 39 项,有 10 个项目获得 2012 年度国家科学技术奖。全年专利申请 9260 件,获专利授权 5853 件。

云南省人才工作领导小组办公室
2013 年 11 月 1 日

【评析】

这是一篇省级事项性公报。首段是对此次调查总体情况的一个说明。首先指出"2012 年,在省委、省政府的正确领导下,各地各部门认真贯彻落实全国、全省人才工作会议精神,紧紧围绕建设绿色经济强省、民族文化强省和中国面向西南开放重要桥头堡的战略目标,以落实全省中长期人才发展规划为主线,以高层次创新型人才和产业发展实用型人才为重点,加强人才培养、引进、使用工作,加大人才发展投入力度,加快推进人才强省战略",达到了"人才队伍总量持续增加,素质不断提高,结构有所优化,效能进一步增强,为推动云南科学发展、和谐发展、跨越发展提供了有力的人才保证和智力支持。"公报的主体部分用分条列项的方式分别从人才规模、杰出人才、人才素质、人才引进、人才效能等 8 个方面对调查结果予以显示,显得层次清晰、脉络分明。

案例三:外交性公报

中华人民共和国和南非共和国联合公报[①]

一、应南非共和国总统雅各布·祖马阁下邀请,中华人民共和国主席习近平阁下于二〇一三年三月二十五日至二十六日对南非共和国进行国事访问。访问期间,习近平主席与祖马总统举行了会谈。

二、双方高度评价建交十五年来中南关系从伙伴关系、到战略伙伴关系、再到全面战略伙伴关系的跨越式发展历程。双边关系的不断提升表明两国关系充满活力、重要性不断增强。双方还认为中南关系继续作为两国对外关系中最具活力、最重要的双边关系之一,越来越具有战略深度和全球意义。

三、两国领导人满意地看到,经贸合作已经成为推动两国关系发展的重要动力。

---

① 中央人民政府网,http://www.gov.cn.

《中南关于建立全面战略伙伴关系的北京宣言》为双方描绘出广阔的合作空间,应充分挖掘。双方将继续本着合作共赢的原则,切实加强两国经贸合作,以造福两国人民:

(一)双方积极鼓励进一步扩大并改善两国贸易,优化贸易结构,促进贸易平衡,扩大高附加值产品贸易,更多在原材料产地就近开展深加工,在绿色经济、技能转让和产业融资等领域提供相互技术支持。

(二)南方欢迎中国企业继续扩大对南投资,特别是在有利于创造就业的领域加强对南投资,并愿为此提供支持和便利;中方将继续鼓励中国企业赴南投资,并欢迎南方扩大对华投资。两国鼓励双方金融机构加强务实合作,为双方企业开展合作提供融资支持。

四、两国领导人认为,两国人文交流与合作近年来蓬勃发展,为两国关系奠定了坚实的基础。进一步加强两国在上述领域交流合作是中南关系发展的客观要求。为此,两国领导人同意:

(一)确定 2014 年为中国"南非年",2015 年为南非"中国年"。届时,双方将举办一系列活动。

(二)进一步加强两国在人力资源领域的合作,中方将为南方提供更多培训机会,特别是加强在青年就业方面的培训与合作。双方将继续扩大在基础教育和高等教育等领域的合作,加强双方研究成果的交流与共享。中方欢迎和支持南方申办孔子学院,加强汉语培训。

(三)促进和加强两国新闻媒体、学术机构、智库、青年和妇女组织等民间机构之间的交流与合作。

五、两国领导人就地区和国际问题深入交换了意见:

(一)双方指出,当前国际形势正在经历深刻复杂变化,世界多极化深入发展,新兴市场国家和发展中国家实力不断增强,全球经济治理机制改革持续推进。双方一致认为,世界各国应推动建立更加平等均衡的新型全球发展伙伴关系,团结一致,密切合作,共同应对全球性挑战,以实现互利共赢。

(二)双方一致认为,进入新世纪以来,非洲总体形势明显改善,经济实现增长,一体化进程加快,国际地位稳步提升。与此同时,非洲和平与发展事业仍面临不少挑战。双方呼吁国际社会进一步加大对非洲的关注与支持,尊重非洲自主解决本地区问题的努力,帮助非洲国家增强自主发展能力。

六、中方预祝南非成功举办金砖国家领导人第五次会晤,认为此次会晤将有力促进金砖国家内部合作、金砖国家对非合作以及金砖国家机制建设。双方将协同努力,共同落实好本次领导人会晤成果,推动金砖国家机制不断向前发展。

七、双方领导人还共同见证了旨在进一步加强和深化双边关系的多项政府间协议和谅解备忘录及企业间合同的签署。

八、两国领导人认为,此次访问取得圆满成功,标志着中南全面战略伙伴关系发展进入了新的历史阶段。

2013 年 3 月 26 日于比勒陀利亚

【评析】

这是一篇关于中华人民共和国和南非共和国的联合公报。公报采用分条列项式。

首段首先介绍时间、人物、事件等基本情况，即指出"应南非共和国总统雅各布·祖马阁下邀请，中华人民共和国主席习近平阁下于二〇一三年三月二十五日至二十六日对南非共和国进行国事访问。"接下来，用"访问期间，习近平主席与祖马总统举行了会谈"自然过渡到下文。第二项开始，就重点介绍会谈达成的结果，采用分条列项的方式一一列写，层次分明，结构清晰明了。段落基本上都以"双方"和"两国领导人"开头，兼顾形式和内容的双重美观，值得好好效仿。第八项作为公报的结尾部分，对此次访问进行了高度肯定，认为"此次访问取得圆满成功，标志着中南全面战略伙伴关系发展进入了新的历史阶段。"

从全篇来看，该公报结构严谨，内容翔实，语言简洁，是一份高质量的公报，值得好好研究与揣摩。

四、练习题

1. 选择题（请在该小题的 **4** 个答案中选出一个正确答案）

（1）常用的公报有如下三大类，不属于这三大类的是（　　　）。

    A. 会议公报　　　　　　　　B. 事项公报

    C. 外交公报　　　　　　　　D. 联合公报

（2）下列机关中，不可以使用公报的是（　　　）。

    A. 党中央、国务院　　　　　B. 全国人民代表大会

    C. 广州市政府　　　　　　　D. 某高校食堂管理委员会

（3）下列定义中，符合公报定义的是（　　　）。

    A. 适用于公布社会各有关方面应当遵守或者周知的事项的行政公文

    B. 适用于表彰先进，批评错误，传达重要精神或者情况的行政公文

    C. 党政机关和人民团体公开发布重大事件或重要决定事项的报道性公文

    D. 适用于对重要事项或者重大行动做出安排，奖惩有关单位及人员，变更或者撤销下级机关不适当的决定事项的行政公文

（4）公告区别于公报的方面不包括（　　　）。

    A. 行政机关可以用公告也可以用公报，党委机关一般不用公告

    B. 公告多用于宣布重大消息或法定事项，公报一般用于发布重大事件或重要会议的决定事项

    C. 公告内容一般都很简单，公报内容则比较详细具体

    D. 公告用来向国内外宣布重要事项，公报则不然

（5）公报的标题，可以采用如下形式，除了（　　　）。

    A. 会议名称＋文种

    B. 内容（时间＋范围＋事项）＋文种

  C. 时间＋文种

  D. 会议名称＋新闻公报

2. 简答题

（1）公报主要可以分为几大类？

（2）公报有哪些特点？

3. 论述题

请简要论述一下公报的写作要点。

第五节

公 告

一、定义

  公告是一种周知性文种。根据最新版本的《党政机关公文处理工作条例》，公告是指一种适用于向国内外宣布重要事项或者法定事项的文种。

  根据定义，可以将公告分为三大类。

  （1）重要事项公告。凡是用来宣布有关国家的政治、经济、军事、文化、教育、科技、军事、人事、外交等方面需要告知全民的重要事项的，都属此类公告。这类公告主要是向国内外宣布重要事项，公布依据政策、法令采取的重大行动等，如《新华社授权公告我国将进行向太平洋发射运载火箭试验》《中国共产党中央委员会 中华人民共和国全国人民代表大会常务委员会 中华人民共和国国务院 公告》等，都属此类。此类公告的目的在于将重要事项告知国内外。

  （2）法定事项公告。这类公告是面向国内外宣布法定事项的公告，公布依据法律规定告知国内外的有关重要规定和重大行动等，此类公告的重点在于宣布带有法规性的重要事项，希望有关单位或者人员知晓并执行，有一定的执行要求。

  （3）专业性公告。有一类公告是属于专业性的或向特定对象发布的，如经济上的招标公告,按专利法规定公布申请专利的公告,属专业性公告;也有按国家民事诉讼法规定,法院递交诉讼文书无法送本人或代收人时,可以发布公告间接送达,是向特定对象发布的,这些都不属行政机关公文。因此,本节并不介绍专业性公告,因为它并不属于行政机关公文。

从适用范围来看,公告适用于向国内外宣布重要事项或者法定事项。

从使用权限来看,公告的发布通常是以国家的名义。某些部门经授权,也可以代表国家对内或者对外发布公告,一些地方的权力结构公布非常重要的事项或者法定事项,也可以使用公告。但是,一般来说,公告一般是由较高级别的国家行政机关或权力机关及其授权机关制发,基层单位不能滥用公告。

公告具有如下特点。

（1）题材的重大性。公告的题材必须是能在国际国内产生一定影响的重要事项,或者依法必须向社会公布的法定事项。公告的内容庄重严肃,发布公告时,既要能够将有关信息和政策公之于众,又要考虑在国内国际可能产生的政治影响。

（2）发布范围的广泛性。公告一般面向全国或者某个地区发布,有的甚至面向全世界发布。发布的范围是非常广泛的。公告的告知对象一般是社会公众,发布公告的机关和被告知对象之间一般没有隶属关系。

（3）发文权力的限制性。一般来说,公告一般由较高级别的国家行政机关或权力机关及其授权机关制发,基层单位不能滥用公告。

（4）内容和传播方式的新闻性。从内容上来说,公告都是新近的、群众应知而未知的事项,在一定程度上具有新闻的特点;从传播方式上来说,公告一般不用红头文件的方式传播,而是在报刊上公开刊登。

一般来说,公告与通告是最容易混淆的文种。公告与通告的区别主要表现在如下几个方面:首先在发布的形式上,公告一般采用公开张贴或报纸刊登、电台广播、电视转播的形式予以公开发布,而通告既能通过上述手段予以公开发布,也可采用内部行文的方式;其次是在发布的范围上,公告一般没有限制,其所涉及的内容事项是知道的人越多越好,范围越广越好,而通告只是向一定范围内的人民群众公布;再次,从使用权限来看,公告是党和国家权力机关及行政机关使用的,而通告的使用者较广泛,但是一般来说也是具有一定权威的机关及管理部门。

二、写作要点

（一）标题的写作

公告的标题有如下 3 种形式。

（1）发文机关 + 事由 + 文种。如《国家统计局关于 2011 年年度国内生产总值（GDP）初步核实的公告》《国土资源部关于稀土探矿权采矿权名单的公告》等。

（2）发文机关 + 文种。如《国家税务总局公告》《中华人民共和国财政部公告》等。

（3）只写"公告"两个字。

（二）正文的写作

公告有重要事项公告和法定事项公告两个种类，但是，不管是哪种公告，其正文一般都由公告的依据、公告事项和公告结语组成。开头一般都要写出公告的依据，有时也可省略不写。主体写公告的事项。如果公告事项简单，可以用篇段合一的方式写出；如果公告事项复杂，就可以采用分条列写的方式。公告的结尾一般用"特此公告""现予公告"等作结语，也可不写结语。

（三）结尾的写作

公告的结尾主要是指公告的相关落款内容。公告的落款包括发文机关和日期，有时还包括地点。公告日期有的注在标题下方，有的注在正文末尾发文机关的下面。公告的落款一般只有发文机关和日期两项内容，但是，重要的公告在落款处除要注明发文机关和日期外，还须注明发布地点。

（四）语言要得体

公告所公布的通常为重要或重大事项，而且常以广播、电视、报刊等形式公开发表，所以写作时，要做到一事一告，要直陈其事，事理周密无漏洞，条理清楚不啰唆；公告的受众成分复杂，因此，公告的语言要庄重严肃，不发议论，不加说明，更不能抒情，要做到易读易懂易知，语言通俗，文风严肃。

三、案例简析

案例一：重要事项公告

公安部　商务部　卫生部
海关总署　国家安全监管总局
关于管制邻氯苯基环戊酮的公告[①]

经国务院批准，邻氯苯基环戊酮已列入《易制毒化学品管理条例》（以下简称《条例》）附表第一类易制毒化学品，现将有关管理事项公告如下。

一、邻氯苯基环戊酮的生产、经营管理

生产、经营邻氯苯基环戊酮的，须按照《条例》规定向省级安全生产监督管理部门申请生产、经营许可证，取得许可证后方可进行生产、经营活动。各地安全监督管

---

① 　中央人民政府网，http://www.gov.cn。

理部门应加强对邻氯苯基环戊酮生产、经营活动的监督检查。

二、邻氯苯基环戊酮的购买、运输管理

购买、运输邻氯苯基环戊酮的,须按照《条例》规定向省级公安机关、设区的市级公安机关申请购买许可证和运输许可证,取得许可证后方可进行购买、运输活动。各地公安机关应加强对该品种购买、运输和使用活动的监督检查。

三、邻氯苯基环戊酮的进口、出口管理

进口、出口邻氯苯基环戊酮的,须按照《条例》规定向国家商务主管部门申请进口、出口许可证,取得许可证后方可进行进口、出口活动。海关验核进出口许可证办理通关手续。

邻氯苯基环戊酮的海关商品编码是2914399014。

本公告自2012年9月15日起施行。

中华人民共和国公安部

中华人民共和国商务部

中华人民共和国卫生部

中华人民共和国海关总署

国家安全生产监督管理总局

2012年8月29日

【评析】

这是一则多部门联合行文的公告。公告标题采用"发文机关＋事由＋文种"的形式。

全文采用分条列项式的结构模式。第一段首先说明公告的缘由或依据,依据是"经国务院批准",接下来写明公告是内容是"邻氯苯基环戊酮已列入《易制毒化学品管理条例》(以下简称《条例》)附表第一类易制毒化学品",然后,用"现将有关管理事项公告如下"自然过渡到下文。

接着,从第二自然段开始,采用分条列项的方式分别从邻氯苯基环戊酮的生产、经营管理,邻氯苯基环戊酮的购买、运输管理,邻氯苯基环戊酮的进口、出口管理等3个方面具体说明邻氯苯基环的管理情况。结尾,用两个自然段分别说明邻氯苯基环戊酮的海关商品编码和公告的实施时间,构思完整,思考全面。最后是几个发文机关的联合署名和发文日期。

关于省道 211 线公路改建工程项目
实行交通管制方案的公告①

为确保省道211线马尔康红旗桥至金川丹巴界公路改建工程的顺利实施,并保

---

① 中央人民政府网,http://www.gov.cn.

证行车安全和工程质量,根据《中华人民共和国道路交通安全法》第三十九条的规定,对省道211线公路实行交通管制,管制方案公告如下。

一、管制时间:2012年8月9日至2012年10月31日;

二、管制路段:省道211线公路金川县庆宁乡新扎段(K34+800—K35+400段);

三、管制要求:每天7:00~7:30、11:00~11:30、14:00~15:00、18:30—19:00进行管制,其他时段为通行时段,管制时段内除施工车辆外禁止其他车辆通行;

特此公告。

【评析】

这同样是一则关于重要事项的公告。全文采用分条列项的结构形式来表达。

首句主要说明公告发布的依据,即"为确保省道211线马尔康红旗桥至金川丹巴界公路改建工程的顺利实施,并保证行车安全和工程质量",同时,根据《中华人民共和国道路交通安全法》第三十九条的规定制定以下管制方案。接下来,用一句话概括公告的内容,即"对省道211线公路实行交通管制"。进而用"管制方案公告如下"自然引出下文,衔接非常地自然。然后分别从"管制时间""管制路段""管制要求"3个方面予以详细说明,简洁而全面。最后用"特此公告"做结语,自然收束全篇。

这则公告的一个突出特点是时间性强,没有明确的受文对象,但又是社会有关方面应该周知的事项,所以,内容相对单一,语言简单明了,通俗易懂。

案例二:法定事项公告

国家税务总局公告

2013年第7号

国家税务总局关于发布《营业税改征增值税试点
期间航空运输企业增值税征收管理暂行办法》的公告①

为解决营业税改征增值税试点期间航空运输企业总机构试点纳税人缴纳增值税问题,国家税务总局制定了《营业税改征增值税试点期间航空运输企业增值税征收管理暂行办法》,现予以发布,自2012年9月1日起施行。

特此公告。

税务总局
2013年2月6日

---

① 中央人民政府网,http://www.gov.cn。

【评析】

这也是一则关于法定事项的公告。全文采用篇章合一的方式。

公告的标题采用"发文机关名称＋事由＋文种"的形式，非常规范。公告正文仅 95 字，首先介绍公告的缘由，接着说明公告的内容，最后说明公告的实施时间，即"自 2012 年 9 月 1 日起施行"，逻辑严谨，用词精准。

公告的结尾用"特此公告"结语，干脆利落，落款处注明具体的制发机关和发文日期，符合公告的形式要求。

<h3 style="text-align:center">国家税务总局　交通运输部关于发布《船舶车船税
委托代征管理办法》的公告①</h3>

为了贯彻落实车船税法及其实施条例，方便纳税人缴纳车船税，提高船舶车船税的征管质量和效率，现将国家税务总局、交通运输部联合制定的《船舶车船税委托代征管理办法》予以发布，自 2013 年 2 月 1 日起施行。

各地对执行中遇到的情况和问题，请及时报告国家税务总局、交通运输部。

特此公告。

税务总局
交通运输部
2013 年 1 月 5 日

【评析】

这是一则税务总局和交通运输部联合发布的公告，属法定事项公告。全文采用段落式，由 3 个段落构成。

标题采用"发文机关＋事由＋文种"的形式。首段主要介绍公告的缘由、内容和实施时间。第二段是对相关后续事宜的说明，在实际执行过程中如果遇到情况和问题，应及时报告国家税务总局、交通运输部。最后一段用"特此公告"作为结语，干脆利落，没有丝毫的拖泥带水。

四、练习题

1. 简答题

（1）公告有什么特点？

---

① 中央人民政府网，http://www.gov.cn.

（2）公告的标题有哪几种形式？

2. 写作题

请以××大学的名义写一则关于 80 周年校庆的公告，题目自拟，格式要正确。

第六节

通　告

一、定义

依据最新版的《党政机关公文处理工作条例》，通告适用于在一定范围内公布应当遵守或者周知的事项。

根据适用范围，通告一般分为两类。

（1）告知性通告：主要是告知业务性、事务性事项，一般没有执行要求，仅供人们知晓。比如施工停水、停电的通告，没有强制性的要求，属于告知性通告。

（2）定性通告：公布国家有关政策、法规或要求遵守的约束事项，告知对象必须严格遵照执行，具有一定的强制性。

从适用范围来看，通告适用于在国内或一定范围内发布行政法规或需要有关人员周知及遵守的具体事项，其内容多是业务性或事务性的要求或具体规定。

从使用权限看，通告是行政公文主要文种之一，是常见的公文文种。各级国家行政机关、企事业单位乃至人民团体，都可使用通告这种文种。

通告具有如下几个特点。

（1）广泛性。通告的告知范围广泛，适用范围也很广泛。通告的内容涉及社会生活的方方面面，水电、交通、金融、公安、税务、海关等部门的事项都可以用通告来发布。通告的使用主体也是很广泛的，各级国家行政机关、企事业单位乃至人民团体，都可使用通告这种文种。另外，通告的发文形式也很多样，可通过报刊、广播、电视公布，也可以张贴和发文，使公告内容广为人知。

（2）规范性。通告所告知的事项常作为各有关方面行为的准则或对某些具体活动的约束限制，具有行政约束力甚至法律效力，要求被告知者遵守执行。这一点尤其充分体现在规定性通告中。

（3）业务性。通告常用于水电、海关交通、金融、公安、税务等主管业务部门工作的办理、要求或事务性事宜，内容带有专业性和事务性的特点。

通告和通报是两种极容易混淆的文种。二者实际上存在很大的差别。

（1）目的不同。通报主要是通过典型事例或重要情况的传达，向全体下属进行宣传教育或沟通信息，以指导、推动今后的工作，没有工作的具体部署与安排。通告公布在一定范围内必须遵守的事项，有着较强的、直接的和具体的约束力。

（2）作用不同。通报起着表扬或惩罚的作用，而通告没有此种作用。

（3）受文对象不同。通报是上级机关把工作情况或带有指导性的经验教训通报给下级单位或部门，无论哪种通报，受文单位只能是制发机关的所属单位或部门；通告所告知的对象是全部组织和群众，它所宣布的规定条文具有政策性、法规性和某种权威性，要求人们遵照执行。

（4）制发时间不同。通报一般是事后制发，事情发生之后表彰或者批评相关人员或者单位，以起到宣传教育的目的。通告一般是在事前制发，告诉人们应该周知的事项或者执行的要求，以达到预先传递信息的目的。

二、写作要点

（一）标题的写作

通告的标题有以下 4 种写法。

（1）发文机关 + 事由 + 文种的标题形式。例如《北京市人民政府关于进一步完善错时上下班措施的通告》《县人民政府办公室关于征集 2013 年县政府"十件实事"的通告》等。

（2）事由 + 文种的标题形式。例如《关于 2009 年度文物拍卖企业年审结果的公告》《关于国庆期间禁止小型航空器和空飘物起降飞行的通告》等。

（3）发文机关 + 文种的标题形式。例如《中华人民共和国公安部通告》《中华人民共和国卫生部 中华人民共和国公安部通告》《静海镇人民政府通告》等。

（4）只标注文种的标题形式。紧急情况下发布通告时也可加上"紧急"两字。

（二）主体的写作

通告的正文一般由通告缘由、通告事项和通告结语 3 部分组成。

通告缘由主要是阐述发布通告的背景、根据、目的、意义等，此部分一般采用概述的方式，不需要条分缕析。通告常用特定承启句式"为……，特通告如下"或者"根据……，决定……，特此通告"引出通告的事项。

通告事项是主体部分，是需要重点着墨的地方。通告事项一般包括具体事务和执行要求等。撰写这部分时，一定要注意思路清晰、条理分明。

通告结语是通告的收束部分，写法相对比较简单，一般用"特此通告""本通告自发布之日起实施"等作结。

主体部分的写作一般采用段落式或者分条列写的结构模式。

如果内容较多,可采用分条列项的方法;如果内容比较单一,也可采用段落式方法。一般来说,内容较单一的告知性通告一般采用段落式的结构模式,交代清楚时间、地点、事件等几个因素即可。而对于内容相对复杂的规定性通告,就要采用条分列写的结构模式。即在开头部分简明交代通告的缘由,然后分条列项对相关事项和要求进行一一规定,这样就可以使事件的交代更加简洁,条理更加分明。

（三）结尾的写作

通告的结尾部分主要由发文机关署名和时间组成。如果是联合发文的通告,一定要同时署上两个或几个机关的全名。

（四）语言要得体

通告一般以叙述为主,语言应客观、简洁,语气应该果断、坚决。由于通告具有区域性和行业性的特点,因此,在写作时,要时常引用该行业的法规规章,也免不了使用该行业的术语、行话等。

三、案例简析

 案例一:告知性通告

北京市人民政府关于进一步完善错时上下班措施的通告①

为缓解本市早晚高峰交通压力,市政府决定进一步完善错时上下班措施,并于2010年4月12日起实施。现就有关事项通告如下。

一、在京中央国家机关及所属社会团体和企事业单位,学校、医院、大型商场上下班时间不变。

二、本市各级党政机关、社会团体、事业单位工作人员,承担城市运行和服务保障的企业单位管理人员,本市各级国有资产监督管理部门监管的其他企业和城镇集体企业职工,上班时间由8:30调整为9:00,下班时间由17:30调整为18:00。

三、其他企事业单位可根据实际情况自行确定错时上下班时间。

四、适宜网上办公的企事业单位可实行网上办公,适宜弹性工作制的企事业单位可实行弹性工作制。

五、各级国有资产监督管理部门要加强对所监管企业错时上下班工作的指导监督。

六、各地区、各部门和各单位要妥善安排好工作,切实落实值班制度,加强应急

---

① 　新华网,http://www.xinhuanet.com.

措施,确保各项工作正常有序高效运转。

特此通告。

北京市人民政府

××年×月×日

【评析】

这是一篇告知性通告。标题采用"发文机关＋事由＋文种"的形式。全文从结构上来说,主要采用了分条列写的结构模式。

首段以非常简练的语言交代了决定的目的和事项,即"为缓解本市早晚高峰交通压力,市政府决定进一步完善错时上下班措施,并于 2010 年 4 月 12 日起实施。"接着,用"现就有关事项通告如下"承上启下,引领下文。接下来,前 4 条是针对不同主体作出的错时上下班规定,后两条是对相关部门的要求,以保证通告的顺利实施。通告的最后部分使用规范化的结语"特此通告"作结,干脆有力。

广西壮族自治区关于实施执法短信告知工作的通告①

为进一步规范全区公安机关交通管理执法工作,创新社会管理,提升信息化管理水平,提高交通管理工作透明度和执法公信力,不断完善我区公安交通管理执法告知工作机制,更好地为全区机动车所有人和驾驶人服务,我总队决定从 2 月 23 日起,在全区范围内实施执法短信告知。现就有关事项通告如下:

一、为预防和减少道路交通事故,保护自身和他人的生命财产安全,广大机动车所有人及驾驶人应当严格遵守《中华人民共和国道路交通安全法》等法律、法规和规章,提高自身文明交通素质和安全意识,共同营造一个安全、畅通、有序的道路交通环境。

二、为及时、准确地获取最权威的机动车交通违法信息,根据《广西壮族自治区道路交通安全条例》第十四条有关规定,机动车所有人在登记时提供的实际住所地址或者所有人姓名、联系方式发生变更的,应当自变更之日起十日内,向登记该机动车的公安机关交通管理部门备案。

三、实施执法短信告知后,公安机关交通管理部门将通过机动车所有人在登记(含变更备案)时提供的手机号码,将机动车交通技术监控设备记录资料(即电子警察记录信息)以发送免费短信形式进行告知,不再进行邮寄告知。对于未提供手机号码的,通过其他方式进行告知。同时公安机关交通管理部门仍将在互联网提供免费查询服务。

因手机号码发生变更,未及时到机动车登记地公安机关交通管理部门备案,致使未收到短信告知信息的,视为已告知。

---

① 广西区人民政府网,http://www.gxzf.gov.cn。

特此通告。

广西壮族自治区公安厅交通警察总队

××年×月×日

【评析】

这同样是一篇告知性的通告。通告由广西壮族自治区公安厅交通警察总队发布,内容主要是关于实施执法短信事项的。正文的写作由 3 部分组成。

第一部分是发布通告的目的,是从通告目的、权限依据、实施时间等几个方面来写的,明确清晰,条理性强,使人一看便知通告的目的和具体实施时间是怎样的。第二部分是对告知事项的具体规定,从 3 个方面来写。因为此部分是通告的主体,因而写得细致确切、有针对性、可操作性。第三部分是专门的结尾句,简洁利落,刚劲有力。

案例二:规定性通告

北京市人民政府关于实施工作日高峰时段区域限行交通管理措施的通告①

在党中央、国务院的坚强领导下,在中央各部门各单位、驻京部队和广大市民的大力支持下,近年来本市陆续实施了一系列交通管理措施,取得良好效果,交通拥堵得到缓解,空气质量持续改善。但是,随着机动车保有量持续增长,改善空气质量和缓解交通拥堵的压力进一步加大。为全面贯彻落实《国务院关于加强环境保护重点工作的意见》(国发〔2011〕35 号),有效降低汽车污染物排放,确保首都交通安全顺畅,市政府决定自 2013 年 4 月 11 日至 2014 年 4 月 10 日,继续实施工作日高峰时段区域限行交通管理措施。现就有关事项通告如下:

一、本市行政区域内的中央国家机关,本市各级党政机关,中央和本市所属的社会团体、事业单位和国有企业的公务用车继续按车牌尾号每周停驶一天(0 时至 24 时),范围为本市行政区域内道路。

二、根据《中华人民共和国道路交通安全法》和《北京市实施〈中华人民共和国大气污染防治法〉办法》有关规定,自 2013 年 4 月 11 日至 2014 年 4 月 10 日,除上述第一条范围内的机动车外,本市其他机动车继续实施按车牌尾号工作日高峰时段区域限行交通管理措施,限行时间为 7 时至 20 时,范围为五环路以内道路(不含五环路)。对非本市进京载客汽车的交通管理措施继续按《北京市公安局关于对非本市进京载客汽车采取交通管理措施的通告》(2010 年第 18 号)执行。

三、根据上述第一、二条规定,按车牌尾号工作日高峰时段区域限行的机动车车牌

---

① 首都之窗,http://www.beijing.gov.cn.

尾号分为五组,每 13 周轮换一次限行日,分别为:

(一)自 2013 年 4 月 8 日至 2013 年 7 月 6 日,星期一至星期五限行机动车车牌尾号分别为:4 和 9、5 和 0、1 和 6、2 和 7、3 和 8(含临时号牌,机动车车牌尾号为英文字母的按 0 号管理,下同);

(二)自 2013 年 7 月 7 日至 2013 年 10 月 5 日,星期一至星期五限行机动车车牌尾号分别为:3 和 8、4 和 9、5 和 0、1 和 6、2 和 7;

(三)自 2013 年 10 月 6 日至 2014 年 1 月 4 日,星期一至星期五限行机动车车牌尾号分别为:2 和 7、3 和 8、4 和 9、5 和 0、1 和 6;

(四)自 2014 年 1 月 5 日至 2014 年 4 月 10 日,星期一至星期五限行机动车车牌尾号分别为:1 和 6、2 和 7、3 和 8、4 和 9、5 和 0。

四、以下机动车不受上述措施限制:

(一)警车、消防车、救护车、工程救险车;

(二)公共电汽车、省际长途客运车辆及大型客车、出租汽车(不含租赁车辆)、小公共汽车、邮政专用车、持有市交通运输管理部门核发的旅游客车营运证件的车辆,经市公安交通管理部门核定的单位班车和学校校车;

(三)车身喷涂统一标识并执行任务的行政执法车辆和清障专用车辆;

(四)环卫、园林、道路养护的专项作业车辆,殡仪馆的殡葬车辆;

(五)悬挂"使"字头号牌车辆及经批准临时入境的车辆。

市政府将进一步深入贯彻落实科学发展观,按照科学规划和"建、管、限"的总体思路,全力实施新一轮"排堵保畅"工程,确保首都交通安全顺畅。

特此通告。

北京市人民政府
2013 年 3 月 29 日

【评析】

这是一篇规定性通告。标题采用"发文机关+事由+文种"的形式。这篇通告从结构上看由 3 部分组成。

第一段是发布通告的目的、依据以及相关情况的介绍和说明。首先指出,通告的缘由和目的是"为全面贯彻落实《国务院关于加强环境保护重点工作的意见》(国发〔2011〕35 号),有效降低汽车污染物排放,确保首都交通安全顺畅",接着指出继续实施工作日高峰时段区域限行交通管理措施的时间范围,然后用一句"现就有关事项通告如下"承上启下,引出下文。

主体部分是通告的具体内容。首先指出属于特殊情况的本市行政区域内的中央国家机关,本市各级党政机关,中央和本市所属的社会团体、事业单位和国有企业的公务用车的情况,接着指出本市其他机动车继续实施按车牌尾号工作日高峰时段区域限行交通管理措施,交代清楚限行时间和范围。然后,按照第一和第二条的规定,详细列出各时间段内限行机动车尾号情况。最后,分条详细列出不受上述规定限制的机动车的种类。

通告的结语部分表明决心和态度,即"市政府将进一步深入贯彻落实科学发展观,按照科学规划和'建、管、限'的总体思路,全力实施新一轮'排堵保畅'工程,确保首都交通安全顺畅。"最后用"特此通告"自然作结,起到很强的震慑和警醒作用。

**广州市人民政府关于全市防空警报试鸣暨
"羊城天盾—2012"城市人民防空演习的通告**①
穗府〔2012〕29 号

为增强市民的国防观念和防空意识,根据《中华人民共和国人民防空法》和《广州市人民防空管理办法》等有关规定,现就我市防空警报试鸣暨"羊城天盾－2012"城市人民防空演习有关事项通告如下:

一、防空警报试鸣时间和范围:2012 年 9 月 15 日 11:30～11:33 试鸣预先警报;11:37～11:40 试鸣空袭警报;11:45～11:48 试鸣解除警报。试鸣范围为市中心城区和各有关区、县级市主城区。

二、防空警报信号规定。

预先警报:鸣 36 秒,停 24 秒,反复 3 遍,时间为 3 分钟;

空袭警报:鸣 6 秒,停 6 秒,反复 15 遍,时间为 3 分钟;

解除警报:连续鸣放 3 分钟。

三、防空警报信号(信息)发放。全市固定警报器、机动防空警报车及部分多媒体多功能防空防灾预警报知系统,同时发放防空警报信号;广州电视台 34 频道和广州人民广播电台新闻资讯广播(FM 96.2MHz)、金曲音乐广播(FM 102.7MHz)、经济交通广播(FM 106.1MHz)频道及公交车移动电视、广州地铁电视,将同步发放防空警报信号;中国电信广州分公司、中国移动广东广州分公司、中国联合网络通信有限公司广州市分公司和市有关部门,将以手机短信息形式同步群发防空警报试鸣信息。

四、其他事项。在防空警报试鸣期间,除海珠区、荔湾区、天河区、白云区、花都区、番禺区、从化市、增城市等单位组织部分人防专业队伍、居民、学生参加"羊城天盾—2012"城市人民防空演习外,全市生产、生活秩序及社会活动照常进行。

广州市人民政府
2012 年 9 月 5 日

【评析】

这是一则规定性的通告。该文正文由 3 部分内容组成。开头是发布通告的缘由,这里有目的和依据,然后过渡到通告事项部分。第二部分是通告的具体内容,是采用分条列项的形式来写的。主体部分主要从防空警报试鸣时间和范围、防空警报信号规定、防

---

① 广州市人民政府网,http://www.gz.gov.cn.

空警报信号(信息)发放以及其他事项 4 个部分组成。结尾部分没有"特此通告"等事项,显得干脆利落,简洁、规范。

四、练习题

1. 选择题(请在该小题的 4 个答案中选出一个正确答案)

(1) 适用于在一定范围内公布应当遵守或者周知的事项的文体是( )。

    A. 决定   B. 决议   C. 纪要   D. 通告

(2) 下列有关通告的写作要求中,错误的说法是( )。

    A. 其内容多是业务性或事务性的要求或具体规定

    B. 通告具有广泛性

    C. 通告的内容必须广泛周知

    D. 通告具有规范性

(3) 下列叙述不正确的是( )。

    A. 通告和公告都是告知性、公布性的行政公文

    B. 通告事项是主体部分,是重点使用笔墨的地方

    C. 通告以叙述为主,语言客观简洁

    D. 通告和公告发布的内容相同

(4) 下列不属于通告区别于通知的方面是( )。

    A. 通告的目的是让收文机关了解发生了什么事,哪些事情值得提倡,哪些事情应受到批评,哪些问题应该警惕等;而通知的发文目的是让收文机关知道要做什么事以及如何去做,有哪些注意事项等

    B. 通告的内容侧重于说明、介绍某些事物或情况,可以提出具体要求,也可以不提任何要求;通知的内容侧重于提出要求,明确界限

    C. 通告不但要发给与通告内容有直接关系的单位和个人,往往还发给那些与通告内容没有直接关系的单位和个人,以便"一体周知";通知的发送对象都是与通知内容有直接关系的单位和个人

    D. 通告是下行文,通知是平行文

(5) 下列选项中不属于通告的适用范围的是( )。

    A. 表彰先进

    B. 批评错误

    C. 传达重要精神或者情况

    D. 要求有关单位和个人了解公文内容或配合行动

2. 简答题

(1) 通告和通知①有何区别?

---

① 可提前阅读后文第八节《通知》,了解通知的知识。

（2）通告具体有哪些特点？

3. 写作题

请以某市公安局的名义拟写一份通告，内容主要是关于追缉在逃嫌疑犯和提醒广大市民注意自身安全及向公安局及时汇报等事项。

第七节

意　见

一、定义

依据最新版本的《党政机关公文处理工作条例》，意见适用于对重要问题提出见解和处理办法。

"意见"原属党的机关公文，中共中央办公厅于1996年5月3日印发的《中国共产党机关公文处理条例》（以下简称《条例》）首次将"意见"列入了中国共产党机关公文文种；后来，自2001年1月1日起施行的《国家行政机关公文处理办法》（以下简称《办法》）将"意见"正式列入了国家行政机关的公文文种，"意见"从此成为行政机关使用频率较高的法定公文。

依据意见的定义，"意见"文种的主要特点可以概括为以下方面。

（1）内容的重要性。"意见"涉及的内容必须是"重要问题"。所谓"重要问题"，也就是当前工作中所遇到的涉及全局性、方针政策性的重大事项和主要问题，特别是新问题。那些次要的、一般的、常规的问题一般都不需要用"意见"这种文种来发文。

（2）要给出具体的处理办法。"意见"文种写作中，不仅要有所见解，更重要的是要有"处理的办法"。"见解"是对问题做出全面中肯的分析，提出自己的看法和观点。然后，要在此基础上提出切实可行的具体措施和解决方案。只提出问题，或者对问题的解决含混不清，是"意见"写作的大忌。特别是作为上行文的"意见"，如果一切全凭上级领导去拿主意、想办法，这是行不通的。

（3）"意见"具有建议和指示性质。一般来说，来自于下级的"意见"只具有建议的性质；但是，下级的"意见"一经上级批转或批准，即从建议性转化为指导性和约束性。另外一种意见，即来自于上级机关的"意见"，虽然名称叫"意见"，但实际上，这种来自于上级的意见在本质上已经具有"指示性"。也就是说，"意见"文种具有建议和指示的双重属性。

从适用范围来看,意见适用于对重要问题提出见解和处理办法。

从使用权限来看,党、政机关都可以使用"意见"这一文种。使用"意见"的主体范围还是比较广泛的。

根据适用范围,意见一般可以分为如下三大类。

(1)上行文的意见,即自下而上行文的意见。作为上行文的意见与请示有一些本质区别,主要表现在:请示主要是向上级请求解答问题或者请求批准,而意见更多的是下级机关认为某些政策不太合理,而向上级机关提出自己的意见和建议,并把这些意见和建议向上级机关汇报,希望得到上级机关的认可后可以予以实施。上行文的意见主要是请批性意见。

(2)平行文的意见,即平行机关之间互相行文的意见。作为平行文的意见,如果是对涉及某一重要问题所提的见解和处理办法仅供对方参考而不需要对方予以回复的,用意见,如需要对方协助解决并予以回复,则用函。

(3)下行文的意见,即从上而下行文的意见。下行文的意见主要是指导性意见。作为下行文的意见,主要是对全局性的问题提出基本看法和解决问题的办法。看法是宏观的,办法是原则性的,下级机关在具体执行的过程中可以根据本部门的实际加以细化、具体化。值得注意的是,同样是针对重大问题,如果所提出的解决方法相对具体而且规定性较强,此时就应该用"决定"这种文种。如果所针对的问题并非全局性的问题,可以使用"通知"这一文种。

从具体种类来说,意见可以分为请批性意见、指导性意见、建议性意见、具体实施意见等。

二、写作要点

(一)标题的写作

意见的标题有两种常见写法。

(1)发文机关+主要内容+文种的形式。如《教育部关于进一步加强中小学班主任工作的意见》《安徽省人民政府办公厅关于扩大进口的若干意见》。

(2)主要内容+文种的形式。如《关于进一步加强值班工作的意见》《关于继续做好公路养路费等交通规费征收工作的意见》等。

(二)正文的写作

正文首先涉及意见的主送机关。一般分为两种情况:直接发布的意见,要有主送机关,主送机关的书写和一般公文相同。需要转发的意见,没有主送机关这一项,但转发该意见的通知要把主送机关写清楚。

意见正文一般包括如下3个部分。

(1)发文缘由。这是意见的开头部分,主要写发布意见的背景、依据、目的、意义等,但无须面面俱到。这些内容之后,一般以"现提出如下意见""特制订本实施意见""现特就×××提出如下意见"等自然过渡到下文,转入对下文的叙述。

（2）意见事项。这是意见的主体部分,要对重要问题提出见解或者具体的处理办法。由于该部分是意见的主体,因此也是最需琢磨、最需要重点使用笔墨的地方。一般来说,该部分的内容可以采用直接列条或者分条列写的结构模式。对于内容比较单纯集中的意见,可以采用直接列条的形式,不必再列小标题。而对于内容繁多的规划性意见,可列出小标题,小标题下又可分设若干小条,再分条列写出来。但是,总体来说,由于意见一般篇幅都较长,分条列项式是意见最主要的结构模式。

（3）执行要求。有些意见需要对贯彻执行提出一些要求,可以列入条款,也可以在条款之后以简练的文字加以说明。如无必要,此项也可省略不写。

（三）结尾的写作

意见结尾的写作主要是发文机关的署名和日期的书写。但是,对于某些指导性的意见,由于发文机关和发文日期在标题之下,因此,结尾部分并无发文机关和发文日期。

（四）语言要得体

意见适用于对重要问题提出见解和处理办法。因此,意见的语言必须具有精准、简洁、规范的特点。但是,对于3种不同方向的意见行文对语言的要求也有所不同。上行的意见一定要态度谦恭,对于处理办法的提出一定要有针对性、可操作性。平行的意见写作时态度要真诚。下行的意见一定要具有宏观性和针对性的双重特点,相对于决定来说,语气应更加柔和、婉转。

三、案例呈现及分析

案例一:请批性意见

吉林省农业委员会、吉林省旅游局关于
加快发展休闲旅游农业的意见[①]

我省是农业大省,有丰富的休闲旅游农业资源。根据《国务院关于加快发展旅游业的意见》(国发〔2009〕41号)文件要求,为加快发展休闲旅游农业,促进农民就业增收,推动产业结构调整升级,加快现代农业建设步伐,现就有关发展休闲旅游农业提出如下意见:

一、充分认识加快发展休闲旅游农业的重要意义

休闲旅游农业是以农事活动为基础,以农业生产经营为特色,把农业和休闲旅游农业结合在一起,充分利用田园景观、自然生态、农业资源及环境资源,结合农林

---

①　中央人民政府网,http://www.gov.cn。

牧渔生产和经营活动、农村文化及农家生活,吸引休闲旅游人员前来观赏、品尝、习作、体验、休闲、旅游度假的一种新型农业生产经营形态,是农业发展进入新阶段而产生的农业产业态势,具有广阔的发展前景。加快发展休闲旅游农业,有利于农业产业结构升级,推动农村一、二、三产业联合发展;有利于促进农村剩余劳动力就地就近转移就业,改善农民就业结构,增加农民收入;有利于促进城乡交流,满足人们多层次、多元化的消费需求。积极开发农业和农村蕴藏的自然生态、生产生活、民族风情等休闲旅游资源,对于统筹城乡经济社会发展,推进社会主义和谐社会和新农村建设具有重要意义。

二、发展休闲旅游农业的基本原则

(一)坚持政府引导、社会参与、市场运作的原则。

(二)坚持科学发展、因地制宜和环境资源保护并举的原则。

(三)坚持服务"三农"、突出特色的原则。

三、发展休闲旅游农业的政策措施

(一)各地将休闲旅游农业企业纳入新农村建设的统一规划,并可将其纳入新农村建设的政策支持范围。

(二)加大资金投入。

(三)合理解决用地。

(四)加强信贷服务。

(五)开展休闲旅游农业企业省级星级评定工作,促进休闲旅游农业发展。

四、发展休闲旅游农业的工作措施

(一)强化组织领导,加强统筹协调。

(二)加强指导,提高服务水平。

(三)加强招商引资工作,引导民间资本发展休闲旅游农业。

(四)规范经营管理,搞好行业自律。

(五)加大宣传力度,营造良好的舆论氛围。

吉林省农业委员会

吉林省旅游局

××××年××月××日

【评析】

这是一篇由吉林省农业委员会和吉林省旅游局联合发布的请批性意见。由于意见是对重大问题提出见解和处理的办法,因而篇幅一般较长,不是简单的一段或者几段所能承载的。因此,从结构上讲,该意见采用分条列项的方式展开。这篇意见开头说明依据,非常简洁,开门见山,直接切入主题。

主体部分是从4个方面来谈的,基本符合事物发展的递进关系。第一个方面谈的是加快发展休闲旅游农业的重要意义,论述清楚而全面。第二个方面谈的是发展休闲旅游农业的基本原则。第三个方面谈的是发展休闲旅游农业的政策措施,总共有5条,写得非常细致而具有针对性。第四个方面谈的是发展休闲旅游农业的工作措施,也是分 5 个小项来谈。第三和第四方面是本意见的主体部分,所提的措施细致而具有针对性。

从语言表述角度来说,这篇意见用词精准,语言凝练、简洁,同样也值得好好揣摩、学习。

 案例二:指导性意见

<h2 style="text-align:center">住房城乡建设部关于加强住房保障廉政
风险防控工作的指导意见①</h2>

建保〔2013〕153 号

各省、自治区住房城乡建设厅……建设局:

为贯彻落实中共中央纪委《关于加强廉政风险防控的指导意见》(中纪发〔2011〕42 号),加强住房保障廉政风险防控工作,提出如下意见:

一、总体要求和基本原则

(一)总体要求

深入贯彻落实科学发展观,按照中央关于反腐倡廉的部署要求,坚持"标本兼治、综合治理、惩防并举、注重预防"的方针,加强制度建设,完善管理流程,规范行政行为,监控权力运行,建立职责清晰、制度健全、风险可控、层级监管的住房保障廉政风险防控机制,形成决策权、执行权、监督权既相互协调又相互制约的运行机制,建设廉洁高效的管理队伍,推进住房保障事业持续健康发展。

(二)基本原则

1. 全面防控,突出重点。

2. 惩防并举,注重预防。

3. 完善制度,制约权力。

4. 科技支撑,监督实施。

二、排查廉政风险

对照住房保障主管部门工作职责,梳理住房保障业务流程、权力运行程序,采取自查和互查方式,全面排查住房保障主管部门、内设机构、工作岗位的廉政风险点。

(一)房源筹集环节

(二)准入轮候环节

(三)分配管理环节

(四)运营管理环节

(五)退出管理环节

(六)投诉处理环节

---

① 中央人民政府网,http://www.gov.cn。

三、健全防控制度

根据住房保障廉政风险环节和廉政风险点,确定风险等级,明确风险岗位职责,建立健全廉政风险防控制度措施,并贯穿于住房保障业务全过程,有效制约权力运行,预防违法违纪行为发生。

（一）加强房源筹集管理

（二）严把准入轮候关

（三）规范分配管理

（四）强化运营管理

（五）健全退出制度

（六）严格投诉处理

四、加强组织实施

（一）落实工作责任制

（二）建立长效机制

（三）加强队伍建设

（四）实行政务公开

（五）健全监督机制

中华人民共和国住房和城乡建设部

2013 年 10 月 28 日

【评析】

这是中华人民共和国住房和城乡建设部发布的一篇指导性的意见。全文采用分条列项的方式展开。

全文共分为两大部分。第一部分是文章的开头部分,主要论述了意见的现实背景和依据,语言简洁明了。第二部分是意见的主体部分。主体部分内容主要包括总体要求和基本原则、排查廉政风险、健全防控制度和加强组织实施等 4 个方面的内容。主体部分可以看作加强住房保障廉政风险防控工作的措施,措施全面,涵盖范围广。特别是主体部分的排查廉政风险、健全防控制度和加强组织实施等 3 个方面分别列出更详细的措施,非常具体,具有针对性。该意见没有另外的结语部分,全文在列出"健全监督机制"这一措施之后就戛然而止,显得特别干脆利落。

案例三:建议性意见

关于进一步做好文物拍卖标的审核工作的意见①

文物博函〔2012〕1484 号

各省、自治区、直辖市文物局(文化厅):

———————————

① 中央人民政府网,http://www.gov.cn.

　　为切实加强对文物拍卖经营活动的管理,促进文物拍卖市场健康发展,针对当前文物拍卖中存在的知假拍假、虚假宣传、超范围经营等突出问题,现就进一步做好文物拍卖标的(以下简称标的)审核工作通知如下:

　　一、进一步提高对标的审核管理工作的认识

　　二、加强文物拍卖经营资质查验工作

　　三、根据有关规定,下列标的不得上拍

　　(一)出土(水)文物、以出土(水)文物名义进行宣传的;

　　(二)被盗窃、盗掘、走私的文物或明确属于历史上被非法掠夺的中国流失文物;

　　(三)依照法律应当移交文物行政部门的文物,包括国家各级执法部门在查处违法犯罪活动中依法没收、追缴的文物;

　　(四)国有文物收藏单位及其他国家机关、部队和国有企业、事业单位等收藏、保管的文物;

　　(五)国有不可移动文物的附属构件;

　　(六)国有文物商店收存的珍贵文物;

　　(七)涉嫌损害国家利益或有可能产生不良社会影响的;

　　(八)其他法律法规规定不得流通的文物。

　　四、强化拍卖专业人员征集鉴定责任

　　五、健全标的审核制度

　　六、严格标的报审管理

　　七、规范拍卖图录管理

　　八、建立企业诚信档案

　　本意见自发布之日起实施。

国家文物局

2012 年 7 月 2 日

【评析】

　　这是一篇建议性意见。标题采用"主要内容＋文种"的结构形式。

　　全文主要由 3 部分组成。第一部分以简洁的语言说明该意见出台的目的、意义和依据。第二部分是意见的主体内容,主要从思想认识、制度、管理等几个方面共八大项措施来论述如何进一步做好文物拍卖标的审核工作,措施非常全面,有时效性和针对性。

　　第三部分是该意见的结尾,在论述完措施之后用"本意见自发布之日起实施"结束全文,简短有力。从全文的语言来看,长句和短句交错分布,别具形式美和音韵美。

案例四：具体实施意见

天津市人民政府办公厅关于进一步做好
我市房地产市场调控工作的实施意见①

各区、县人民政府，各委、局，各直属单位：

为贯彻落实《国务院办公厅关于继续做好房地产市场调控工作的通知》（国办发〔2013〕17号），按照保持房价基本稳定的原则，继续巩固我市房地产市场宏观调控的成果，促进我市房地产市场健康有序发展，按照市人民政府要求，现提出如下实施意见：

一、明确2013年新建商品住房价格控制目标

二、坚决抑制投机投资性购房

三、继续严格实施差别化住房信贷政策

四、充分发挥税收调节作用

五、增加保障性住房、普通商品住房及用地供应

六、进一步强化房地产市场监管

各区县人民政府、各有关部门要切实承担起稳定房价的工作责任，各司其职，密切配合，加强管理，认真落实国家和本市的调控措施。对政策落实不到位、工作不得力的，要进行约谈，对问题严重的，要追究责任。

天津市人民政府办公厅

2013年3月31日

【评析】

这是一篇有关具体问题处理的实施意见，重在实施的步骤和安排，所以不像前面例文内容篇幅那样长。

开头部分主要说明行文的目的和依据；主体部分是本文的重点，主要是就进一步做好天津市房地产市场调控工作提出一些措施。每一条措施都比较具体，可操作性很强。结尾部分主要是提出希望和要求，并指出对政策落实不到位、工作不得力的要给予相应的惩罚。

总体来说，这篇意见例文对于写作比较具体的实施意见具有借鉴意义，值得好好研究和揣摩。

---

① 中央人民政府网，http://www.gov.cn。

四、练习题

1. 选择题（请在该小题的 **4** 个答案中选出一个正确答案）

（1）适用于对重要问题提出见解和处理办法的公文文种是（　　）。

  A. 决定   B. 决议   C. 意见   D. 通告

（2）按行文关系和行文方向划分，"意见"属于（　　）。

  A. 上行文

  B. 平行文

  C. 下行文

  D. 可以是平行文，也可以是下行文

（3）下列不是"意见"文种的主要特点的是（　　）。

  A. 内容的重要性

  B. 要给出具体的处理办法

  C. "意见"具有建议和指示性质

  D. 意见只能是下行文

（4）意见正文一般不包括（　　）。

  A. 发文缘由 B. 意见事项 C. 执行要求 D. 发文日期

（5）不可以作为意见的标题的是（　　）。

  A. 发文机关 + 主要内容 + 文种

  B. 主要内容 + 文种

  C. 发文机关 + 文种

  D. 发文机关 + 事由 + 文种

2. 简答题

（1）意见文种的主要特点。

（2）按行文方向划分，意见可以分为几大类？

3. 论述题

请简要论述意见的写作要点。

第八节　通　知

一、定义

依据最新版的《党政机关公文处理工作条例》，通知适用于发布、传达要求下级机关执行和有关单位周知或者执行的事项，批转、转发公文。按《党政机关公文处理工作条例》规定的通知的使用范围来分，通知可以分为如下3类。

（一）发文通知

发文通知专指用于发布、转发和批转公文的通知。发布、转发和批转3类通知的区别主要在于被转公文制发机关的区别。

"发布"又可细致地划分为印发、发布和颁发3种形态。"印发"，是指将本机关制定的非规章类文书发给下级机关，要求认真学习或者贯彻执行的一种发文形式；"发布"，是将上级机关制定的规章类文书发给下级机关，要求贯彻执行的一种发文形式；"颁发"，是将立法机关制定的法规或者规章，向社会公布的一种发文形式。

"转发"是指下级机关将上级机关的来文转发给自己的平行机关、下级机关或者不相隶属机关的一种发文形式。

"批转"是指上级机关将下级机关的来文予以批示后，再转给下属各单位，让其参考执行的一种发文形式。

（二）传达性通知

传达性通知主要是传达要求下级机关执行和有关单位周知或者执行的事项。

（三）任免性通知

任免性通知主要用于任免和聘用干部。上级机关向有关部门正式传达相应的人事任免事项，应该使用这种通知。

从适用范围来看，通知是使用范围最广、使用频率最高的一个公文文种，上至国家要事，下至日常琐事，都可以使用通知这种文种。

从使用权限来看，各级党政机关、企事业单位乃至人民团体都有权使用通知，它是一种使用权限非常宽泛的文种。

从行文规则来看,通知主要用于下行文,但是,必要时也可用于平行文,即发给不相隶属的机关或部门。

综上所述,可以概括出通知的一些特点。

(1)使用权限的宽泛性。在公文文种中,通知是发文机关受限制最少的文种之一。它的发文机关不受性质与级别的限制,各级党政机关、企事业单位乃至人民团体都有权使用。

(2)使用的频繁性。在公务活动中,任何事项、任何工作的传达与施行,都可以使用通知这一文种。

(3)用途的广泛性。通知可以用于发布、转发和批转公文,也可以传达要求下级机关执行和有关单位周知或者执行的事项,还可以将相关任免和聘用干部的信息传达给相关机关和部门。

(4)写法的灵活性。由于通知的功能多,种类多,写法彼此有较大的区别。发文通知与传达性通知、任免性通知在写法上就存在一些互相区别的地方。具体到某一类型的通知,篇幅有长短之分,结构也有繁简之别。

在写通知时,需要注意以下几个问题。

(1)通知一般不可以发给个人,但必要时也可发给个人。例如开会通知,通常在主送机关的位置写上个人姓名。

(2)通知的发文形式多样,可以用文件的形式发送,也可以用信函的形式发送,还可以写在公布板上。具体情况具体对待,以具有实效为第一准则。

(3)有的通知必须写明主送机关,如传达要求相关部门或者单位周知或者执行的事项;普发性通知一般不写主送机关。

二、写作要点

(一)标题的写作

(1)发文机关 + 事由 + 文种的形式。例如《国务院关于进一步规范彩票管理的通知》《国务院关于进一步精简会议和文件的通知》等。

发文通知标题的基本格式是:发文机关 + 关于发布(转发、批转) + 被发布(被转发、被批转)的公文标题 + 文种。如《广东省人民政府转发国务院关于贯彻实施〈中华人民共和国行政许可法〉的通知》《国务院关于发布〈国家行政机关公文处理办法〉的通知》等。

在发文通知中,由于要标明发布形式(转发、批转、发布),还要嵌入被发的公文标题,因此,为了避免标题过长过繁,常进行必要的简化。

首先,可以省略发文机关,一般省略的是通知的发文机关,不省略原公文的发文机关。例如,《广东省人民政府转发国务院关于贯彻实施〈中华人民共和国行政许可法〉

的通知》，可以简化为《关于转发国务院贯彻实施〈中华人民共和国行政许可法〉的通知》。

其次，在"发布（转发、批转）"两字后面，直接引入被发公文的原标题。对于层次转发的公文标题，只保留当前发文机关和原始发文机关的名称，省略中间的发文单位。

再次，有些词语可以省略。例如，被发文件如果也是通知，那么，可以把被发文件中的"通知"两字去掉，以免出现两个"通知"。又如，发文标题中总会出现两次"关于"，为求简洁，常省略一个"关于"，保留一个"关于"。再如，被发文件中事由部分的助词"的"，一般也可以省略，以免标题中出现两个"的"字。

（2）只有"通知"两字的形式。一般比较简单的单纯以告晓为目的的非文件形式的通知，或者公布板上的通知，都可以只写"通知"两字。

（3）特殊标题式。如果是两个或两个以上机关联合行文，可以在"通知"前面加上"联合"两字。如果通知内容比较重要，时间比较紧迫，可以在"通知"前面加上"紧急"两字。如果通知的内容只是对上一个通知的补充说明，可以在"通知"前面加上"补充"两个字。

（二）正文的写作

3 种通知的正文写法各不相同。

（1）发文通知。发文通知的正文一般包括 3 个部分的内容：一是表明发布（转发、批转）的文件或法规、规章，说明发布（转发、批转）的目的或者依据，告知该文件或法规、规章将施行的日期；二是写明与被发文件或者法规相关的事项；三是对贯彻执行被转文件提出具体要求。

（2）传达性通知。传达性通知的正文要写出通知缘由、具体事项、执行要求等方面的内容。

（3）任免性通知。任免性通知正文内容相对简单，篇幅比较短小，一般写明任免依据和任免事项即可。有时还须写明任期。

（三）结尾的写作

通知的结尾部分主要是发文机关署名和发文日期。

（四）语言要得体

发布通知是为了解决实际问题并且需要贯彻执行，因此，在写作时务必做到结构严谨，用词精准，语言简明，令人一目了然。指示性通知常对下级机关提出"遵照执行"的要求，因此，指示性通知的用语应当庄严郑重，语气肯定，不容置疑，切忌使用虚拟、商量的语气。为此，在写作指示性通知时要大量使用一些祈使句，如"必须……""严谨……""切实……"等。

三、案例简析

国务院　中央军委关于批转人力资源和社会保障部、总参谋部、总政治部军人随军家属就业安置办法的通知[①]

国发〔2013〕42 号

各省、自治区、直辖市人民政府,国务院各部委、各直属机构,各军区、各军兵种、各总部、军事科学院、国防大学、国防科学技术大学,武警部队:

国务院、中央军委同意人力资源和社会保障部、总参谋部、总政治部《军人随军家属就业安置办法》,现转发给你们,请认真贯彻执行。

做好军人随军家属就业安置工作,事关广大官兵切身利益,事关军队战斗力建设,事关社会和谐发展,对深入贯彻落实党的十八大精神,实现党在新形势下的强军目标,全面建成小康社会具有重要意义。制定印发《军人随军家属就业安置办法》,是贯彻落实国家有关优待军人随军家属就业安置法律法规的客观要求,是增强部队凝聚力战斗力的实际举措,是服务部队、服务基层、服务官兵的具体体现。地方各级人民政府、各有关部门和军队各级,要站在维护国家安全、构建社会主义和谐社会的高度,充分认清做好新形势下军人随军家属就业安置工作的重要意义,切实加强组织领导,军地双方密切配合,加大安置工作力度,完善配套措施,积极主动地抓好工作落实,努力提高随军家属就业安置工作的质量和水平。要做好政策宣传和教育引导工作,在全社会营造关心支持国防和军队建设的良好氛围,支持和鼓励广大官兵及其家属立足本职,奋发进取,为实现中国梦强军梦作出新的贡献。

国务院

中央军委

2013 年 10 月 8 日

附件:
军人随军家属就业安置办法　人力资源和社会保障部　总参谋部　总政治部
(全文略)

【评析】

这是一份国务院和中央军委联合批转人力资源和社会保障部、总参谋部、总政治部

---

①　中央人民政府网,http://www.gov.cn。

《军人随军家属就业安置办法》的通知。由于批转性通知内容较复杂,因而,该类通知一般采用"通知 + 要批转的相关文件内容"的外在结构模式。印发性通知的写法较简单,其标题通常由发文机关名称、印发的法规或者规章名称以及文种三要素组成。重点是正文部分,一般应当载明两层内容:一是明确指出所发布的是什么法规、该法规的施行或生效日期及相关事项说明;二是提出贯彻执行的希望或要求。本通知第一层内容非常简洁,主要说明"国务院、中央军委同意人力资和社会保障部、总参谋部、总政治部《军人随军家属就业安置办法》"。第二层内容主要是指出做好军人随军家属就业安置工作的重要意义,然后,非常自然地对相关部门和机构提出执行的要求,具体而全面,有利于工作的展开和顺利进行。附上《军人随军家属就业安置办法》使得各部门对该办法有一个直接的了解,同时这样的设置可以使行文更加紧凑,避免了内容的拖沓和重复。

从语言上来说,这份通知用词精准,语言流畅,语气坚决。

关于印发《黄河下游滩区运用财政补偿资金
管理办法》的通知①

财农〔2012〕440 号

山东省、河南省财政厅、发展和改革委员会、水利厅:

根据国务院批准的《关于黄河下游滩区运用补偿政策意见的请示》(财农〔2011〕95 号),为规范和加强黄河下游滩区运用财政补偿资金的管理,确保资金合理有效使用,财政部会同国家发展和改革委员会、水利部制定了《黄河下游滩区运用财政补偿资金管理办法》,现印发给你们,请遵照执行。

黄河下游滩区是指自河南省西霞院水库坝下至山东省垦利县入海口的黄河下游滩区。涉及河南省、山东省15个市43个县(区)1928个村庄(其中:河南省1146个,山东省782个)。村庄具体名单及滩区运用补偿范围界线,由黄河水利委员会分别商山东省、河南省省级财政、水利部门核定,并报财政部、水利部备案。

附件:黄河下游滩区运用财政补偿资金管理办法

财政部 国家发展和改革委员会 水利部

2012 年 12 月 18 日

附件:

黄河下游滩区运用财政补偿资金管理办法

(全文略)

【评析】

这是通知使用中常见的一种类型,属于印发性通知。一些非法定文种如计划、讲话等事务性文书没有独立行文的资格,不能直接下发,需要以通知的形式把它承载出来。

---

① 中央人民政府网,http://www.gov.cn.

这篇通知结构简单,主要包括印发通知的依据,印发通知的标题和执行要求。这里因为通知是"文件头",必须随有附件,即所印发的通知内容。

教育部办公厅关于做好2013年寒假期间有关工作的通知①

教办厅〔2013〕1号

各省、自治区、直辖市党委教育工作部门、教育厅(教委),新疆生产建设兵团教育局,部属各高等学校:

寒假春节将至,根据中办、国办通知要求,现就做好寒假期间有关工作通知如下:

一、深入学习宣传党的十八大精神。学校党团组织要利用假期时间,结合实际情况,因校制宜开展学习宣传党的十八大精神活动。把学习宣传活动与社会实践、社会调查、社区工作以及志愿服务相结合,丰富形式,创新载体,讲求实效,引导广大师生过一个愉快的、有意义的假期。

二、严格执行改进作风各项规定。认真贯彻落实中央和教育部关于改进工作作风、密切联系群众的各项规定和要求。各级领导干部要带头深入基层一线,深入贫困地区和受灾地区,为基层和群众排忧解难。按照厉行勤俭节约的要求安排好节日期间的各种活动。

三、切实保障师生安全。针对节假日期间易发多发事故,普遍开展安全教育,严格学校安全管理,加强寒假期间校园安全巡查。落实消防安全管理措施,严防因燃放烟花爆竹、违章用电等引发火灾、造成伤害。严防发生拥挤踩踏事故,严防煤气中毒、食物中毒和传染病流行事件,严防冰冻雨雪灾害和溺水事故。积极配合有关部门做好学生春运工作,保证学生安全顺利地回乡返校。

四、开展为师生送温暖工作。开展好节日走访慰问活动,多办好事实事,把关怀和温暖送到家庭经济困难师生、农村一线教师、离退休教职员工等群体的心坎上,让广大师生度过欢乐祥和的节日和假期。

五、安排好假期留校师生生活。加强后勤保障,做好雨雪冰冻强降温等灾害天气的防范应对工作,安排好供水供电供暖。改善学校节日伙食,积极应对春节前后伙食原材料价格上涨,保证饭菜价格基本稳定。安排好假期留校学生特别是内地民族班留校学生的生活。组织开展健康向上、丰富多彩的文化活动,营造良好的节日气氛。

六、认真做好值班工作。要高度重视节假日期间值班工作,严格执行24小时值班和领导带班制度,安排专人在岗值班,保证联络畅通。值班人员要尽职尽责,遇有

① 中央人民政府网,http://www.gov.cn.

突发事件,按相关规定立即启动应急预案及时进行妥善处置。重要情况和重要信息要及时准确上报地方党委政府和我部。

各地教育部门和直属高校要结合实际,制订工作方案和具体措施,周密细致地安排并做好春节及寒假期间的各项工作。

教育部办公厅

2013 年 1 月 8 日

【评析】

这是一份传达性通知,主要由通知缘由、具体事项和执行要求三大部分组成。其中,具体事项部分写得尤为仔细,包括深入学习宣传党的十八大精神、严格执行改进作风各项规定、认真做好值班工作等六大部分。主体部分之后,直接提出了执行要求,即"各地教育部门和直属高校要结合实际,制订工作方案和具体措施,周密细致地安排并做好春节及寒假期间的各项工作"。纵观整则通知,语言凝练概括,思路清晰、构思全面。

上海市人民政府关于本市开展第一次
全国可移动文物普查的通知①

沪府发〔2013〕35 号

各区、县人民政府,市政府各、办、局:

可移动文物普查是通过国家统一组织、由专业部门采用现代信息手段集中调查统计的方式,对可移动文物进行调查、认定和登记,掌握可移动文物现状等基本信息,为科学制定保护政策和规划提供依据。根据《国务院关于开展第一次全国可移动文物普查的通知》(国发〔2012〕54 号)要求,本市将开展第一次全国可移动文物普查。现将有关事项通知如下。

一、普查的目的和意义

第一次全国可移动文物普查是继第三次全国文物普查(不可移动文物部分)后,在文化遗产领域开展的国情国力调查,是加强文物保护管理、健全文物保护体系的重要基础工作。开展可移动文物普查,有利于掌握、科学评价本市文物资源情况和价值,健全文物登录备案机制和文物保护体系,扩大保护范围,加大保护力度,保障文物安全;有利于促进文物资源整合利用,丰富公共文化服务内容,保障人民群众基本文化权益,更好地发挥文物在推动经济社会发展中的积极作用。

二、普查的范围和内容

此次普查的范围是本市行政区域内各级国家机关、事业单位、国有企业和国有控股企业等各类国有单位所收藏保管的国有可移动文物,包括普查前已经认定和在普查中新认定的国有可移动文物。普查统计国有可移动文物数量、类型、分布和收

---

① 上海市人民政府网,http://www.shanghai.gov.cn.

藏保管等基本信息。各级政府要根据普查结果,编制普查报告,建立普查档案和本行政区域内的国有可移动文物名录,并进一步加大保护管理力度。

三、普查的组织实施

成立上海市第一次全国可移动文物普查领导小组(以下简称"市领导小组",具体名单附后),负责组织领导普查工作,协调解决重大问题。市领导小组下设办公室(设在市文物局),负责普查工作的日常组织和具体协调。各有关部门要各司其职、通力协作,广泛动员和组织本系统国有单位积极参加,配合开展普查工作。各区县政府要设立相应的普查领导小组及其办公室,做好本行政区域文物普查的组织实施工作。各国有单位要按照属地管理原则,在单位所在地的区县普查机构,完成本单位可移动文物的普查登记。

四、普查的时间安排

此次普查从 2013 年 4 月开始,到 2016 年 12 月结束,分三个阶段进行。普查标准时间点为 2013 年 12 月 31 日晚 12 时。

(一) 第一阶段:2013 年 4 月 1 日至 2013 年 6 月 30 日,主要是制定实施方案,组建普查机构,落实普查经费。

(二) 第二阶段:2013 年 7 月 1 日至 2015 年 12 月 31 日,主要是开展调查,进行文物认定、信息采集和审核。

(三) 第三阶段:2016 年 1 月至 2016 年 12 月,主要是整理、汇总调查资料,建设数据库,公布普查成果。

五、普查的经费保障

按照规定,此次普查所需经费,由中央和地方分别负担。市、区县普查所需经费,分别列入本级相应年度的财政预算。

六、普查的数据填报和管理

收藏保管国有可移动文物的单位要按照《中华人民共和国文物保护法》《中华人民共和国统计法》的有关规定和此次普查的要求,按时、如实、完整地填报普查信息,配合普查机构开展普查工作。任何部门、单位和个人不得虚报、瞒报、拒报、迟报,不得伪造、篡改普查资料。各级普查机构要通过实物调查,认真核查普查信息,确保普查质量。普查机构及其工作人员要妥善保存普查数据和资料,对普查中涉及的国家机密,必须履行保密义务。

附件:上海市第一次全国可移动文物普查领导小组人员名单

上海市人民政府
2013 年 5 月 28 日

【评析】

这是上海市人民政府发布的关于开展第一次全国可移动文物普查的通知,属于传达性通知,需要相关部门了解并施行。标题采用"发文机关 + 事由 + 文种"的标准形式。

首段主要介绍了发布通知的依据,简洁而客观。主体部分是具体事项的介绍,主要包括普查的目的和意义,范围和内容,组织实施,时间安排,经费保障,数据的填报和管理等几个方面的内容。逻辑严谨,内容全面。在主体之后,以附件的形式公布上海市第一次全国可移动文物普查领导小组人员名单,使文物普查工作有较强的组织领导保障。

案例三:任免性通知

上海市人民政府关于××同志免职的通知①

（2013 年 6 月 18 日 ）

各区、县人民政府,市政府各委、办、局:

市人民政府决定:

免去××的上海市人民政府副秘书长职务。

特此通知。

2013 年 6 月 13 日

【评析】

这是由上海市人民政府发布的一则免职通知。标题采用"发文机关＋事项＋文种"的结构形式。整则通知内容和结构都非常简单。首先写明受文机关是"各区、县人民政府,市政府各委、办、局",然后直接转入事项的说明,以"市人民政府决定"自然引领下文,交代"免去××的上海市人民政府副秘书长职务"这一事项。最后用"特此通知"作为结语。

整则通知仅 83 个字,就把通知的依据、通知的事项交代得非常清楚。

凉山州人民政府
关于×××等同志职务任免的通知②

凉府人〔2013〕10 号

各县市人民政府,州政府各委、办、局:

凉山州人民政府决定

任命:

×××同志任州政府副秘书长(兼);

……

免去:

---

① 凤凰网,http://www.ifeng.com.
② 凉山州政府网,http://lsws.lsz.gov.cn.

×××同志州经信委总工程师职务。

特此通知。

凉山州人民政府

2013 年 8 月 20 日

【评析】

这是一则任免性的通知。标题也是采用"发文机关＋事由＋文种"的完整形式。这则通知主体内容包括两部分，一是任职部分内容，二是免职部分内容。通知以"决定"开门见山，直接引出下文。首先交代任职人员的名字和职称，接着说明免职人员的姓名和职称，最后用"特此通知"作结，结构严谨，用语简洁，是一篇值得好好学习与揣摩的任免通知。

四、练习题

1. 选择题（请在该小题的 **4** 个答案中选出一个正确答案）

（1）适用于发布、传达要求下级机关执行和有关单位周知或者执行的事项，批转、转发公文的文种是（　　）。

A. 决定　　　　　B. 决议　　　　　C. 通知　　　　　D. 通告

（2）按行文关系和行文方向划分，"通知"属于（　　）。

A. 上行文

B. 平行文

C. 下行文

D. 可以是上行文也可以是下行文

（3）以下不属于通知的特点有（　　）。

A. 具有法定权威性与执行性　　　B. 应用广泛，使用频率高

C. 具有较强的时效性　　　　　　D. 内容单纯，行文简便

（4）公文"通知"所具有特点是（　　）。

A. 时效性　　　　B. 严肃性　　　　C. 权威性　　　　D. 指导性

（5）下面形式不可以作为通知的标题的是（　　）。

A. 发文机关＋事由＋文种的形式

B. 只有"通知"两字的形式

C. 特殊标题

D. 发文机关＋文种

2. 简答题

（1）简述通知写作的注意事项。

（2）简述通知的用语要求。

3. 论述题

论述一下 3 种通知正文的写法。

第九节
通　报

一、定义

根据《党政机关公文处理工作条例》，通报这一文体主要适用于"表彰先进、批评错误、传达重要精神和告知重要情况"。通报的类型具体可分为表彰性通报、批评性通报、情况通报 3 种。

二、写作要点

（一）标题的写作

通报的标题一般由制发机关 + 被表彰或被批评的对象 + 文种 3 部分构成。在实际运用中通常采取以下两种构成形式：一种是由发文机关名称、事由和文种组成，如《国务院办关于表扬全国"两基"工作先进地区的通报》；另外一种是由事由和文种构成，如《关于对职工食堂饭菜质量及福利楼卫生检查情况的通报》。此外，有少数通报的标题是在文种前冠以机关单位名称，如《中共××市纪律检查委员会通报》；也有的通报标题只有文种名称。

（二）主体的写作

表彰性通报和批评性通报的正文结构大多数由 3 部分组成：第一部分，说明表彰或批评的原因，即写清先进事迹或错误事实的经过情况，要求用叙述的手法真实客观地反映事实；第二部分，对所叙述的事实准确进行分析，给以中肯的评价，做到不夸大、不缩小，使人们能从好的人和事物中得到鼓舞，从错误中吸取教训；第三部分，一般是对表彰的先进或批评的错误做出嘉奖或惩处。情况通报正文结构一般有两个部分:一是被通报的情况,二是希望和要求。

（三）结尾的写作

一般来说,通报的结尾还要根据通报的情况,针对现实的需要,发出号召或提出一定的要求。

（四）语言要得体

与其他公文一样,用语庄重得体,简明扼要,准确流畅是对通报语言的要求。

三、案例简析

 案例一:表彰性通报

国务院关于表扬全国"两基"工作先进地区的通报①
（制发机关 + 被表扬的对象 + 文种）

国发〔2012〕47 号

各省、自治区、直辖市人民政府,国务院各部委、各直属机构:

在党中央、国务院正确领导下,经过各地区、各部门和全国人民的共同努力,2011 年我国全面实现九年义务教育,青壮年文盲率下降到 1.08%。这是我国教育改革发展的重大成就。(用叙述的手法真实客观地写清先进事迹,说明表彰的原因,反映事实)在实施"两基"(基本普及九年义务教育、基本扫除青壮年文盲)巩固提高和"两基"攻坚过程中,各地党委政府认真贯彻落实教育法律法规和方针政策,坚持教育优先发展,突出"两基"重中之重地位,加强组织领导,广泛宣传动员,上下一心,扎实工作,许多地区作出了显著成绩,创造了丰富经验。(对所叙述的事实进行准确的分析)为表扬先进,激励和动员全社会进一步重视、关心、支持教育事业,推动义务教育工作迈上新的台阶,国务院决定,对北京市顺义区等 80 个"两基"工作先进地区予以通报表扬。(对表彰的先进做出嘉奖)

希望受到表扬的先进地区再接再厉,开拓进取,改革创新,把本地区的义务教育提升到一个新水平,开创教育改革发展新局面。各地区要向受到表扬的先进地区学习,坚持以科学发展观统领教育事业全局,坚持把义务教育摆在重中之重的位置,深入贯彻落实《国家中长期教育改革和发展规划纲要(2010—2020 年)》,努力办好人民满意的教育,推动教育事业在新的历史起点上科学发展,为全面建设小康社会和中华民族伟大复兴作出新的更大贡献。(根据通报的情况,针对我国教育事业发展的需要,发出号召各地区向先进地区学习的要求)

---

① http://www.gov.cn/zwgk/2012-09/07/content_2219414.htm,2013-01-11.

附件:全国"两基"工作先进地区名单(略)

国务院

2012 年 9 月 5 日

【评析】

见文中括注。

 案例二:情况通报

关于义务教育阶段学校"减负万里行"活动
开展规范办学行为督查情况的通报①

国发〔2013〕34 号

为减轻义务教育阶段学生过重课业负担,根据《教育部办公厅关于开展义务教育阶段学校"减负万里行"活动的通知》(教基一厅函〔2013〕13 号)的统一部署,各地对规范义务教育学校办学行为进行了自查,教育部分八路对河北、内蒙古、黑龙江、江苏、福建、山东、湖南、广西 8 个省(自治区)进行了抽查。

一、总体情况

总体来看,各地高度重视义务教育阶段学校"减负万里行"活动,均按照有关要求开展了义务教育阶段学校规范办学行为自查工作。一是做出专门部署,天津、上海等专门下发通知,辽宁召开全省启动大会,浙江、江西、湖北、重庆、四川、贵州、西藏、陕西、甘肃、新疆、兵团等转发了教育部印发的"减负万里行"活动通知,对开展"减负万里行"活动做出了安排部署。二是完善政策措施,北京、河北分别印发了减轻中小学生过重课业负担的通知和意见,减负措施更加细化、更具操作性。三是开展督导检查,北京、河北、内蒙古、辽宁、安徽、福建、河南、湖南、广东、海南等派出督查组,对各地开展"减负万里行"活动进行督导检查,并对存在违规办学行为的学校进行曝光和查处。各地在大力推进"减负万里行"活动的过程中,形成了很多典型经验做法。

(一)规范招生入学……

(二)规范考试科目与次数……

(三)科学安排学生作业量……

(四)规范教育教学活动……

(五)打造高效课堂……

(六)改革教育评价……

(七)加强民办学校招生管理……

---

① http://www.moe.gov.cn/publicfiles/business/htmlfiles/moe/s5987/201310/158387.html,2013-01-11.

（八）加强教辅管理……

（九）推行信息公开……

二、存在的主要问题

虽然各地工作取得了一定成效,但不规范的办学行为在一些学校仍然存在。在督查中发现,个别地方教育行政部门、学校和教师对规范办学行为重要性的认识还不到位,仍然受"应试教育指挥棒"的影响,还不能自觉遵守相关法律法规和遵循教育规律,国家对规范义务教育办学行为的要求需要进一步落实。

（一）违规补课……

（二）违规考试和分班……

（三）作业量大……

（四）国家课程方案未落实……

三、下一步工作要求

继续深入推进义务教育阶段学校"减负万里行"活动,切实规范义务教育学校办学行为,以义务教育学生减负为重点,率先实现小学生减负,保持目前良好势头,努力抓出成效。一要强化责任追究。……二要宣传推广典型经验。……三要积极推进教育改革……

【评析】

全文主要由3个部分组成,先总述了义务教育阶段学校"减负万里行"活动的情况,再指出存在的问题以及对未来工作的总体要求。中心明确突出,逻辑结构完整,小标题的使用准确,对情况的说明详细,措施及要求的实施性较强;语言简洁,较好地体现了情况通报的写作特点。

案例三:情况通报

关于全国中小学生学籍信息管理系统
截至 2013 年 9 月底建设进展情况的通报①
（事由＋文种）

教基一司函〔2013〕47 号

各省、自治区、直辖市教育厅（教委）,新疆生产建设兵团教育局:

截止到 2013 年 10 月 10 日,我们对 32 个省份(含兵团)的全国中小学生学籍信息管理系统(以下简称全国系统)建设进展情况进行了汇总、分析。现将有关情况通报如下。

一、月报表报送情况

32 个省份(含兵团)均报送了月报表。绝大多数省份按时报送,内蒙古、上海、

① http://www.moe.gov.cn/publicfiles/business/htmlfiles/moe/A06_gggs/201310/158659.html,2013-01-10.

江西、陕西、甘肃 5 个省份晚于要求的时间。

二、全国系统部署实施进度

1. 已经完成全国系统部署的省份 28 个：北京、天津、河北、山西、内蒙古、辽宁、吉林、黑龙江、江苏、浙江、安徽、福建、河南、湖北、湖南、广东、广西、海南、重庆、四川、贵州、云南、西藏、陕西、甘肃、青海、宁夏、兵团。

其中，河南、广东运行维护工作到位，系统运行十分稳定，特提出表扬。目前，系统运行欠稳定或存在隐患的省份有：河北(只有两台服务器，资源严重不足)、黑龙江(单机数据库，存在隐患)、宁夏(网络不顺畅)、重庆(缺专门存储设备)。

2. 正在部署的省份 3 个：上海、江西、新疆。

3. 仍不具备部署条件的省份 1 个：山东。

三、数据采集情况

数据采集或补录已基本完成的省份有 31 个，仅新疆尚未布置数据采集工作。

其中，山西、内蒙古、辽宁、吉林、黑龙江、安徽、福建、河南、湖南、广东、广西、海南、贵州、云南、甘肃、宁夏等 16 个省份的全部或部分学生数据已进入全国系统数据库。入库率(进入全国系统学生人数与 2012 年教育事业统计学生人数比)超过 90% 的省份有 7 个：福建、广东、广西、海南、贵州、云南、宁夏。

北京、天津、河北、上海、江苏、浙江、江西、山东、湖北、重庆、四川、西藏、陕西、青海、兵团等 15 个省份学生数据尚未进入全国系统。

四、自建系统对接融合情况

1. 自建系统学生数据已进入全国系统的省份 1 个：安徽；正在将自建系统学生数据导入全国系统的省份 4 个：浙江、北京、江苏、四川。

2. 已搭建完对接环境的省份 2 个：天津、陕西；尚未完成对接环境部署的省份 2 个：上海、山东。

3. 已报送对接方案的省份 2 个：江苏、山东；尚未按要求时间报送对接方案的省份 2 个：北京、上海。

五、工作要求

各地要按照《教育部办公厅关于加快推进全国中小学生学籍信息管理系统建设的通知》(教基一厅函〔2013〕32 号)要求，加快推进各项工作。

1. 尽快完成全国系统部署。(略)

2. 按时保质完成数据采集。(略)

3. 加快完成自建系统对接融合工作。(略)

4. 全面开展系统应用工作。系统的生命力在于应用。(略)

教育部基础教育一司 教育部教育管理信息中心
2013 年 10 月 21 日

【评析】

全文由月报表报送情况、全国系统部署实施进度、数据采集情况、自建系统对接融合情况和工作要求 5 部分组成,逻辑结构清晰,内容充实,对未来的工作要求可行性较强;语言简洁明了,符合公文语体要求,较好地体现了情况通报的写作特点。

四、练习题

1. 简答题

(1) 简述通报的定义。

(2) 简述通报的几种类型。

2. 论述题

试述"表彰性决定"和"表彰性通报"的区别。

3. 写作题

(1) 根据下列材料,写一份通报。

8 月中旬至 10 月底,我办以书面检查和个别走访等形式,开展了国家社科基金资助学术期刊 2013 年度考核工作。总的来看,资助一年来成效显著。绝大多数期刊都或多或少地推出了新的办刊举措。200 家资助期刊杜绝了版面费现象,绝大多数期刊严格执行匿名审稿制度,发挥了很好的学风引导作用;一大批期刊围绕党和政府工作大局组织稿件,聚焦重大理论和现实问题,并积极为国家社科基金《成果要报》供稿;有 135 家期刊提高了稿费标准,89 家期刊提高了审稿费标准,93 家期刊新设了栏目,160 家期刊组织召开了学术研讨会,119 家期刊开展了编辑培训,102 家期刊推进了数字化和网络化建设,97 家期刊改善了装帧设计。不少期刊的学术水平和影响力明显提升。从转载情况看,《华中师范大学学报》2012 年第 3 期至 2013 年第 3 期"三大文摘"摘转率达到 43% ,《现代国际关系》2013 年上半年在人大复印报刊资料的转载量即超过 2012 年全年。

(2) 根据下列材料,以××市人民政府的名义,写一份通报。

根据《××市科学技术奖励办法》(市政府令〔2001〕第 4 号)的规定,经××市科学技术奖评审委员会评定,市政府同意授予"GSM 移动通信数字射频拉远系统(GRRU)"等 13 项成果××市科学技术奖一等奖,授予"23 万载重吨超大型矿砂船关键技术研究"等 33 项成果××市科学技术奖二等奖,授予"一种新型高梯度磁选机的开发及推广应用"等 32 项成果××市科学技术奖三等奖。

第十节

报 告

一、定义

报告适用于向上级机关汇报工作、反映情况,回复上级机关的询问。党政机关公文处理办法中的所指的"报告",一般为工作报告。报告使用范围很广。根据报告的内容不同,大致可以分为情况报告、呈转性报告、答询性报告。

二、写作要点

(一) 标题的写作

报告的标题一般由发文机关＋事由＋文种组成,如"民政部关于加强城市街道居民委员会建设的工作报告"。

(二) 主体的写作

情况报告主要是用于向上级汇报工作的。按照上级的部署或工作计划,每完成一项任务,一般都要向上级写报告,反映工作中的出现的情况、取得的经验教训、存在的问题以及今后工作设想等,便于上级了解工作的进度和取得上级领导部门的指导。

呈转性报告主要是依照职权提出对某些问题或者某方面工作的建议、办法、方案与意见,希望上级部门采纳或者批转给有关部门实施,但最终是否采纳或批准仍由上级机关根据实际需要自行决定。

答询性报告是对上级布置或询问的某些事项或问题进行答复。答复必须建立在深入调查研究的基础上,有针对性地进行汇报。答询性报告的内容必须始终围绕上级的问题,切忌答非所问。

报告的正文首先应对行文依据、原因或背景作出简要的交代,是对告一段落的工作对上级进行汇报,还是针对上级领导交办或询问的要求而进行汇报。

其次,展开陈述具体工作情况和存在的问题。汇报情况的,应包含情况、说明、结论 3部分,其中情况不能省略;汇报意见的,应有依据、说明、设想 3 部分,其中意见设想不能省去。

必须注意的是,报告中不能夹带请示。

（三）结尾的写作

报告的结尾常使用结语或结尾词。特别需要说明的是呈转性报告要写上"以上报告如无不妥,请批转各地参照执行。"最后写明发文机关、日期。

（四）语言要得体

报告在语言的使用上,对情况的说明要确凿,对观点的表达要鲜明,对想法的阐述要明确,口吻用语要得体庄重。

三、案例简析

 案例一:情况报告

关于检查饮用水水源保护相关法律法规执行情况的报告[①]
（标题由发文事由＋文种构成）
县人大常委会执法检查组

主任、各位副主任、各位委员:

　　根据省、市、县人大常委会统一部署,今年4月至6月,县人大常委会成立了以胡伟忠、陈庆源两位副主任为组长,部分常委会委员、县人大代表为成员的饮用水水源保护执法检查组,对全县饮用水水源保护相关法律法规的执行情况进行了检查。在前期建立机构、制定方案、召开动员会、部门和乡镇自查的基础上,分重点城镇和农村两个检查组,广泛开展了实地检查。重点城镇检查组一行实地查看了县城双潭水厂、壶镇镇新水厂、新建镇水厂及其水源地,检查了相应水源地的水源保护区划定、综合保护措施落实、水源地及上游区域环境综合整治等情况;农村检查组一行赴七里、东渡、新碧、舒洪等乡镇、街道重点就饮用水水源保护区划定、取水方式、长效管理机制等方面开展检查,同时组织乡镇人大、街道人大工委对辖区内行政村及自然村饮用水水源情况进行调查,发放并收回调查表548份,较全面地掌握了农村饮用水水源基本情况。实地检查结束后,执法检查组全面听取了县环保、水利、建设等有关部门的情况汇报,走访了部分人大代表,并听取意见建议。6月初还配合了省、市人大常委会到我县开展饮用水水源保护执法检查相关工作。

　　下面,我代表县人大常委会执法检查组,就全县饮用水水源保护相关法律法规执行的检查情况报告如下,请予审议。

　　一、基本情况

　　（一）贯彻法律法规,全县饮用水水源地建设不断规范。一是依法确定饮用水水源地。……二是依法划定了重点城镇集中供水饮用水源保护区。……三是加强

① http://www.zjjyrd.gov.cn/gongkai/4/2013/0627/7804.html,2013-01-10.

农村饮用水水源地保护……

（二）开展综合整治，饮用水水源地及保护区环境不断优化。切实抓好源头控制、重点整治、生态修复等工作。一是推进重点区域整治。……二是推进县城饮用水一、二级保护区及上游重点行业、重点企业污染整治，对高污染企业实行挂牌整治，严格环保监管。……三是大力推进农村村庄整治和面源污染整治……

（三）加大财政投入，饮用水保护工程建设不断推进。一是完成了一批城乡污水处理设施建设。……二是完善城乡垃圾处理设施……三是加强了饮用水工程建设……

（四）加强水质管理，饮用水监测检测工作不断完善……

二、存在的主要问题

通过努力，我县基本上保证了当前全县人民能够喝上干净、放心、安全的饮用水。但检查中仍然发现饮用水水源保护工作中存在一些突出问题，主要有：

（一）《饮用水水源地规划》等有待尽快真正付诸实施……

（二）饮用水水源保护责任主体不够明确，管理机制有待进一步健全……

（三）饮用水水源保护能力仍然较弱，源水水质受到严重威胁……

（四）饮用水水源保护法律法规宣传教育不到位，思想认识有待提高……

三、几点建议

县政府及相关部门、乡镇要全面贯彻《中华人民共和国水法》《中华人民共和国水污染防治法》《浙江省饮用水水源保护条例》等法律法规的各项要求，将饮用水水源保护列为当前重点民生工程，明确责任、落实措施，切实做好各项工作。

（一）强化规划，切实增强饮用水水源保护意识……

（二）标本兼治，努力加快全县重点城镇新水源地项目建设……

（三）城乡统筹，进一步加强农村饮用水水源的管理和保护……

（四）着眼长远，建立健全饮用水水源保护管理机制……

【评析】

全文思路清晰，分点清晰明了，层层递进，内容充实，语言表达严谨，提出的措施有针对性，能够较好地向上级部门反映报告的情况。

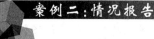案例二：情况报告

关于加强全省饮用水水源地保护工作的报告①
（标题由事由＋文种构成）

省政府：

为加强全省饮用水水源地保护工作，我局对全省饮用水水源地保护情况进行了系统调查，现将有关情况报告如下：（简明扼要进入报告的内容，充分体现了报告开头简洁的特点）

---

① http://www.110.com/fagui/law_276508.html，2013-01-10.

一、我省饮用水水源地保护工作现状

我省地处半湿润、半干旱地区,省内有黑龙江、松花江、乌苏里江、绥芬河4个水系,1918条河流,湖泊、泡沼6700多个,大型湖泊主要有兴凯湖、镜泊湖、莲花湖、五大连池等。全省多年平均水资源(含地下水)总量为772亿立方米,占全国的2.76%,居第十五位,人均占有水量2121.5立方米,比全国人均水平少508.5立方米,不足世界人均占有量的1/4。省辖11城市市区集中式饮用水源共58个,其中地面水源15个、地下水源43个,年城市集中供水量约13.9亿吨,其中生活用水4.3亿吨,占供水量的31%,地面、地下水源供水各占50%左右。县级市中有11个市全部为地下水源,其余兼有地面、地下水源。

我省近年来在饮用水源保护方面做了许多工作。一是加快立法,将饮用水水源地保护纳入地方立法的重要内容。……二是强化监督管理,纳入市长目标责任制考核体系,严格执行有关管理制度。……三是加大投入。……此外,针对当前存在的问题,还加强了地区间和跨省间协调,解决了许多跨行政区污染问题。

虽然我省在保护饮用水水源地方面做了大量的工作,但饮用水源保护工作形势仍十分严峻。饮用水水源地保护投入严重不足,工业污染物排放和水土流失造成的污染仍在加重,个别地区水量不足和水质污染问题已成为制约当地经济社会发展和影响人民群众身体健康的重要因素。近几年来,我省发生了多起饮用水源污染事故……

二、加强我省饮用水水源地保护工作的几点建议

(一)加强领导,明确职责。各级政府应充分重视饮用水水源地保护工作,列入议事日程进行专题研究,解决饮用水水源地保护中存在的难点问题;加强省际和省内跨地区间的协调,在流域治理工作上突出对饮用水水源地的保护,对流域水污染排放进行统一监控;将饮用水水源地保护作为市、县(区)长目标责任制的重要内容之一,切实做到"一把手亲自抓、负总责",政府各职能部门也必须明确各自职责,主动配合环保部门工作,真正形成环保部门统一监督管理、各部门齐抓共管的工作局面。

(二)总体规划,全面防护。各地应将饮用水水源地保护列入当地经济与社会发展长远规划,充分听取环保部门的意见,在专家论证的基础上,把当前利益和长远利益结合起来;现有饮用水水源地保护和开辟新水源,要采用先进工艺和设备,综合防护,在施工建设的同时划定保护区,同时制定管理办法,同时明确各部门、各建设单位职责,同时落实综合防护措施,使饮用水水源地保护与经济发展相协调。

(三)加快立法,强化执法。省内所有集中式地面饮用水水源地应于1999年年底前划定保护区,制定管理办法,已划定地面饮用水水源地保护区的,应在1998年年底前根据新的要求进行重新修订完善;进一步加大执法力度,依法行政,必须把饮用水水源地保护工作列入执法检查重点,对饮用水水源地进行定期检查和不定期抽查,发现问题及时处理,确保清除隐患。

(四)加大投入,综合治理。省内饮用水水源地多数都亟须维护,开辟新的饮用水水源地更需大量的资金。国家"九五"发展规划中已将加强城市基础设施建设和环保

设施建设列为投入重点,国际社会也日益关注环境问题,加大了对环保投资的比例。各地应抓住机遇,拓宽资金渠道,大力引进外资,有计划地加大对饮用水水源地保护的投入;各地应对供水设施的建设和维护引起高度重视,注意防治和解决饮用水二次污染问题,从源头上和供水过程中保证饮水安全;饮用水水源地的保护还必须与流域水污染综合治理统一起来,加快大中城市污水处理厂和小城镇污水处理设施建设,加大重点污染源的治理力度,从根本上使饮用水水源地水质得到保证。

(五)广泛监督,强化管理。各地应开展广泛的宣传教育活动,增强公众的参与意识和自我保护意识,强化舆论和群众监督,认真处理群众信访案件,调动全社会力量做好饮用水源保护工作;各级环保部门要不断增强现场监督监测能力,对饮用水水源地进行监督性、常规性和应急性监测,建立饮用水水源地水质信息网络,加强信息反馈,增强快速反应能力,发现污染事故及时排除并向当地政府和上级环保部门报告。

以上报告如无不妥,请批转各地、各有关部门贯彻执行。

【评析】

报告主要分两大部分,第一部分主要介绍本省饮用水水源的保护现状,作为下文提出工作建议的事实基础,既介绍了本省在饮用水水源保护方面取得的一些成绩,也分析了存在的问题,在充分的分析论证基础上,下文提出对日后工作的建议。整篇报告逻辑清晰,说理性强,论证严密。

四、练习题

1. 简答题

(1)简述报告的定义。

(2)简述常见的几种报告类型。

2. 论述题

简要论述请示和报告的区别。

3. 公文改错题

北京市交通委员会路政局关于落实××副市长对
"关于对影响铁路安全隐患进行治理的请示"
批示办理情况的报告

京交路文〔2013〕106号

市交通委员会：

接到交通委批转的××副市长对《关于对影响铁路安全隐患进行治理的请示》的批示后，我局立即组织有关人员到现场勘查情况，并组织北京铁路局、北京市水务局、相关区县政府召开会议，专题研究解决影响铁路安全隐患问题。现将办理情况汇报如下：

一、关于京通铁路线K107+200－K107+500线路左侧路堑边坡形成豁口问题

来文反映密云县高岭镇上堡子村有上千亩果园，由于灌溉水管跑水，对京通铁路线K107+200－K107+500线路左侧路堑边坡冲出两道豁口，大量泥土溜坍后越过下部既有挡墙涌上线路，对汛期铁路行车安全已构成威胁。经与密云县市政市容委协调，密云县城乡建设指挥部、高岭镇政府联合对京通铁路线K107+200－K107+500处铁路线护坡进行修复，北京铁路局在密云县相关单位施工时进行施工配合，目前施工前期工作已经开始。

二、关于京包铁路线K46+600－K47+500地段铁路北侧蓄水池影响安全问题

来文反映关于京包铁路线K46+600－K47+500地段铁路北侧有3个因开采砂形成的大坑，昌平区水务局在南口地区建成污水处理厂（日处理2万吨），污水处理后利用河道向下游排放，因砂石坑低于河道正常行水水位，流入砂石坑，形成蓄水池，影响铁路安全。针对上述问题，我局组织北京铁路局、北京水务局、昌平区政府召开了3次协调会，沟通情况，研究解决方案，并请铁路部门、水务部门专家参加，对方案进行讨论，并完成了如下工作。

（一）北京铁路局拆移24号桥下保护电缆的构筑物，以利排水，此项工作正在进行中；

（二）北京铁路局制定降水方案，同时在降水过程中共同监测路基的变化；由昌平区水务局实施降水（排水），以减少对路基的浸泡。

（三）昌平区水务局为防止处理后的中水流入砂石坑，计划新建长1000米、直径80厘米的管道，将处理后的污水通过管道向下游排放，防止渗入砂石坑。

（四）上述工作完成后中水不再流入砂石坑，隐患基本消除。

（五）昌平区综治办负责督办铁路、地方部门双方的工作进展情况，并及时报区政府。

（六）在安全隐患未排除前，要求北京铁路部局、昌平区政府根据各自工作内容，制定相关应急预案，对各自管辖地段加强检查巡视，注意堤岸和铁路路基变化，如发现异常，及时采取措施，并建立相互通报联系机制，以确保该地段铁路运输安全。

目前，北京铁路局、昌平区已建立信息联系机制，影响铁路安全隐患问题正在解

决中。因我局主要工作职责为交通基础设施建设、管理工作。按照市政府三定方案，应由首都社会管理综合治理委员会办公室进行协调。根据《首都综治委铁路护路联防工作领导小组职责任务、组成单位及人员名单》（首综办〔2012〕16号）第三条规定：首都综治委铁路护路联防工作领导小组组织协调有关部门和区县开展铁路周边突出隐患问题的排查整治和涉路矛盾纠纷化解工作。因此，建议提请市政府将后续工作交由首都综治委铁路护路联防工作领导小组督办有关部门完成。

以上报告当否，请指示。

北京市交通委员会路政局

2013 年 8 月 5 日

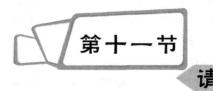

第十一节 请 示

一、定义

请示适用于向上级机关请求指示、批准。请示属于上行文，因此首先必须是下级机关向上级机关的行文；其次，请示的问题必须是自己无权作出决定和处理的；再次，必须是为了向上级请求批准。

请示具有以下几个特点。

（1）请示事项一般时间性较强。请示的事项一般都是急需明确和解决的，否则会影响正常工作，因此时间性强。

（2）应一事一请示。不能在一文中夹带多项请示事由。

（3）一般主送一个机关，不多头主送，如需同时送其他机关，应当用抄送形式，但不得在请示的同时又抄送下级机关。

（4）应按隶属关系逐级请示，一般情况下不得越级请示，如确需越级请示，应同时抄报直接主管部门。

二、写作要点

（一）标题的写作

请示的标题主要由发文机关＋事由＋文种组成，如"××县人民政府关于×××××

×的请示",也可由事由和文种构成,如"关于提拔×××同志任市红十字会常务副会长的请示""关于举办 2010 中国(中山)国际游戏游艺博览交易会的请示"。由于请示这一文种已经含有"请求指示、批准"之意,所以标题中一般不再使用"要求""请求"等字样。

(二)主体的写作

请示的正文部分首先应该对制发请示的原因和依据进行简要的说明,说明发文的缘由,阐述请示事项的性质、成因等,便于上级单位了解所请示问题的基本情况。想要通过请示得到上级的肯定答复,请示的陈述就必须清楚,请示的理由就必须充分。

其次,对请示的事项要明确进行交代。请示的事项是"请示什么"的问题。应当直截了当地写明请求上级机关指示或批准的事项。所请示的事项应适当,并且属于上级职权范围,切不可不分主次与轻重缓急,提出不切实际的要求。同时,在请示中应当交代清楚上级部门作出批示时需要了解的相关信息和背景材料。如果有各种文字说明、图表或其他相对独立的材料,可以以附件形式置于请示的正文之后,使请示的正文行文更加简要。

(三)结尾的写作

结尾处应该以简短的语言强调行文目的和行文要求。比如"当否,请批复""请审核批示""以上事项,当否,请示""以上意见,妥否,请批示""以上事项,恳请尽快批复为盼"等。

(四)语言要得体

在请示的语言运用上,除了强调公文需要的得体庄重之外,还要注意言语的简洁明了,请示的篇幅不宜过长。

三、案例简析

案例一:事项性请示

关于申请拨付 2013 年产业振兴和技术 改造项目中央预算内资金的请示①

县人民政府:

根据自治区发改委《关于下达产业振兴和技术改造项目 2013 年中央预算内投资计划的通知》(宁发改产业〔2013〕412 号)和自治区财政厅《关于下达 2013 年产业振兴和技术改造项目中央基建投资预算指标的通知》(宁财(建)指标〔2013〕468 号)文件精神,丽珠集团宁夏新北江制药有限公司生物医药生产建设项目获中央预算内投资 1158 万元,宁夏银晨太阳能科技有限公司空气源热泵辅助太阳能供热、制冷系统项目获中央预算内投资 649 万元,宁夏科行环保工程有限公司烟气除尘脱硫脱硝

---

① http://www.nxpl.gov.cn/info/2248/28125.htm,2013-01-12.

研发及产业化项目获中央预算内投资 565 万元,共计 2372 万元。

目前,丽珠集团宁夏新北江制药有限公司生物医药生产建设项目已建成,正在单体试车;宁夏银晨太阳能科技有限公司空气源热泵辅助太阳能供热、制冷系统项目 11000 平方米生产车间、产品车间、原材料库已建成,800 平方米检测车间正在建设中,喷涂线、焊接线、冷冲压设备已安装完毕,整机装配流水线正在调试;宁夏科行环保工程有限公司烟气除尘脱硫脱硝研发及产业化项目已完成除尘脱硫车间、脱硝车间建设,购入螺旋式空压机、喷涂机、冷冻式干燥机等设备,其他加工设备已订购。

为支持企业项目建设,尽早建成并投产达效,现申请予以划拨中央预算内投资。妥否,请批示。

附:1. 关于下达产业振兴和技术改造项目 2013 年中央预算内投资计划的通知

2. 关于下达 2013 年产业振兴和技术改造范项目中央基建投资预算指标的通知

二○一三年九月十八日

【评析】

(略)

案例二:事项性请示

关于申请 2013 年服务业发展引导资金的请示①

省发改委:

根据《湖北省 2013 年省服务业引导资金建设项目立项公告》文件精神,为促进我市服务业发展,提升产业服务水平,随州市共申报 2013 年服务业发展引导资金项目 5 个,总投资 9428 万元,其中,自筹资金 7898 万元,银行贷款 900 万元,申请服务业引导资金 630 万元。现将项目基本情况汇报如下:

1. 湖北省随州国汽城开发有限公司国汽城信息服务平台建设项目

该项目由湖北省随州国汽城开发有限公司建设,位于随州市曾都区,公司成立于 2008 年 5 月,是随州市政府重点招商引资企业,是专业从事汽车商贸城、物流服务和物业服务等以汽车为主载体的多功能综合性开发公司,2012 年服务园累计销售专用汽车 8000 辆,各类品牌汽车 1000 辆,配送汽车零配件 12 万吨。项目主要建设内容为:新增具有电子结算、电子商务、电子监控、信息化配送、综合管理等五大功能的综合服务信息平台系统的硬件和软件主要设备,计算机房和控制室的空调等辅助设备 308 台(套)。对交易大厅及计算机控制机房进行维修改造,面积约 670 平方米。项目总投资

---

① http://www.szfgw.gov.cn/xmsb/1337.html,2013-01-13.

为 1262 万元,其中自筹资金 1182 万元,申请服务业发展引导资金 80 万元。建设周期为 2013 年 1 月至 2013 年 12 月。项目建成后,随州市有了专用汽车的信息交换共享平台,可以达到行业技术等信息及产、购、销一条龙服务,使行业资源得到整合和充分利用,节约了人力、物力、财力,增加了企业的经济效益,从而提高汽车改装车及零部件产业对当地经济发展的贡献值。对于推进产业结构调整,加快经济发展方式转变,促进随州市经济长期平稳较快发展和社会全面进步,有着十分重要的意义。本项目建成投营后,新增劳动人员 20 人,年可实现营业收入 860 万元,利税 307 万元。

2. 湖北源丰化工有限公司生物有机肥生产公共服务平台项目

该项目建设单位为湖北源丰化工有限公司,位于随州市经济技术开发区淅河工业园内,公司占地 68000 平方米,现有员工 500 余人,是一家以生产复合肥料为主导产品的大中型化工企业。该项目主要建设内容为:新建 4537 平方米的公共服务平台,内设生物肥原料、产成品检测中心、技术研发、服务中心、培训中心、网络销售中心等,新增试验、检验检测设备、其他设施设备共 50 台(套)。项目总投资 1180 万元,其中自筹资金 1080 万元,申请服务业发展引导资金 100 万元,建设周期为 2012 年 9 月至 2013 年 12 月。项目建成后,可达到国内领先水平高品质生物有机肥研发能力;能为广大农户和农资经纪人提供生物肥培训等服务,年服务农业生产基地 500 家以上,争取用户满意度在 98% 以上;可为广大农户和农业生产基地提供土壤肥力检测检验服务,提供合理用肥方案和措施;提供公益性服务或低收费服务,占到总服务量的 30% 以上;可改良土壤近 50 万公顷,亩产增收 200 元,提高农民经济效益达 1 亿元,加快和促进我国农业产业化发展。

3. 随州神农茶业有限公司炎帝茶文化体验园及农产品网络销售服务平台建设项目

该项目建设单位为随州神农茶业有限公司,位于随州市随县,是湖北省农业产业化重点龙头企业。项目建设内容为:游客体验加工车间 5000 平方米,观光景点 5 处,餐饮住宿中心 1000 平方米,文化展览中心 500 平方米,网络服务中心 200 平方米,购置设备 50 台(套)。续建茶园景点 5 处及道路建设 20 公里;改建餐饮住宿中心及旅游购物中心;新建茶叶加工车间和有机农产品网售中心。该项目总投资 1900 万元,其中自筹 850 万元,银行贷款 900 万元,申请服务业发展引导资金 150 万元。建设周期为 2012 年 4 月至 2014 年 4 月。项目建成后,年可新增茶叶加工能力 0.1 万吨,新增服务就业岗位 100 个,新增建筑设施面积 3500 平方米,新增游客接待能力 1 万人/年,近 8000 农民直接受益,为农民年增加收入 2000 万元。

4. 随州市长佳蔬菜种植有限公司特色蔬菜(泡泡青)产业化服务平台

该项目建设单位为随州市长佳蔬菜种植有限公司,位于随州市随县,公司成立于 2006 年,是随州市绿色食品蔬菜的标准示范基地,现有 1 万亩无公害绿色蔬菜基地,其独有的"随州泡泡青"远销北京、上海、广州、青岛、武汉等城市及其各大超市,销售势头良好。项目主要建设内容为:建设 4800 平方米的特色蔬菜(泡泡青)产业化服务平台,其中新建产品检测、技术研发、网络销售、培训服务等 2000平方米;新建加工、分拣车间及仓库 2800 平方米;新增检验设备、保鲜设备及其他网络设施设备 91 台(套)。项目总投资 3300 万元,其中自筹资金 3100 万元,申请服务业发展引导资金 200 万元。建设周期为 2013 年 4 月至 2014 年 12 月。项目建成后,可带动农户扩大种植面积 30000 亩,直接培训和指导农户 8000 户;项目建成后带动"随州泡泡青"特色蔬菜产业增收 1.8 亿元,企业实现年产值 8000 万元,利润 600 万元、新增农民再就业 2000 人,年产 20000 吨,种子提纯后农户平均亩产增加 400 斤。

5. 广水市恒兴养殖农民专业合作社蛋鸡标准化养殖服务平台建设项目

该项目由广水市恒兴养殖农民专业合作社建设,位于广水市长岭镇永阳村二组,合作社成立于 2012 年年初,现有以恒兴蛋鸡养殖场为核心成员、组织养殖户多户,主要从事家禽的饲料加工,养殖技术指导、鸡苗、鲜蛋和淘汰鸡的销售。目前合作社养殖户成员已辐射到永阳村、狮子村、梧桐村、建设村、锣鼓田村、陆水村。项目主要建设内容为:新建农业综合信息服务及蛋鸡养殖培训中心 1980 平方米。购置自动上料机、风机、水帘、乳头式饮水器、自动清粪系统、自动消毒系统等相应饲养设备及其他配套设施等。项目总投资 1786 万元,其中自筹资金 1686 万元,申请服务业发展引导资金 100 万元。建设周期为 2012 年 5 月至 2014 年 5 月。项目建成后,每年培训基地养殖户 1800 人次,其他养殖户 1500 人次。可直接安排就业人员 50 名,辐射带动专业养殖户 100 户,零散养殖户 700 户。农户平均收入增加 450 万元。项目建成投产后,年培育蛋鸡 15 万羽,年产成品鸡蛋 265 万公斤,淘汰鸡 26 万公斤。年直接新增销售收入 1546 万元,净利润 130 万元。所得税 43 万元。

当否,请批示。

附:随州市申请 2013 年国家服务业发展引导资金建设项目表

随州市发展和改革委员会

2013 年 6 月 28 日

【评析】

该公文格式规范,逻辑清晰完整,对于请示问题的背景叙述有理有据,请示事项的提出合理。语言简洁得体,符合公文写作中请示的写作要求。

案例三:事项性请示

关于上报 2013 年安徽省服务业发展引导资金项目资金申请报告的请示①

省发展和改革委员会:

根据安徽省服务业发展引导资金项目管理办法和省发展和改革委员会贸服科长会议精神,经我委办公会议集体研究,特选择以下三个在建项目申报 2013 年省服

---

① http://www.luan.gov.cn/openness/detail/content/52aa3e3448b62834daf5b97e.html,2013-01-15.

务业发展引导资金项目,现汇报如下:

1. 安徽合益食品有限公司2万吨水产品、果蔬产品加工冷链物流项目。安徽合益食品有限公司是一家中外合资企业,省级农业产业化龙头企业。公司主要以板栗系列产品加工为主,同时进行水产品、保鲜蔬菜、水果、速冻食品、罐装食品的加工。为了提高农副产品附加值,发挥龙头企业带动作用,推动特色农业发展,促进老区经济繁荣,该公司现开工建设2万吨水产品、果蔬产品加工冷链物流项目。项目建设规模及内容……

2. 六安市康成食品有限公司3万吨牛羊肉冷链物流项目。六安市康成食品有限公司是一家按照现代企业制度组建的,集屠宰、分割、深加工、冷藏、副产品整理、综合利用、污水处理,规模、设备、工艺技术居省内领先、全国先进水平的皖西地区规模最大的牛羊屠宰加工企业。公司成立于2011年,位于六安市裕安区城南经济开发区,注册资本1000万元,现有固定资产3000万元,员工122人。为带动和促进安徽省肉类食品加工行业快速健康发展和提升档次,加快推进六安乃至安徽畜牧业健康发展和养殖业结构调整,推动农村产品流通和农业产业化经营,增强市场竞争能力,促进地方经济发展,增加农民收入,为广大消费者长期提供更多的安全、卫生、放心的适应市场需求的肉类食品。六安市康成食品有限公司已开工建设3万吨牛羊肉冷链物流项目。建设规模为年配送销售优质羊肉产品能力达3万吨(折合肉牛6.7万头、1万吨;肉羊100万只,2万吨)。主要建设内容为……

3. 六安市交通工程试验检测中心建设项目。六安市交通工程试验检测有限公司是经六安市交通质监站、裕安区交通运输局同意,由裕安区交通质监站全额投资成立的国有独资公司,是六安市交通质监系统唯一一家具有综合乙级试验检测机构。公司现有员工42人,各种仪器设备190台(套)。为了适应六安市未来交通基础设施的快速发展,加强队伍建设,提高试验检测水平,提高工程质量,加快工程进度,推广新材料、新技术、新工艺,降低工程造价,推动六安市交通施工技术的全面进步,扩大和完善六安市交通工程试验检测中心建设是必要的、紧迫的。目前,六安市通达交通工程试验检测有限公司与裕安区交通运输局共同出资新建的裕安大厦已于2012年7月开工建设。建设规模及内容……

上述项目经我委审查,各项建设条件和资金都已落实,符合项目申报要求。现将上述三个项目资金申请报告及相关附件随文呈上,恳请省发展和改革委员会支持。妥否,请批示。

附件:六安市申报2013年省服务业发展引导资金项目投资计划表

2012年8月20日

【评析】

(略)

四、练习题

1. 简答题

（1）简述请示的定义。

（2）简述请示标题的两种类型。

2. 论述题

简述请示与报告的联系。

3. 公文改错题

关于要求举办××××国际游戏游艺博览交易会的请示

×文请〔2013〕314号

省政府、文化部：

  由中国游艺机游乐协会、中国软件行业协会、××省文化厅、××省对外贸易经济合作厅、××省贸促会和××市人民政府主办的"2013中国（××）国际游戏游艺博览交易会"，将于2013年11月3日至6日在××市博览中心举办。本届展会内容包括产品展示展销、高峰论坛、投融资推介、商贸洽谈、项目推介、参展企业和产品评奖等活动。展会面积15000平方米，拟邀请国内外175家以上动漫游戏游艺企业参展，其中包括国外10多个国家和地区超过40家动漫游戏游艺企业，参展产品主要包括游戏游艺设备、大型游乐园设备、动漫、软件和数字娱乐产品等。

  近年来，在国家和××省有关部门的大力支持下，××××国际游戏游艺博览交易会已连续成功举办了两届，为国内外动漫游戏游艺产业搭建了一个展示、交易、交流合作的平台。今年7月，××××国际游戏游艺博览交易会正式纳入《××省建设文化强省规划纲要（2013—2020）》，成为××省建设文化强省，发展现代文化产业的重要展会。

  根据《文化部关于加强动漫游戏会展交易节庆等活动管理的通知》的规定，我厅经审核，拟原则上同意举办"2013中国（××）国际游戏游艺博览交易会"。现将有关材料送上，请尽快审批。

2013.9.14

第十二节 批 复

一、定义

批复适用于答复下级机关请示事项,属于下行文的一种,它是机关应用写作中的一种常用公务文书。根据批复的内容,可分为指导性批复、法规性批复和具体性批复;根据批复的行文方式,还可以分为直达性批复和抄送性批复。

二、写作要点

(一)标题的写作

标题的写法最常见的是完全式,即由发文机关 + 事由 + 文种构成。在事由中一般将下级机关及请示的事由和问题写进去;另一种常用的完全式的标题是发文机关 + 表态词 + 请示事项 + 文种;也有的批复只写事由和文种。

(二)主体的写作

由于批复是根据请示而行,在内容上就必须针对请示的事项作出明确的答复。正文一般由批复引语、批复意见两部分组成。

批复引语必须点出的批复对象,一般称收到某文,或某文收悉。注意要写明是对何时、何号、关于何事的请示的答复,时间和文号可省略。

批复意见是针对请示中提出的问题所作的答复和指示,请示什么事项,就回应性地批复什么事项,无论是同意、不同意还是部分同意,都必须围绕请示的事项而作,意思要明确。对于不同意或者部分不能同意的部分,要写清不同意的理由和注意事项。需要注意的是,批复和请示一样,必须有针对性地一文一批复,请示要求解决什么问题,批复就答复什么问题。

(三)结尾的写作

结尾一般为批复要求,是从上级机关的角度提出的一些补充性意见,或是表明希望、提出号召。如果同意,可写要求;如果不同意,可提供其他解决办法。另外,需要使用结束语时,批复的结束语只用"此复"或"特此批复"。有些批复以"此复"作结语,更多的批复不专设结语,仅以"要求""希望"代之。

（四）语言要得体

公文写作要求语言简明得体,批复的文字量要力求少,篇幅要尽可能短。语言文字要精练,不累赘,不重复,对那些可有可无的字、词、句,应当删去。要用最少的文字,准确严密地表达最丰富的内容,做到篇无累段,段无累句,句无累字,即每一段、每一句、每个字都有它存在的价值。语言必须准确,不能含糊其辞、模棱两可。

三、案例简析

 案例一：指导性批复

国务院关于石家庄市城市总体规划的批复①

国函〔2013〕101号

河北省人民政府：

你省关于报请批准石家庄市城市总体规划的请示收悉。现批复如下：

一、原则同意修订后的《石家庄市城市总体规划(2011—2020年)》(以下简称《总体规划》)。

石家庄市是河北省省会、京津冀地区重要的中心城市之一。《总体规划》实施要以邓小平理论、"三个代表"重要思想、科学发展观为指导,坚持经济、社会、人口、环境和资源相协调的可持续发展战略,统筹做好石家庄市城乡规划、建设和管理的各项工作。要按照合理布局、集约发展的原则,推进经济结构调整和发展方式转变,不断增强城市综合实力和可持续发展能力,完善公共服务设施和城市功能,逐步把石家庄市建设成为经济繁荣、社会和谐、生态良好、特色鲜明的现代化城市。

二、重视城乡统筹发展。在《总体规划》确定的2657平方公里的城市规划区范围内,实行城乡统一规划管理。要加强城中村和城乡结合部整治和改造,城镇基础设施、公共服务设施建设应统筹考虑为周边农村服务。要根据市域内不同地区的条件,重点发展县城和基础条件好、发展潜力大的建制镇,优化村镇布局,促进农业产业化和农村经济快速发展。

三、合理控制城市规模。到2020年,中心城区城市人口控制在300万人以内,城市建设用地控制在287平方公里以内。要贯彻城乡规划法关于"先规划、后建设"的原则,禁止在城市总体规划确定的建设用地范围之外设立各类开发区和城市新区……

四、完善城市基础设施体系。要加快公路、铁路和机场等交通基础设施建设,改善城市与周边地区交通运输条件。加强轨道交通的规划和建设,积极推进步行、自行车等慢行交通系统建设,建立以公共交通为主体,各种交通方式相结合的多层次、多类型的城市综合交通系统……

---

① http://news.xinhuanet.com/politics/2013-09/23/c_125432640.htm,2013-01-10.

五、建设资源节约型和环境友好型城市。城市发展要走节约资源、保护环境的集约化道路,坚持经济建设、城乡建设与环境建设同步规划,切实做好节能减排工作。依靠科技进步,积极开发新能源,大力发展循环经济,推进工业、交通和建筑节能,支持绿色建筑发展。严格控制高耗能、高污染和产能过剩行业的发展,加强城市环境综合治理,提高污水处理率和垃圾无害化处理率,减少污染物排放,加大对细颗粒物、氮氧化物和挥发性有机物的污染控制,限期达到规划提出的各类环境保护标准……

六、创造良好的人居环境。要坚持以人为本,创建宜居环境。统筹安排关系人民群众切身利益的教育、医疗、市政等公共服务设施的规划布局和建设。将城市保障性住房的建设目标纳入近期建设规划,确保保障性住房用地的分期供给规模、区位布局合理和相关资金投入。根据城市的实际需要与可能,积极推进棚户区改造,提高城市居住和生活质量。

七、重视历史文化和风貌特色保护。要统筹协调发展与保护的关系,按照整体保护的原则,切实保护好城市传统风貌和格局。要落实历史文化遗产保护紫线管理要求,加强对古城空间轮廓线的控制,重点保护好正定、赵县历史文化名城和天长镇、于家村等历史文化名镇名村的环境风貌,以及各级文物保护单位及其周围环境。要加强对滹沱河沿岸建筑高度和样式的控制引导,妥善处理正定新区建设与正定历史文化名城保护的关系。

八、严格实施《总体规划》。城市建设要实现经济社会协调发展,物质文明、精神文明和生态文明共同进步。城市管理要健全民主法制,坚持依法治市,构建和谐社会。《总体规划》是石家庄市城市发展、建设和管理的基本依据,城市规划区内的一切建设活动都必须符合《总体规划》的要求……

石家庄市人民政府要根据本批复精神,认真组织实施《总体规划》,任何单位和个人不得随意改变。你省和住房城乡建设部要加强对《总体规划》实施工作的指导、监督和检查。

国务院
2013 年 9 月 13 日

【评析】

此批复由批复引语、批复意见和批复要求组成,明确提出批复意见。内容翔实丰富,逻辑结构完整清晰。语言准确,用语规范,简洁不啰唆。

案例二:具体性批复

广东省交通运输厅关于阳江港 13 号和
14 号泊位工程初步设计的批复

阳江市交通运输局:

你局《关于呈审阳江港 13 号、14 号泊位工程初步设计的请示》(阳交呈〔2012〕64

号）收悉。我厅于 2012 年 11 月组织阳江港 13 号和 14 号泊位工程初步设计审查，设计单位根据审查意见对初步设计进行了修改、完善。根据《广东省发展和改革委关于阳江港 13 号和 14 号泊位工程项目核准的批复》（粤发改交通函〔2012〕2137 号）的意见，经研究，对该工程初步设计（以下简称《初设》）批复如下。

一、建设规模和标准

本工程位于阳江市西南海陵湾，建设规模为新建 2 个 5 万吨级多用途泊位（水工结构按靠泊 10 万吨级船舶设计），设计年通过能力 250 万吨。

……

二、总平面布置

本工程采用顺岸式布置，码头前沿线与阳江港总体规划的码头前沿线持平，呈南北走向布置 2 个 5 万吨级多用途泊位，泊位总长 521m。从码头前沿线起依次为码头前沿作业区、生产区、辅建区。《初设》对总平面布置提出两个方案进行比选，两个方案码头、水域布置方案相同，主要区别生产区和辅建区作业工艺不同。方案一……方案二……

……

三、航道、锚地和导助航设施

（一）原则同意航道设计方案……

（二）原则同意导助航设施设计方案……

（三）原则同意锚地设计方案……

四、装卸工艺

原则同意《初设》提出的装卸工艺方案。

（一）装卸船工艺

码头前沿配置 2 台 40t - 40m 多用途门机、1 台 25t - 35m 门机和 1 台 16t - 35m 门机，轨距均为 10.5m。码头后方预留轨距为 30m 的轨道基础。

（二）堆场工艺

集装箱水平运输采用半挂车；集装箱重箱、冷藏箱、件杂货堆场采用轨道龙门吊装卸作业，空箱堆场工艺采用空箱堆高机；件杂货水平运输采用牵引平板车，仓库装卸工艺采用叉车作业。施工图阶段应根据生产需要，进一步优化完善装卸工艺方案。

五、水工建筑物

（一）码头水工结构

《初设》对水工结构采用两个方案进行比选，方案一为大沉箱方案，方案二为小沉箱方案……

（二）护岸

原则同意护岸工程设计方案。护岸位于码头南侧，总长 137m，采用斜坡式抛石结构，护面为块石护面。施工图阶段应结合相邻 15 号泊位规划建设情况，进一步优化护岸堤心结构设计方案。

（三）系靠船设施

同意码头系靠船设施设计方案。根据船舶靠泊作业要求,配置 SUC1450 一鼓一板标准反力型护舷和 DA – A600H×L1500 橡胶护舷;系船柱采用 1000kN 系船柱。

六、陆域形成和道路、堆场

（一）陆域形成及地基处理原则同意陆域形成采用疏浚土吹填形成陆、域……

（二）道路、堆场……

七、原则同意生产及辅助建筑物、供电、照明、控制、给排 水等设计方案。

……

八、环保、消防、安全和职业卫生

原则同意《初设》提出的环保、消防、安全和职业卫生设计方案……

下阶段应根据相关批复要求进一步落实消防、安全、职业卫生、环境保护措施及环境监测项目。

九、施工组织

原则同意《初设》提出的施工组织方案,施工工期为 24 个月……

十、设计概算

省交通运输工程造价管理站对初步设计概算进行了审查,并提出了概算审查意见(粤交造价〔2012〕246 号)……

十一、其他

你局应严格执行基本建设程序,督促项目业主按本批复要求,认真组织、落实施工图设计,把好施工图设计质量关,严格控制工程造价,督促项目业主按有关规定落实资金、开展招投标工作。同时应加强建设监管,把好质量安全关,防止拖欠工程款。工程实施中,如有工程变更,须按规定程序办理有关手续。

附件:阳江港 13 号和 14 号泊位码头工程初步设计概算审查表

广东省交通运输厅

2013 年 2 月 7 日

四、练习题

1. 简答题

（1）简述批复的定义。

（2）简述批复的几种类型。

2. 论述题

试述批复与函的区别。

3. 公文改错题

批　复

经管学院党委：

　　二〇一三年×月×日你院的请示中所提出的增补经管学院党委委员的事项我们已经收到。经校党委五名常委在×月×日的常委会上反复讨论决定，并举手表决，最终一致通过。现将决定告知你们，我们原则上同意你们上报的三名同志为你院党委委员。

　　此决定。

中共××大学委员会

二〇一三年×月×日

4. 写作题

以国务院的名义，写一篇同意将××省××市列为国家历史文化名城的批复。

第十三节

议　案

一、定义

　　议案适用于各级人民政府按照法律程序向同级人民代表大会或者人民代表大会常务委员会提请审议事项。

　　全国人民代表大会和地方各级人民代表大会是人民行使国家权力的机关，国家或地方上的重大事项须经人民代表大会及其常务委员会讨论通过后方能付诸实施。因此，国务院或地方各级人民政府对于应由同级人民代表大会及其常委会讨论决定的重大事项，应写成议案提请同级人民代表大会或其常务委员会审议。

　　需要注意的是，议案的主送机关只能是同级人民代表大会或其常务委员会，二者择一，不能有其他并列机关。下级政府不能向上一级人民代表大会或其常务委员会提出议案。要采用全称或规范化简称，不得随意简化。

二、写作要点

（一）标题的写作

议案的标题应明确地说明事由，即提请审议什么事项，一般由发文机关＋事由＋文种3项构成，例如《国务院关于提请审议〈中华人民共和国劳动法（草案）〉的议案》；议案的事由和发文机关名称可能造成文字上的重复时，也可省略发文机关，采用事由＋文种两项构成，例如《关于提请审议修改后的国务院机构改革方案的议案》。

（二）主体的写作

议案的主体部分由案据和方案两部分组成。

议案的第一部分叫做案据，顾名思义，这部分要提供提出议案的根据，包括议案的理论依据和事实依据。这部分关系到议案的合理性，因此，理论根据要清楚，事实根据要可靠。由于议案内容不同，这部分篇幅的长短根据议案的具体事项可能存在较大差异。如《国务院关于提请审议兴建长江三峡工程的议案》，案据部分超过全文的一半，对于这样一个耗时耗资十分巨大的工程，将理由阐述得充分一些，是很有必要的。但是有时案据也可以根据实际情况写得很简短，特别是一些人事任免类提案，如《延安市宝塔区人民政府关于提请审议刘春荣等同志任免职的议案》，就是一个比较常见的"目的式"写法，不过三四行、百余字而已。

议案主体的第二部分为方案部分，就是对提请审议的事项或问题提出解决的途径、方法的部分。如果是提请审议已制定的法律法规的，解决问题的方案就在法律法规之中，这部分只需写明提请审议的法律法规的名称即可，但要把法律或法规的文本作为附件。如果是任免性议案，要将被任免人的姓名和拟担任的职务写明。如果是提请审议重大决策事项的，要把决策的内容一一列出，供大会审阅。如果是建议采取行政手段解决某方面问题的，要把实施这一行政手段的方案详细列出，以便于审议。不能只指出问题，而没有解决问题的方案。

（三）结尾的写作

结语作为议案的结尾部分，主要用于提出审议请求，一般都采用较为模式化的写法，以言简意赅为主。如"本草案业经市政府同意，现提请审议"或"请审议"等话语。

（四）语言要得体

议案具有一事一文的特点，而且被审议的草案多附于文后，所以议案本身一般无须详细论述，行文的语言以简洁明了为佳。

各级人民政府是同级人民代表大会的执行机关。按照法律程序，凡是重大事项，只有经过同级人民代表大会或它的常务委员会审议批准，人民政府方能贯彻实施。因此，各级人民政府在提请审议有关事项的议案中，要使用恳请、请求的语气。

三、案例简析

 案例一：立法性议案

大悟县人民政府
关于提请审议大悟县城区燃放烟花
爆竹管理办法（草案）的议案①

（标题由发文机关＋事由＋文种组成）

悟政议〔2013〕1 号

县人大常委会：

近几年来，城区居民素质逐步提高，对生活质量的要求也越来越高。目前，我县城区燃放烟花鞭炮仍处于放任自流的状态，城区基本上每天都能听到鞭炮声，严重影响了附近单位办公和居民生活。同时，鞭炮燃放过后产生的纸屑、碎渣污染环境，增加了环卫工人的工作量和工作难度，因燃放鞭炮引发的火灾和安全事故也时有发生。据调查统计，城区居民对"限鞭"的支持率达 99.9%，对县城区燃放烟花爆竹进行管理势在必行。

根据国务院《烟花爆竹安全管理条例》《湖北省燃放烟花爆竹若干规定》等有关法律法规的规定，我们在充分调查研究的基础上，组织有关人员起草本办法（草案）。随后，通过召开会议、发函等多种形式，广泛征求了县公安、安监、建设、民政、环保、工商、供销社等有关部门和开发区、城关镇、高店乡等方面的意见，根据反馈意见对其内容进行了反复修改，最终形成了本办法草案，已经县长办公会议通过，现提请审议。

附件：大悟县城区燃放烟花爆竹管理办法（草案）（略）

大悟县人民政府
2013 年 1 月 25 日

【评析】

此议案主体部分主要是陈述案据，因方案部分较长，故将方案作为管理办法，附于议案后，这也是较为常见的做法。案据主要由两部分组成，一是从实际情况出发，分析燃放烟花给市民生活造成的困扰，二是从法律层面阐述，使后面提出的管理办法更具有合理性。

---

① http://rd.hbdawu.gov.cn/zxdt/37725.html,2013-01-11.

案例二：重大事项的决策性议案

武穴市人民政府关于提请审议
《武穴市城乡总体规划（2013—2030）》的议案①

（标题由发文机关＋事由＋文种组成）

市人大常委会：

我市现行《武穴市城市总体规划（2002—2020年）》2000年由省规划设计研究院修编，2002年省政府办公厅予以正式批准后实施。近十年来，该总体规划在确定城市布局，完善城市功能，保障城市建设有序发展，促进城乡规划统筹发展，推进我市经济和社会统筹发展方面起到了重要的指导作用。但随着社会经济的不断发展，城市化进程的不断深入，新层次的问题和矛盾不断呈现，现行的城市总体规划已不能完全满足我市经济、社会、文化与生态环境进一步发展的需要，亟待进行新一轮城市总体规划修编工作。

新的城乡总体规划编制工作于2012年正式启动，2013年年初基本编制结束。这次《武穴市城乡总体规划纲要》（以下简称《规划纲要》）编制由武汉大学城市规划学院组织专家通过踏勘现场，实地调研，多方走访各相关机关单位，收集第一手资料，历时一年多时间才完成，为武穴描绘出一幅省际中心城市的美丽蓝图。在此次全市城乡总规编制当中，始终贯穿"政府组织、专家领衔、部门合作、公众参与、科学决策"理念，特别注重"阳光规划，公众参与"。通过纸媒和网媒在武穴市城乡规划网站上进行《规划纲要》公示，并在体育广场公示《规划纲要》（送审稿），重点突出公众参与，凸显"阳光规划"主题意识，广泛征求广大市民的意见和建议，听取民意、汲取民智，充分调动公众参与规划的积极性。

《规划纲要》于2013年4月12日通过了由湖北省住房和城乡建设厅举办，城乡规划局协办，在龙潭宾馆召开的《规划纲要》专家评审会；总规成果于2013年7月8日通过了湖北省住房和城乡建设厅在武汉市主持召开的《武穴市城乡总体规划（2013—2030）》专家评审会。此次评审会由省国土资源厅、省环境保护厅、华中科技大学、中国地质大学、湖北省城市规划设计研究院、中国市政工程中南设计研究总院等单位的教授、专家组成的评审专家组，听取了规划编制单位中工武大设计研究有限公司、北京市中城深科生态科技有限公司的汇报，审阅了总规成果文件并进行了认真细致的评议，专家组对《武穴市城乡总体规划》给予了高度评价，认为武穴市委、市政府高度重视城乡规划，着力推进"中三角"及"鄂赣皖"跨区域合作和长江中游城市集群建设的战略，结合武穴市新型工业化及新型城镇化发展特点及趋势，将城镇发展与区域协调城乡统筹思想相结合，构建了武穴建设鄂赣皖省际毗邻地区工业及港口物流中心城市和全域城乡统筹发展的框架。根据《城乡规划法》有关规定，现将总规成果报请本次会议审议。

武穴市人民政府

2013年8月15日

① http://www.wxghj.net/channel/view/id/1748,2013-01-12.

【评析】

（略）

四、练习题

1. 简答题

（1）请简述议案的定义。

（2）请简述议案标题的两种常见写法。

2. 论述题

请简要论述议案和提案的区别。

3. 写作题

根据下面的材料，试着以国务院的名义，写一份议案。

《中华人民共和国和俄罗斯联邦关于中俄国界西段的协定》已由国务院副总理兼外交部长钱其琛和俄罗斯外交部长科济列夫于 1994 年 9 月 3 日在莫斯科分别代表本国签署。

《中华人民共和国和俄罗斯联邦关于中俄国界西段的协定》是中俄双方以目前有关中俄边界的条约为基础，本着平等协商、互谅互让的精神，经过谈判达成一致的。经审核，该协定的各项条款是公平合理的，符合中俄边界的实际情况。该协定的签订，有利于中俄边界的稳定并将进一步促进两国关系的正常发展。

第十四节

函

一、定义

函适用于不相隶属机关之间商洽工作、询问和答复问题、请求批准和答复审批事项，是商洽性公文的主要文种。函,顾名思义,就是人们在广义上所称的信件。它是人们传递和交流信息的一种常用的书面形式。但是,作为公文法定文种的函,就已经远远地超出了一般书信的范畴,不仅用途更为广泛,最重要的是赋予了其法定效力。

函这一文种,作为公文中唯一的平行文种,其适用的范围相当广泛。在行文方向上,不仅可以在平行机关之间行文,而且可以在不相隶属的机关之间行文,其中包括上级机关或者下级机关行文。在适用的内容方面,它除了主要用于不相隶属机关相互商洽工作、询问和答复问题外,也可以向有关主管部门请求批准事项,向上级机关询问具体事项,还可以用于上级机关答复下级机关的询问或请求批准事项,以及上级机关催办下级机关有关事宜,如要求下级机关函报报表、材料、统计数字等。

函的种类很多,从不同的角度来说,大致有以下几类。

(1)按性质分,可以分为公函和便函两种。公函用于机关单位正式的公务活动往来;便函则用于日常事务性工作的处理。便函不属于正式公文,没有公文格式要求,甚至可以不要标题,不用发文字号,只需要在尾部署上机关单位名称、成文时间并加盖公章即可。

(2)按发文目的分,函可以分为发函和复函两种。发函即主动提出了公事事项所发出的函。复函则是为回复对方所发出的函。

(3)另外,从内容和用途上,还可以分为商洽事宜函、通知事宜函、催办事宜函、邀请函、请示答复事宜函、转办函、催办函、报送材料函等。

二、写作要点

(一)标题的写作

函的标题一般有两种形式。一种是由发文机关名称 + 事由 + 文种构成,如《国务院办公厅关于同意调整国家人口和计划生育委员会兼职委员的函》。另一种是由事由和文种构成,如《关于鄂穗两地携手联合打捞"中山舰"的函》。对于复函的情况,标题还可以写为答复事项 + 文种(复函),如《关于××的复函》。

(二)主体的写作

函的主体一般由两部分组成,第一部分主要说明发函的缘由,一般要求概括交代发函的目的、根据、原因等内容,然后用"现将有关问题说明如下"或"现将有关事项函复如下"等过渡语转入下文。复函的缘由部分一般首先引叙来文的标题、发文字号,然后再交代根据,以说明发文的缘由。

第二部分是函的核心内容部分,主要说明致函事项。函的事项部分内容单一,一般要求一文一事,一函一事,行文要直陈其事。无论是商洽工作,询问和答复问题,还是向有关主管部门请求批准事项等,都要用简洁得体的语言把需要告诉对方的问题、意见叙写清楚。如果属于复函,还要注意答复事项的针对性和明确性。

(三)结尾的写作

首先一般要用礼貌性语言向对方提出希望,或请对方协助解决某一问题,或请对方及时复函,或请对方提出意见或请主管部门批准等。另外,通常还应根据函询、函告、函商或函复的事项,选择运用不同的结束语,如"特此函询(商)""请即复函""特此函告""特此函复"等。如果是申请或商洽事项的函,通常结尾要写"可否,请审批""同意否,望请函复"等,有的函也可以不用结束语,如属便函,可以像普通信件一样,使用"此致""敬礼"。

(四)语言要得体

函的语言以简明扼要,大方得体为要。函的篇幅一般不宜过长,以短小精悍为佳。

三、案例简析

案例一:公函、复函

国务院办公厅关于同意调整国家人口和
计划生育委员会兼职委员的函①

(标题由发文单位+事由+文种构成)

国办函〔2012〕17号

人口计生委:

你委《关于调整国家人口计生委兼职委员的请示》(人口厅〔2011〕100号)收悉。经国务院领导同志同意,现函复如下。(因为是复函,所以在缘由部分,首先引叙来文的标题、发文字号,然后用"现函复如下"以过渡语转入下文)

一、国务院同意根据工作需要和人员变动情况,对国家人口和计划生育委员会兼职委员进行调整。(明确表明复函的态度,并在下文列出具体措施)调整后的兼职委员为:外交部吴海龙、发展改革委朱之鑫、教育部郝平、科技部王伟中、工业和信息化部杨学山、公安部黄明、民政部窦玉沛、财政部张少春、人力资源和社会保障部胡晓义、国土资源部王世元、环境保护部周建、住房和城乡建设部唐凯、农业部陈晓华、商务部俞建华、卫生部刘谦、工商总局钟攸平、广电总局王莉莉、统计局张为民、食品药品监管局边振甲、扶贫办王国良、全国妇联范继英。

二、国家人口和计划生育委员会兼职委员会议在国务院领导下,负责研究提出人口计生工作的重大政策措施,为国务院决策提供意见建议;督促检查相关人口计生政策落实情况和任务完成情况,协调解决政策落实中的难点问题。兼职委员会议原则上每年召开一次,由国务院分管人口计生工作的领导同志召集,也可委托人口计生委主要负责人或联系人口计生工作的国务院副秘书长召集。会议议题由人口计生委提出,报召集人确定。会议议定事项以会议纪要形式明确,由召集人签发。

三、人口计生委办公厅承担联系兼职委员单位的具体工作,各兼职委员单位指

① http://www.gov.cn/zwgk/2012-01-29/content_2053433.htm,2013-01-10.

定一名司局级干部担任联络员。

四、各兼职委员单位要切实履行兼职委员职责,按照分工密切配合人口计生委共同做好人口和计划生育工作。

国务院办公厅
二〇一二年一月二十日

【评析】

见文中括注。

案例二:发函

<h3 align="center">四川省电力工业局关于在宝珠寺水
电站库区进行开发有关意见的函①</h3>

(标题由发文机关＋事由＋文种构成)

广元市人民政府:

宝珠寺水电站于××××年10月开始蓄水,1996年年底首台机组投产发电,水库已基本形成。据了解,库区有关部门正积极筹划在宝珠寺水电站库区发展旅游业和养殖业。为保障水库和大坝的安全运行,现将我局有关意见函告如下:(首段简要叙述发函的相关背景资料,转入下文叙述具体措施)

一、宝珠寺水电站是由国家开发银行贷款,四川省电力工业局负责还贷建设的重点水电工程。

四川省电力工业局既是宝珠寺水电站工程的业主,又是工程主管部门。按照国家有关基本建设"谁投资,谁受益"的原则,四川省电力工业局拥有宝珠寺水电站工程(包括水库)的管理权和开发权,宝珠寺水电厂直接受四川省电力工业局领导,是宝珠寺水电站工程管理和开发的直接主体。尽管如此,为支持库区移民发展生产,根据《四川省大型水电工程建设征地补偿和移民安置办法》第三十条"大型电站形成后的水面和消落区,在服从工程管理机构的统一指挥、管理、调度和保证工程安全的前提下,由当地县级以上人民政府统筹组织移民优先开发利用"和水利电力部颁发的《水利水电工程管理条例》第二十三条"开展综合经营事业,应由工程管理单位统一规划。可由工程管理单位自营,也可以与有关单位签订经济合同,进行协作或联合经营,应注意有关社队利益,搞好团结和生产"的精神,我局原则同意当地县级以上人民政府统筹组织库区移民对宝珠寺水电站库区进行适当开发,但任何开发活动必须服从宝珠寺水电厂的统一规划,并与宝珠寺水电厂签订有关经济、安全、责任方面的协议。

二、根据国务院颁发的《水库大坝安全管理条例》第十条"兴建大坝时,建设单

---

① http://www.iliyu.com/source/53531/1/,2013-03-01.

位应当按照批准的设计,提请县级以上人民政府依照国家规定划定管理和保护范围"的规定,宝珠寺水电站应划定管理和保护范围。但宝珠寺水电站首台机组刚投产,大坝未全部建成,大坝管理和保护范围尚未划定,依照批准设计和国家有关规定,大坝上游3~5公里,以及整个库区征地线以下,属大坝管理和保护范围。

根据《水库大坝安全管理条例》第十七条"在大坝管理和保护范围内修建码头、鱼塘的,须经大坝主管部门批准"和《水利水电工程管理条例》第十一条"确有必要在水利水电工程保护范围内进行建设等活动,应征得水利电力主管机关的同意"的规定,任何单位在宝珠寺水电站大坝管理和保护范围内进行开发活动,必须经四川省电力局批准后方可实施,未经我局批准擅自在大坝保护和管理范围内搞开发,都是违反国务院规定的。

三、凡是在水库以内的任何开发和经营活动,必须服从宝珠寺水电厂对水库的统一运用调度,不得影响水库的安全运行。库区的利用应在服从电厂的统一规划的前提下统筹规划,有计划、有组织地进行。

以上意见,特此函告。感谢贵府及其他各级地方政府对电力部门的工作给予大力支持和帮助。

××年×月×日

【评析】

(略)

关于协助解决聘任制公务员
×××等同志入编问题的函

××函字〔2013〕53号

×××区委组织部:

我街道×××、×××两名同志通过2012年广东省公推遴选乡镇公务员考试,于2012年8月被录用聘任制公务员。根据《关于做好2012年选拔乡镇公务员工作的通知》(粤组通〔2012〕16号)文件精神,聘任制公务员选拔录用后,按聘任制管理。聘期内的年度考核、晋升职级、奖惩、待遇等参照委任制公务员相关规定办理。

在区人社局和编办的大力支持下,×××和×××两名同志办理了工资和公费医疗,并于2013年8月转正定级,但到现在为止,入编问题尚未解决。而××街同期招录的聘任制公务员已正常办理了工资、入编和公费医疗。为了配合省委组织部做好2012年选拔乡镇公务员的后续工作,避免产生遗留问题,恳请贵部尽快协助解决×××、×××两名同志的入编问题。

专此函报,请函复。

×××街道党工委
2013年11月15日

(联系人:×××　电话:××××××××)

【评析】

（略）

四、练习题

1. 简答题

（1）简述函的定义。

（2）简述函的几种类型。

（3）下级对上级询问问题,当上级对此进行答复时,应当使用何种文种?"通知""批复"还是"函"?

（4）上级向下级询问问题,当下级对此进行答复时,应当使用何种文种?"报告"还是"函"?

2. 论述题

简要论述函和通知的区别。

3. 写作题

南风机械厂商调函

调字〔2013〕3 号

金鹏机械厂:

我厂技术员李××同志,男,现年38 岁,1975 年毕业于××技工学校,目前是我厂技术骨干。该同志工作一贯认真负责,有较高的专业技术水平。其家住在你厂附近,家中有老母及卧床不起的妻子需要照顾。该同志最近提出书面申请,请求调往你厂工作,以照顾家庭。经研究,我厂同意他的要求,特致函与你们联系。

南风机械厂（印章）

××年×月×日

要求：

（1）函作为一种正式公文，行文时要求必须郑重，具体有哪些要求？

（2）你觉得此文有什么不妥当的地方，说出原因并予以改正。

（3）金鹏机械厂收到此函之后，经厂办公会议研究决定原则上同意接收李××，但需李××提供有关材料以便考核之后作出决定，请你代拟一份复函，字数不超过200字。

第十五节 纪 要

一、定义

纪要适用于记载会议主要情况和议定事项。会议纪要不同于会议记录。会议纪要对企事业单位、机关团体都适用。

二、写作要点

（一）标题的写作

纪要的标题写作一般有3种格式：一是会议名＋文种，也就是在"纪要"两个字前写上会议名称。如，宁波市高速公路应急通道建设工作协调会议纪要；又如，全市公路工程混凝土质量通病治理示范工程专题协调会议纪要。会议名称可以写简称，也可以用开会地点作为会议名称。如，京、津、沪、穗、汉五大城市治安座谈会纪要，又如，沪甬两地国际集装箱堆场（仓储）行业协会第三次联席会议纪要。第二种是类似文件标题式的，将会议的主要内容在标题里概括出来。如，关于杭甬高速复线宁波段一期工程附海互通布设及与500kV北仑电厂—观城输电线路交叉方案征求意见会议纪要；又如，关于落实高速公路项目竣工验收有关工作的协调会议纪要。第三种是采用正副标题的形式。会议的主要内容或精神为正标题，会议的名称和文种为副标题。

（二）主体的写作

会议的主体结构安排一般有 3 种方式。第一是分条分项式,将会议讨论的问题和议定的事项分条列项,按照内容主次表达出来。通常在每项前要使用"一、二、三、…"明显地表示出来,使内容一目了然,层次分明。第二是综合式,就是对会议的主要内容或议定事项进行综合概括,然后分成若干类别分别说明。综合式的写法强调分清主次、突出主要内容。一般要把主要的、最重要的内容放在前面,而且应该尽量写得详细、具体,次要的和一般性内容放在后面,可以适当写得简略些。三是摘要式,就是把与会者的具有代表性、典型性的发言要点摘录出来,按发言顺序或内容分类写出,并且在写作中应该注意尽量保留发言人谈话的风格,避免千篇一律和一般化。

（三）结尾的写作

在结尾可以提出贯彻会议精神希望、相关要求或者注意事项,也可以补充交代其他相关内容。

（四）语言要得体

会议纪要应该按照具体的不同用途,恰当地使用不同的用语。上报的会议纪要,应当使用对上的语气,如"会议考虑""会议讨论了以下几个问题"等;下发给下级的会议纪要,则可以使用"会议决定""会议强调""会议要求""会议号召"等。

会议纪要的用语还要注意条理化、理论化。这也是会议纪要和会议记录区别较大之处。会议记录一般要把每个人的发言尽量客观、详细地记录下来,而会议纪要则需要有一个对会议讨论意见的综合分析、整理加工的过程,将会议讨论的意见,层次清晰地予以分类归纳,并尽力给予理论上的概括。

三、案例简析

案例一:工作会议纪要

2013 年第 5 次局务会议纪要[①]

汉中市食品药品监督管理局办公室

2013 年 6 月 14 日

6 月 8 日,市食品药品监督管理局局长高大鹏主持召开了打击危害餐饮服务环节食品安全违法犯罪专项行动推进会。局领导班子和局打击危害食品安全违法犯罪专项行动领导小组全体成员,局机关各科室、稽查支队各科室和食安办负责同志

---

① http://www.sxfda.gov.cn/directory/web/WS06/CL0279/15313.html,2013-02-03.

参加了会议。现纪要如下:

一、传达了 6 月 4 日市政府打击危害食品安全违法犯罪专项行动推进会议的精神

高大鹏局长就全局系统认真贯彻落实市政府专项行动推进会议强调:(一)市政府召开的推进会是对专项行动的再动员、再部署、再要求,市长胡润泽作了重要讲话,站位高、针对性强、措施实。市委常委、政法委书记张雁毅和副市长王春丽对专项行动进行具体要求与部署,进一步拓宽了思路。(二)此次专项行动是"两高司法解释"出台后、在全国范围内部署的一次全国统一行动,各级党委、政府高度重视,人民群众期望很高,要始终围绕"打出声威、打出实效"的目标,深挖案源线索,采取超常规措施,侦办一批大要案件,同时不放过一起涉及危害群众身体健康的食品安全案件。(三)在市政府召开的推进会上,还原则通过了《汉中市食品安全举报奖励办法(试行)》,设立 100 万元食品安全举报奖励资金……

二、听取了全市餐饮服务环节专项行动开展情况汇报

会议认为:专项行动开展不足一月,已经取得一定的成效。有了良好的开端,只要持之以恒抓下去,专项行动一定能取得更好的成效。但是也存在部门协调联动不够,办法措施乏力,县区工作开展不平衡,进度不一的问题。

三、会议要求

全局系统干部职工要认真贯彻落实市政府推进会议精神,深刻领会胡润泽市长的讲话精神,进一步深化认识,统一思想,认真开展专项行动,着重进行隐患排查,摸排线索,克服当前技术支撑能力较弱的困难,采取多种手段,深挖彻查一批有影响力的违法犯罪案件,给群众交上一份满意的答卷。

1. 始终围绕已经锁定的案源线索和重点,继续深入排查、深挖和扩大案源线索,不搞遍地开花、浅尝辄止。

2. 始终围绕基本品种和可以追根溯源到生产流通环节的案源线索,落实责任,深挖细究;加大抽验力度,加强与质监、工商、公安等部门的配合,联合打击整治。

3. 要讲究工作方式方法,要突破日常监管的常规手段,暗访与明察结合,突击与有重点的检查结合,靶向清楚,蹲点守候等办法开展工作。

4. 要广泛发动群众,要集中围绕《汉中市食品安全举报奖励办法》以及典型案例进行宣传,在媒体上开辟宣传阵地,大力宣传食品、药品、保健食品、化妆品的监管知识,形成社会共治局面。

5. 要通过专项行动,解决长效监管机制问题,为建立最严厉的监管制度提供依据。

四、会议决定

1. 结合打击食品安全违法犯罪专项行动,食安办牵头组织开展防范毒蘑菇中毒等夏季食物中毒宣传活动(责任领导:冉红斌);

2. 由食安办牵头负责对全市豆芽、豆腐生产加工行业潜规则问题的现况调查及提出规范产业生产建议的工作(责任领导:冉红斌);

3. 由局食品科牵头负责对全市餐饮单位基本品种购进索证索票和来源进行突

查以及餐厨废弃物（泔水）现况调查及提出打击处理捞取地沟油、规范餐厨废弃物（泔水）管理办法建议的工作（责任领导：高清怀）；

4. 由稽查支队牵头负责对餐饮行业潜规则、保健食品、化妆品违法犯罪行为案源排查和打击处理（责任领导：高清怀、何祥华）；

5. 由稽查支队牵头负责对药品、医疗器械违法犯罪行为案源排查和打击处理（责任领导：李汉民、何祥华）；

6. 各县区的专项行动依据市局方案由县区局的局长负总责，由食安办和局新闻中心共同负责打击危害食品安全违法犯罪专项行动宣传工作（责任领导：李晓林）。

送：市局领导、市局各科室（办）、稽查支队，各县区局。
共印 22 份

【评析】

会议纪要围绕着当前食品安全问题这一中心议题展开，采用分条分项式组织纪要主体，层次鲜明，逻辑清晰，让人一目了然。

案例二：办公会议纪要

常务会议纪要〔2013〕2 号①

〔2013〕2 号

2013 年 4 月 1 日下午，市委副书记、姚林荣市长在市政府 506 会议室主持召开市政府第 11 次常务会议。市委常委、常务副市长徐仲高，副市长黄尧、石锡贤、赵建明、华红、赵金龙、朱巧明，市政府党组成员、市政府办公室主任应梓出席会议。各有关部门、各镇（区）负责人列席会议。会议听取了关于 2012 年度市政府规范性文件清理情况汇报和 2013 市政府规范性文件制订工作计划，审议了《张家港市 2013 年价格调控目标责任制实施意见》《张家港市新市民积分管理办法》《张家港市首批"港城英才计划"引进人才资助建议方案》《2013 年度第一批市领军型创业人才（团队）项目资助建议方案》《张家港市实施专利跨越三年行动计划（2013—2015）》。

会议议定以下意见：

一、关于 2012 年度市政府规范性文件清理情况和 2013 市政府规范性文件制订工作计划

（一）会议原则同意市政府法制办关于 2012 年度市政府规范性文件清理情况汇报和 2013 市政府规范性文件制订工作计划……

---

① http://www.zjg.gov.cn/home/zwgkinfo/showinfo.aspx? infoid = 90e8364e-939f-46f2-b82ba0f0434-f6d94,2013-02-04.

（二）要统一思想……

（三）要精心组织实施……

（四）要加大督查力度。法制办要加强监督检查，确保相关要求落实到位。

二、关于张家港市2013年价格调控目标责任制实施意见

（一）会议原则同意市物价局制定的《张家港市2013年价格调控目标责任制实施意见》，会后根据会议讨论的意见修改完善后，以市政府名义批转。

（二）要认真组织实施……

（三）要落实目标责任……

（四）要加强监测预警……

三、关于张家港市新市民积分管理办法

（一）会议原则同意市新市民事务中心制定的《张家港市新市民积分管理办法》，会后根据会议讨论的意见修改完善后，以市政府名义印发。

（二）新市民积分管理办法一方面解决新市民入学、入医、入户等社会管理中的公平问题，另一方面也是一种导向，将社会管理中需要新市民去做的内容纳入积分管理办法，并逐步稳健地丰富完善，引导更多的新市民参与积分管理，更好地融入我市。

（三）要高度重视广泛宣传……

（四）要认真沟通协调。相关部门要在市新市民事务中心的统一协调下，搞好一些试点，开展好相应工作。

（五）要加强对业务人员的培训。要针对工作中存在的问题和不足，对工作人员强化培训，加强业务把关。

四、关于张家港市首批"港城英才计划"引进人才资助建议方案

（一）会议原则通过市人才办提交的张家港市首批"港城英才计划"引进人才资助方案。会后，市人才办要会同相关单位加快推进。

（二）要形成"人才最重要"的共识……

（三）要做到引进和培育相结合。要大力引进各方面的人才，在人才引进方面要全力以赴，越多越好。

（四）要做到人尽其才……

五、关于2013年度第一批市领军型创业人才（团队）项目资助建议方案

（一）会议原则通过市人才办提交的2013年度第一批市领军型创业人才（团队）项目资助方案，市人才办要会同相关板块加强项目的扶持与培育。

（二）要加大创业人才（团队）的引进力度，不仅要在量上有保证，更要尽可能把项目做大做强，实现量质并举。

（三）要加强绩效考评。对引进的创业人才（团队）的财政注入资金要"回头看"，及时总结，不断改进完善，加强把关，保证大部分团队的优质发展。

（四）要增强竞争意识。要及时掌握好周边人才政策措施情况，主动应变、积极调整，确保在人才引进上一年高于一年。各板块也要加大创业人才（团队）引进工作，强化对比竞争，不断改进，推动这项工作。

（五）要改进扶持方式。除直接拨付资助外，可以研究探索股权性进入的方式，既可以共担风险，也可以分享利润。

六、关于张家港市实施专利跨越三年行动计划(2013—2015)

（一）会议原则同意市科技局制定的《张家港市实施专利跨越三年行动计划(2013—2015)》，会后根据会议讨论的意见修改完善后，以市政府名义印发。

（二）要注重政策的面上推动作用，发挥专项资金的激励效应，产生"奖一励百"的杠杆力。

（三）要高度重视专利工作……

张家港市人民政府办公室 整理

2013 年 4 月 3 日

报送：市委常委，副市长、市政府党组成员；

抄送：各参会单位。

张家港市人民政府办公室

2013 年 4 月 7 日印发 共印 20 份

【评析】

采取分条分项式的方式组织纪要，逻辑清晰。小标题善用排比和短句，句式整齐，语言有力。

 案例三：办公会议纪要

林西县人民政府 2012 年第五次
政府常务会议纪要[①]

林政纪字〔2012〕号

林西县人民政府办公室

2012 年 × 月 × 日

2012 年 × 月 × 日，政府县长张恒主持召开了 2012 年第 5 次政府常务会议，现将会议内容纪要如下：

一、关于 726 发射台搬迁重建的有关事宜

会议听取了县 726 发射台关于发射台搬迁重建问题的汇报。会议同意发射台搬迁。会议认为，726 发射台现址毗邻人员密集的光荣院、实验中学，存在较大的安全隐患，搬迁新建势在必行。会议决定，要尽快选址，抓紧开展前期工作，完善报批手续，多

---

① http://wenku.baidu.com/link? url = BJgOycEcxgfEuwVrpFpCTxdzqAexYMvfInJGlpEHYPeLPe4jLEE-8SBryECfFplBpMkBqzh8TQ9EsG0YDULSP8PZYEnBZ2_7M1cTGNQ63SG,2013-02-05.

方筹措资金启动建设。在确保尽快完工的同时,要保证"十八大"的转播工作正常进行。会议强调,在搬迁重建项目实施前,726发射台必须负起责任,切实保证周边地区居民安全,需要添置必要的安全设备,要认真解决,县财政将给予一定支持。

二、关于2012年全县防汛工作的准备情况

会议听取了县水利局关于2012年全县防汛工作情况的汇报。会议指出,我县汛期可能提前到来,各街道、有关单位要早部署、早安排,积极做好各项汛前准备工作,确保安全度汛。会议要求……

三、关于出租车票价调整事宜

会议听取了县交通局关于出租车票价调整的情况说明,会议原则同意我县出租车票价由原来的3公里3元调整为1.5公里3元,超过1.5公里后,每增加1公里加收1.5元。票价调整方案由县交通局尽快上报市里审批。会议强调,出租车问题社会敏感度高,必须高度重视,妥善解决。会议决定,各有关单位要树立责任意识、提高自身管理能力,加大工作力度,加强对出租车行业的管理,确保管得好、管得住,让各方满意。针对我县出租车价格城乡不一致的问题,要尽快出台出租车城乡一体的解决方案。

四、关于廉租房剩余房源的分配

会议听取了县房管局关于2010年度廉租住房剩余房源的分配方案,会议同意该方案。会议决定,廉租房分配始终要坚持"以售为主"的原则。同时要抓紧制定公租房的分配方案,并对分配后仍有剩余的廉租房,争取上级支持,按政策将廉租房转为公租房,以减少建设压力和资金压力,确保按时完成任务。

五、关于儿童公园区域建设变更及调整的有关事宜

会议听取了县住建局关于儿童公园区域建设变更及调整方案。会议原则同意该方案。会议认为,一是把羽毛球馆的建设由儿童公园调整到城南新区,可以使羽毛球馆的布局与城南新区的功能配套,有利于拉动城南新区的发展。二是县直幼儿园已鉴定为危房,迁址新建势在必行。三是把县直幼儿园规划在儿童公园内建设,有利于儿童公园一体化管理和资源的整合利用。会议要求,儿童公园要抓紧建设;儿童活动中心要及早开工;县直幼儿园的建设要明确主体责任单位,由高子林副县长统筹发改局、程凤梧副县长协调教育局,抓紧时间开展项目前期工作,尽快开工建设。

六、关于生活垃圾无害化处理场启动的有关事宜

会议听取了县城管局关于生活垃圾无害化处理场启动情况的汇报。会议指出,垃圾处理场的启动和投入使用,是城市建设和环境美化的必然要求,是全国生态文明示范县的重要内容,要抓紧时间启动使用。会议要求……

七、关于海川商业园二期工程建设的有关事宜

会议听取了县商务局关于海川商业园二期建设项目有关问题的汇报。会议指出,海川商业园作为城市综合体建成使用后,有助于提升城市发展层次,促进第三产业提档升级,对于打造赤峰北方最大的综合商贸服务中心具有积极的促进作用。会议强调,作为城市核心区的改造项目,各有关部门应为项目提供政策支持和服务,加快项目建设进程,尽快建成使用。会议决定……

八、关于退役士兵的安置问题

会议听取了县民政局关于退役士兵安置办法的汇报。会议指出,对退伍士兵的安置工作要高度重视,按照政策认真落实。会议决定……

九、关于军产置换地块的平整

会议听取了县城投公司关于军产置换地块平整土石方概算情况的汇报。会议决定,对于预置换地块的土地平整工作,目前已经完成评估,下一步要按照项目招投标程序进行施工,在保证程序合法的基础上,加快工程进度,尽快完成土地平整,为军产置换准备条件。

十、关于1~5月份全县重点工作和重点项目进展情况

会议听取了各分管县长1~5月份全县重点工作和重点项目进展的工作汇报。会议认为,今年1~5月份,全县重点项目进展情况良好,经济社会发展呈现平稳发展的态势。会议要求,各相关单位要对汇报材料进行认真梳理研究,把各自分管领域目前的工作进度和年初确定的任务目标进行比对分析,找出存在的问题,研究相应的解决办法,切实推动重点工作和重点项目的实施。

出席:……

列席:……

> 林西县人民政府办公室
> 2012 年 6 月 11 日

主题词:文秘工作　常务会议　纪要
林西县人民政府办公室

2012 年 6 月 11 日印发 共印 55 份

【评析】

该会议的内容很多,涵盖多项内容,但采取分条分项的方式,将会议的主要内容概括出来,既逻辑清楚又条理分明。

(标题由会议名称＋文种组成)

案例四:工作会议纪要

<h2 style="text-align:center">仙游县人民政府关于 2013 年第一季度
防范重特大安全事故的会议纪要①</h2>

2013 年 2 月 1 日,县政府组织召开全县安全生产工作会议暨 2013 年第一季度

① http://www.xianyou.gov.cn/weijin/govinfo/work/webinfo/2013/1362984952609410.htm,2013-01-10.

防范重特大安全事故会议,县安全生产委员会主任县长郑亚木同志出席会议并作重要讲话,会议由县委常委、常务副县长王世文主持,会议传达了全国、全省安全生产工作电视电话会议和全国、全省、全市安全生产工作会议精神;县安办主任、安监局局长陆进责同志通报了2012年度我县安全生产考评情况;县安委会常务副主任、副县长陈育同志回顾了2012年全县安全生产工作情况,部署安排2013年安全生产工作。现纪要如下:

一、会议认为

2012年,我县安全生产各类指标持续全面下降,全县安全生产形势总体稳定……

二、会议事项

2013年,我县安全生产工作要重点抓好以下八项工作

一要继续落实安全监管责任……

二要继续推进"打非治违"专项行动……

三要继续开展重点行业(领域)专项整治……

四要继续加大安全生产保障能力……

五要继续加强应急管理工作……

六要继续落实企业主体责任……

七要继续强化安全宣传教育……

八要做好春节和"两会"期间安全生产工作……

三、会议强调

过去的一年,我县的安全生产形势能够持续好转,是县委、县政府坚强领导、高度重视的结果,也是全县上下团结拼搏、共同努力的结果。要继续抓好当前以及2013年的安全生产工作,本着对全县人民生命、财产高度负责的态度,确保我县安全生产持续稳定好转。

主题词:劳动　安全生产　会议纪要

抄送:市安委办,市安监局,区委常委,区人大主任,区政协主席,区政府副区长,副巡视员,区长助理,安委会各成员单位。

厦门市湖里区人民政府办公室

××年×月×日印发

【评析】

该篇会议纪要采取综合的方式,首先将会议的主要内容进行综合概括,然后分成若干类别分别说明。在这若干类别中又按照逻辑组织的顺序,分为对上一阶段工作的总结、对下一阶段工作的要求以及下阶段工作的要点,清晰明了。

四、练习题

1. 简答题

（1）简述纪要的定义。

（2）简述纪要标题写作的几种常见方式。

（3）简述纪要主体写作的几种常见方式。

2. 论述题

请简要论述会议纪要和会议记录的区别。

第四章

事务文写作

　　事务文书虽然未能纳入"法定公文"版图,但是其"准公文"特征是不言而喻的。本章重点分析的"计划、总结、简报、调查报告、讲话稿、公示"六种事务文便与公文息息样关。本章遵循"概念厘定、类别解析、案例呈现、文本细读、小节绾结"等基本思路对六种事务文进行具体分析,旨在让读者明白"事务文书是什么、事务文书如何写、事务文书的优质文本是何面目、事务文书的易错易漏点在哪里"。

第一节

计 划

一、定义

计划是部门、单位或个人根据党和国家的方针、政策以及上级的指示,结合本部门、本单位或个人的具体情况,对将要进行的某一阶段工作或具体任务拟定的关于目标、要求、措施等内容的事务文书。古人云"凡事预则立,不预则废",所谓"预"就是事先的预想,计划和安排,计划具有预见性、针对性、可行性、约束性等特点。

二、文种认知

(一)计划的作用

(1)计划是建立正常工作秩序,提高工作效率的重要前提。有了计划,人们无论从事何种工作,都可以通过明确的目标和具体的工作步骤把大家的意志和行动统一起来,充分发挥每个职能部门和人员的创造力,将工作有条不紊地开展起来,有效地提高工作效率。

(2)计划是指挥和检查工作的重要依据。单位和部门领导可以依据计划的目的、要求,采取有力的措施,协调人力、物力、财力,使工作进行得有条不紊。上级领导机关也可根据计划对下级单位、部门的工作进行检查与监督。

(二)计划的分类

计划的种类很多,按照不同的标准,可以有不同的分类结果。

(1)按计划的性质划分,有综合性计划和专题性计划。

(2)按计划的范围划分,有国际合作计划、国家计划、地区计划、系统计划、单位计划、个人计划等。

(3)按计划的时间跨度分,有年度计划、季度计划、月计划、周计划。

(4)按计划的内容划分,有生产计划、工作计划、学习计划、科研计划、教学计划等。

(5)按计划的形式划分,有条文式计划、图表式计划、条文加图表式计划等。

(三)计划的特点

(1)预见性。制订计划既要符合客观实际,更要对未来做科学的预见。这就要求计划制订者在行文前,必须对各种可能出现的情况有清醒的认识,正确的估量。对将要做哪些工作,达到什么目的,如何去实施等有一个正确的设想。

（2）目的性。制订任何一份计划,必须有明确的目的性,即在一定时间内完成什么任务,获得什么效益。如果计划中目的性不明确,没有针对性,计划也就失去了现实意义。

（3）指导性。计划一旦确定,就对制订者与和实施者具有严格的约束力,对具体工作起着指导与约束作用。这就要求人们在工作中要依照计划,合理安排工作,避免被动,减少工作的盲目性。

（四）计划的基本格式

计划通常由标题、正文、落款3部分构成。

1. 标题

计划的标题由单位名称、适用时限、事由、计划种类4个部分组成,如《××局2014年度工作计划》。计划的标题视具体情况而定,有时可以省略单位名称和适用期限,有时二者均可省略。

2. 正文

正文主要包括前言、主体和结尾。

（1）前言。这部分主要涉及制订计划的背景和依据,如当前的基本形势、有关政策和指导思想,前段工作的基本情况,当前面临的总目标、总任务等。文字要简明扼要,力戒套话、空话、大话。不同计划对上述内容有不同的取舍和侧重。短期计划一般只说明目的、意义。

（2）主体。这是写作的主要部分,计划的三要素——"做什么""怎么做""何时完成"都要表述明白,具体包括以下内容。

① 目标和任务:即"做什么",这是计划要达到的总要求,往往以前言所提到的目的、现状等为依据,确定总的目标任务,明确将来一定时段要完成的实践活动。目标应尽量具体、切实、可行,切忌笼统含糊,空洞无物。

② 措施方法:为实现计划将要采取的方法,即"怎么做"。要明确、具体地写明动员哪些力量,创造些什么条件,通过什么途径,采用哪些方法,有关的措施应该具体、可行。

③ 步骤程序:即"何时完成"。这在写作过程中包含各个时间阶段任务指标的划定,人力物力安排,谁是执行者,谁是监督者等方面的内容,即行动中的统筹程序,这样才能保证操作有序,执行无误。

不同的计划对这三要素有不同的侧重和取舍,如工作要点就可集中于工作任务而不具体写实施步骤。

（3）结尾。这部分可以展望前景;可以表明制订者对实现计划的基本态度和信心;可以发出号召和希望;还可以简要强调人物的重点和工作的主要环节,或者说明注意事项。有的计划甚至可以不写结尾。

3. 落款

计划的落款应写明制订计划的单位和制定日期。在标题中已标明单位的可以省略单位名称。

三、案例简析

关于提高我省底线民生保障水平实施方案①

底线民生保障工作事关困难群众最基本的生活权益,关乎公平正义和社会稳定。省委、省政府一直高度重视底线民生保障工作,不断完善工作制度,加大资金投入,各项保障水平逐年提高。为进一步提高底线民生保障水平,现结合我省实际,制订本实施计划。

一、指导思想

按照习近平总书记在经济工作会议上关于"加强改善民生工作,完善社会保障制度建设,保障低收入群众基本生活"的重要讲话精神和我省实现"三个定位、两个率先"的总体目标,结合2018年我省率先全面建成小康社会的要求,坚持突出重点、守住底线,进一步加大投入,强化责任,全力提升我省底线民生保障水平,加快建立与我省经济社会发展水平相适应、覆盖城乡的底线民生保障体系。

二、目标任务

(一)总体目标。

力争到2015年,粤东西北地区底线民生保障水平达到全国平均水平,珠三角地区达到全国前列。到2017年,建立起与我省经济社会发展水平相适应、覆盖城乡的底线民生保障体系,力争全省底线民生保障水平达到全国前列。

(二)具体目标。

1. 落实城乡低保标准。根据省委办公厅《关于近期重点推进保障和改善民生具体工作的通知》(粤委办〔2011〕66号)的要求,2014年全省城乡低保补差水平达到全国前十名,2015—2017年保持在全国前十名。城镇"三无人员"纳入城镇低保范围。

2. 落实农村五保供养标准。根据《广东省农村五保供养工作规定》(粤府令143号)和省委办公厅《关于近期重点推进保障和改善民生具体工作的通知》(粤委办〔2011〕66号)的要求,2014年起逐年提高农村五保人均供养水平,2017年达到全国前十名。

3. 提高城乡医疗救助标准。对照总体目标,从2014年起,以每年缩小四分之一差距的速度,提高全省城乡医疗救助水平,2017年达到全国前十名。

三、资金保障

(一)加大省级财政支持力度。2014年起,省级财政继续加大对欠发达地区的支持力度。根据人均财力水平和补助对象人数,将粤东西北等欠发达县(市、区)划分为三类补助地区,省级财政分别按50%、60%、70%的比例给予补助;基础养老金

① http://zwgk.gd.gov.cn/006939748/201311/t20131114_452589.html,2013-01-15.

补助仍按省级财政 50%、市县财政各 25% 的原则分担。珠三角地区自行解决。

（二）加大市县（区）资金投入力度。各市、县（区）要统筹好包括省级财政转移支付在内的各项资金,优先保障底线民生所需支出,切实按照底线民生保障项目、保障对象、保障水平,落实本级财政分担比例,确保底线民生保障所需资金足额纳入每年的预算安排计划。

四、资金保障

（一）加大省级财政支持力度。2014 年起,省级财政继续加大对欠发达地区的支持力度。根据人均财力水平和补助对象人数,将粤东西北等欠发达县（市、区）划分为三类补助地区,省级财政分别按 50%、60%、70% 的比例给予补助;基础养老金补助仍按省级财政 50%、市县财政各 25% 的原则分担。珠三角地区自行解决。补助办法（包括补助比例和分类地区）适用期限为 2014—2017 年。省级财政补助资金来源由省财政厅按有关规定和程序另行报批,并列入年度省级财政预算计划。

（二）加大市县（区）资金投入力度。各市、县（区）要统筹好包括省级财政转移支付在内的各项资金,优先保障底线民生所需支出,切实按照底线民生保障项目、保障对象、保障水平,落实本级财政分担比例,确保底线民生保障所需资金足额纳入每年的预算安排计划。

五、工作要求

（一）切实转变观念,树立正确的政绩观。各地要充分认识到保障与改善民生是政府一切工作的根本出发点和落脚点,底线民生是民生工作的重中之重,是我省实现"三个定位、两个率先"总目标的内在要求,是率先全面建成小康社会的攻坚重点。

（二）加强组织领导,落实职责分工。实行地方各级人民政府负责制,政府主要负责人对本地底线民生工作负总责,要明确部门分工,建立健全工作协调机制,制定完善各项政策措施,摸清保障底数、落实资金安排。

（三）加强资金管理,确保专款专用。各地、各有关部门要加快建立完善底线民生保障资金管理的具体办法,进一步减少审批环节,规范资金支付程序,建立资金管理台账和保障对象信息档案。

【评析】

本文主题是 2014 年广东省底线民生保障工作计划。标题由单位名称、适用时限、事由、计划种类 4 个部分组成。在简短的前言中,主要写明制订计划的依据和目的,用一句"为进一步提高底线民生保障水平,现结合我省实际,制订本实施计划"自然地引出下面计划的具体内容。本文逻辑性很强,首先提出计划的指导思想,目标和任务,具体写了要完成什么任务,实现什么目的,数量和质量达到什么要求等。然后分条写明步骤和措施,通过列举实例与数据,把计划安排的合情合理,环环紧扣,步步落实。每一项工作都能够具体细分,基本能落实,可操作性强。充分遵循了计划的特点,是一篇较好的例文。

案例二：工作计划

2013 年厦门市环境保护局工作计划①

一、指导思想

以建设中国特色社会主义理论为指导,按照全面落实科学发展观,构建社会主义和谐社会的总要求,认真贯彻落实党的"十八大"精神,加快推进生态文明建设,以创建国家级生态市和改善环境质量为目标,以巩固和深化"创模"成果为抓手,以主要污染物减排为主线,以解决影响科学发展和损害群众健康的突出环境问题为重点,推动我市资源节约型环境友好型社会建设,努力改善提高我市生态环境质量。

二、工作目标

基本创建成国家级生态市;初步建立生态文明建设与保障体系;巩固和深化"创模"成果;完成主要污染物和重金属减排年度任务;环境风险防范得到强化,环境质量得到明显改善;环境执法监管得到加强;环保科技创新取得新成就。

三、主要任务

（一）全面推进生态文明建设（略）

（二）巩固和深化"创模"成果（略）

（三）提升服务科学发展的水平（略）

（四）努力完成主要污染物减排任务（略）

（五）全力解决民生环保重点难点问题（略）

四、主要措施

（一）着力加强环保队伍建设

一是加强党风廉政建设。组织党员干部认真学习领会胡锦涛同志所作报告的主要内容、精神实质和深刻内涵,把反腐倡廉的新思想、新观点和新举措贯穿环境保护各项工作的始终。二是加强机关效能建设。加强机关效能制度建设,强化机关内部管理。三是加强环保权力规范运行。坚持依法办事,提高依法行政水平。切实加强对权力运行制约和监督,构建权力运行制约监督的长效机制,确保各项权力依法正确行使。

（二）落实最严格的环保工作制度

将生态市创建、巩固"创模"成果、主要污染物减排和"十二五"环境保护指标任务分解到各级各部门,纳入部门绩效考核和区长环保目标责任书,实行严格的区长环保目标责任制、环境保护"一岗双责"制和"一票否决"制。

（三）提高环境监测、科技、信息支撑能力

一是强化环境监测质量管理。制订年度环境监测工作计划,严格环境监测技术规范和质量管理;二是强化环境科研支撑作用。进一步完善《厦门市环保科研和新

---

① http://www.xmepb.gov.cn/sm/ContentView.aspx? CmsList=229&CmsID=4,2013-01-10.

产品、新技术试验示范推广应用管理办法》,建立和完善环境科学技术的信息收集、分析筛选、吸收引进、试验示范、推广普及工作机制。三是强化环境信息化管理。制定并实施《厦门市环境保护物联网建设规划》,完善环保自动化、无纸化办公和网上审批系统建设。

(四)建立并完善厦漳泉区域环境合作机制

实施《厦漳泉大都市区生态及环境保护合作规划》,加强"闽南地区"和"厦金区域"周边城市的环保交流与合作,重点针对区域大气、共同海域等方面,建立区域环境联防、联控、联治机制,共同防治区域性环境污染。推动厦漳泉龙开展《城市环境总体规划》编制工作。

(五)深化环境宣传教育,提高全民环境意识

继续推动环境宣传教育立法工作。进一步提升环保宣传教育能力,推动相关机构抓好领导干部的环境教育与培训;做好中小学环境宣传教育工作,鼓励和引导公众和社会团体参与环境保护,确保公众对城市环境保护的满意率和中小学环境教育普及率达85%。

【评析】

本文是2013年厦门市环境保护局工作计划。标题是典型的公文式标题,由单位名称、适用时限、事由、计划种类4个部分组成。正文省去了前言部分,直接从指导思想、工作目标、主要任务、主要措施4方面来构成计划的内容。指导思想部分紧跟当代最新政策的脚步,用语给人与时俱进的感觉。主要任务分条列出,简单明了,让人一目了然。主要措施从加强环保队伍建设,落实环保工作制度,提高环境监测能力,建立并完善环境合作机制,深化环境宣传教育这4个方面对环保工作做出了具体的要求。各项要求分条理出,具体明确,写明了分工和组织保证。此计划明确写出了计划的三要素,即"做什么""怎么做""何时完成",陈述简单明确,格式正确,是一篇不错的例文。

四、写作小结

(一)计划写作过程中容易出现的问题

(1)不能根据写作的任务来选择恰当的计划类文种,写作内容与文种的有关要求不相适应。例如,单位里某一年度的工作计划,就不适宜使用"规划""纲要"这类时间跨度较长的文种。

(2)计划的内容缺乏全局意识,与实际工作相比,存在着结构性欠缺的问题。

(3)针对任务的内容,不分情况,表述得过于具体、僵化,使其在实际操作中没有灵活性,呈现出脱离实际、强人所难的效果。

(4)有的写作者缺乏处理具体事务的能力,导致计划写作中人物设置过高或过低,有关的措施办法缺乏可行性,实施的步骤也不明不白。

（二）计划写作过程中的注意事项

（1）深入实际，实事求是。制订计划前，必须深入实际，认真调查研究。既要"吃透"上级的精神，又要虚心听取群众的意见，掌握本单位的实际情况，分析主客观条件，尽可能预测计划执行过程中可能遇到的困难和问题，以便在计划中写明预防和解决问题的方法。

（2）目标明确，语言简明。计划的整体设想要明晰，并将实现目标的途径和方法逐一地列出来。计划切忌语言含糊，职责不清，使之无法落实和检查。计划的内容一般要分条分项来写，说明要简洁。

（3）针对性强，留有余地。制订计划时，要针对本单位、本部门的工作重点，保证计划中能够反映出当前要解决的主要问题。计划是根据客观情况制订的，客观情况在不断地变化，所以计划应该可以灵活处理，应留有一定的余地。

五、练习题

1. 选择题

（1）计划是对未来的规定，难免有预测不到的地方，因此，计划在写作时要求（　　　）。

　　A. 留有余地　　　B. 实事求是　　　　C. 模糊不清　　　　D. 论证充分

（2）计划的措施包括在计划的（　　　）中。

　　A. 标题　　　　　B. 前言　　　　　　C. 主体　　　　　　D. 结尾

（3）计划的前言部分包括（　　　）。

　　A. 措施　　　　　B. 步骤　　　　　　C. 分工　　　　　　D. 依据

2. 简答题

（1）简述计划有哪些特点。

（2）请举实例分析计划写作中需要注意哪些要点。

（3）怎样使计划中提出的具体措施切实可行？

第二节　总　结

一、定义

总结是党政机关、企事业单位、社会团体及个人对过去一定时期的社会实践情况进行回顾和评价,通过分析研究,从中找出经验教训,引出规律性的认识,以明确今后实践方向的一种事务性文书。它所要解决和回答的中心问题是对某种工作实施结果的总鉴定和总结论,是对以往工作实践的一种理性认识。总结作为一种指导今后的回顾反思性文书,它本身不具有行政约束力,而具有提高认识的作用。

二、文种认知

（一）总结的特点

（1）指导性。总结通过对以往实践活动的成绩与失误的充分挖掘和其根源的深入剖析,肯定成绩,找出问题,找出成功的经验和失败的教训,用以指导今后的工作和实践。

（2）自我性。总结是以自身的实践活动为基础的,在写法上采用第一人称,个人性总结的用"我",机构性总结使用如"本单位""本局""本公司"这类称谓。

（3）客观性。总结是以自身的实践活动为依据的,必须注重实践内容的客观性,以客观发生和存在的事实为分析研究的基础,保证事实的确凿无误,结论的科学准确。

（4）规律性。总结不仅要陈述有关实践活动或工作情况,更要揭示其理性认识。能否进行理性分析,指出事物发展的客观规律,是衡量一篇总结写得好坏与否的重要标准。

（二）总结的种类

总结的种类繁多,按照不同的标准划分,有不同的分类。

（1）根据范围的不同,可以分为全国性总结、地区性总结、部门性总结、本单位总结、班组总结等。

（2）根据时间的不同,可以分为月总结、季总结、年度总结、阶段性总结等。

（3）根据内容的不同,可以分为工作总结、生产总结、学习总结、科研总结、会议总结等。

（4）根据性质的不同,可以分为全面总结和专题总结两类。综合总结又称全面总结,它是对某一时期各项工作的全面回顾和检查,进而总结经验与教训。专题总结是对某项工作或某方面问题进行专项的总结,尤以总结推广成功经验为多见。

三、总结的结构

总结的结构并不是固定一律的,一般由标题、正文、落款3部分组成。

（一）标题

总结的标题一般有单标题和双标题两种。

（1）单标题:有公文式标题和文章式标题。

① 公文式标题:一般由单位名称、时限、总结内容、文种4个要素组成,这种标题除文种外,其他几项可以根据情况省略。公文式标题能使读者对总结单位,内容等情况一目了然,拟写也比较容易,但应防止因项目过多而出现过长的题目。

② 文章式标题:一般概括总结的内容和范围或者是揭示观点,表明经验,常用于专题总结。

（2）双标题:同时使用文章式标题和公文式标题。一般正题用文章式标题,点明总结的基本观点或基本经验;副题采用公文式标题,补充说明单位,时限,内容,文种,如《更新观念培养复合型人才——××学院2014年学生工作总结》。

（二）正文

总结的正文由前言、主体和结尾3部分组成。

（1）前言。前言作为总结的开头部分,一般用简洁的语言概述完成工作的基本情况,或者说明所要总结的问题、时间、地点、背景、事情的大致经过;或者将总结的中心内容,即主要经验、成绩与效果等作概括的提示;或者将工作的过程、基本情况、突出的成绩做简洁的介绍。其目的在于让读者对总结的全貌有一个概括的了解,为阅读、理解全篇打下基础。

（2）主体。主体是总结的核心部分,内容主要包括成绩和经验、问题和教训、今后的努力方向等。

① 成绩和经验。这两者是总结的中心和重点,是构成总结正文的支柱。成绩是工作实践过程中所得到的物质成果和精神成果,经验是指在工作中取得的优良成绩和成功的原因。在总结中,成绩表现为物质成果,一般运用一些准确的数字具体实在地表现出来。精神成果则要用前后对比的典型事例来说明思想觉悟的提高和精神境界的高尚,使精神成果形象可见。经验要写那些独特的、与众不同的、有借鉴意义的做法。

② 问题和教训。问题是指在工作实践中应当做好而没有做好的工作,或者尚未完成的工作,或者尚待解决的困难和矛盾。教训是指由于指导思想不明、方法不当或其他原

因犯了错误,造成了失败或错误,从中应当吸取的方面经验。每篇总结都要坚持辩证法,坚持一分为二的两点论,既要看到成绩,也要看到问题,分清主流和枝节。写存在的问题和教训要中肯,恰当,实事求是。

③ 今后的努力方向。这部分是在总结经验教训的基础上,针对工作中存在的问题,提出切实有效的改进措施、今后的努力方向,或者提出新的奋斗目标,以表明决心,展望前景,鼓舞斗志。

(三)落款

署名要写全称,写在正文的右下方。标题中已表明的,或标题下已有署名的,结尾则可不写。成文日期写在署名的下方,年、月、日要写全。

四、案例简析

案例一:部门性总结

2013 年国家现代农业示范区
建设情况总结①

2013 年,在示范区党委和政府领导下,在我部全力推动和有关部门大力支持下,各示范区改革创新、真抓实干,现代农业快速发展,综合生产能力明显提升,初步发挥了现代农业建设"排头兵"的作用。

一、示范区建设工作取得新突破

(一)建设指导明显加强。在 2012 年 7 月召开的全国现代农业建设现场交流会上,回副总理和韩部长亲自部署现代农业和示范区建设工作,并为首批示范区授牌。全国 20 多个省(市、区)召开专题会议部署示范区建设工作,近 10 个省市出台了加快推进示范区建设的意见,各示范区均编制了现代农业建设规划。

(二)科技服务更加到位。自 2012 年 4 月起,我部通过征集并发布示范区与科研院校结对需求、开展自主对接和区域对接、举办 5 大部属科研院校与示范区专项对接等多项结对活动,全年签订合作协议 328 项,拟定合作计划 700 余项,尤其是 11 月 6 日在北京举办的专项对接活动,签订合作协议 220 项,初步构建了示范区与农业科研院校协同创新的机制和服务模式。

(三)资金支持取得突破。我部下发农业项目资金倾斜支持示范区建设的意见。协调财政部把示范区作为现代农业发展资金和综合开发资金支持重点,分别落实资金 40 亿元和 15 亿元。协调国家发改委把示范区建设专项投资规模扩大到 2 亿元,支持示范区建设 50 万亩旱涝保收标准农田。与国家开发银行签订合作协议,联合下发关于开发性金融支持示范区建设的意见,全年示范区新增开发性金融贷款

---

① http://www.moa.gov.cn/ztzl/xdnysfq/gzdt/201305/t20130507_3453790.htm,2013-01-13.

42 亿元。在部领导的亲自协调下,将对示范区实施"以奖代补"的政策意见写入中央 1 号文件。有 20 多个省市安排了示范区建设专项资金;各示范区也相继制定了加强农业项目资金整合的相关规定。

（四）改革创新扎实推进。我部会同财政部、国家开发银行、中国农业发展银行和中国储备粮管理总公司,下发了关于开展农业改革与建设试点的通知,拟选择 20 个左右示范区开展试点,以建设促改革,先行探索构建新型农业经营体系。会同国家开发银行选择 50 个示范区开展农业融资服务创新试点。

（五）建设管理成效明显。组织专家研究拟定了示范区建设水平考核评价办法和评价指标体系,通过召开 20 多次专家座谈会、4 次征求有关方面意见、3 次开展试评价,目前已基本成熟。在全国现代农业建设现场交流会期间和十八大前期,两次在中央媒体集中开展示范区建设系列宣传,《焦点访谈》制作播出了示范区建设专题片,人民日报刊发示范区建设专版公益广告,中组部已初步将示范区建设纳入科学发展观案例。

二、存在问题

虽然 2012 年示范区取得了显著成效,但仍存在一些问题,如有的示范区工作处于"平推"状态;有的将示范区建设等同于"园区";有的支农资金整合机制还未建立;有的体制机制创新缓慢,等等。

三、2013 年工作思路和打算

2013 年,农业部现代农业示范区管理办公室将深入贯彻落实党的十八大和中央 1 号文件精神,按照部党组决策部署,把示范区建设作为推进全国现代农业发展的重要抓手,以率先基本实现农业现代化为根本目标,以科技和体制机制创新为发展动力,以发展粮食等重要农产品生产和推动农民持续增收为中心任务,以构建政策支持、融资服务、科技支撑、品牌营销、改革创新、交流培训六大支撑服务平台为工作重点,努力为示范区发展建设营造良好的环境条件,找准工作的抓手,在突破工作的难点和重点上下工夫,推动示范区现代农业建设再上新台阶,示范引领全国现代农业的发展。

【评析】

这是国家农业示范区建设情况总结。正文包括了取得成就、不足之处和努力方向,这些都是总结一般会写到的方面。基本情况写在最前面,又叫前言,总结概括了国家农业示范区建设取得的综合成就,语言简洁,让读者对总结的全貌有了一个概括的了解。接着从 5 个方面陈述所取得的突破,运用一些准确的数字具体实在地表现出来,具体可信。总结成绩经验之后,自然地引入下文存在的不足方面;存在不足之处就要努力解决,紧接着又展开了对努力方向的展望。全文逻辑清晰、条理清楚,井然有序,语言简练,值得借鉴。

案例二：工作总结

法制办公室 2013 年政务公开工作总结①

2013 年,我办政务公开工作在市委、市政府的正确领导下,在市政务公开领导小组办公室的业务指导下,深入贯彻落实科学发展观,严格按照《中华人民共和国政府信息公开条例》(以下简称《条例》),坚持把政务公开工作作为改进政府机关形象和工作作风的重要载体,全面推进政府法制工作,进一步提升政府公信力,保障人民群众的知情权、参与权、监督权。现将开展情况总结如下。

一、主要工作及成效

(一)加强领导,明确责任。为了认真贯彻落实《条例》,加强我办政务公开工作,成立了由主任为组长、副主任为副组长、各科室负责人为成员,下设办公室在行政复议科的政府信息公开工作领导小组和机构,建立健全工作机制,明确相关职责,确定专人负责信息发布。

(二)认真梳理,及时更新。一是按照《条例》的要求,修订充实了《××市人民政府法制办公室政府信息公开指南》和应主动公开的《政府信息目录》以及《政府信息公开年度报告》,并通过政府信息公开门户网站等途径予以公开。二是明确地把我办政府信息公开事务的机构名称、办公地址、办公时间、联系电话、传真号码、电子邮箱向社会公开,方便广大群众对公开事宜提出咨询。

(三)坚持原则,规范程序。我办的政务信息公开工作坚持严格按照四个原则,即:坚持依法公开、真实公正、注重实效、有利监督的原则。

(四)主动公开,保证时效。按照《条例》的要求和相应公开原则,立足实际,对我办政务信息进行公开。

二、存在问题

我办政务公开工作虽然取得一些成效,但是离上级要求和人民群众期待还有一定距离,主要表现在:

(一)公开难度较大。政府信息涉及方方面面,从上到下,各级政府都在不同程度地开展信息公开,通过认真梳理,大多数信息是上级主管部门已经公开,基本上参照执行。

(二)工作人员紧缺,无专职政务信息公开人员。

(三)公开尺度难以掌握。尽管省市政府在公开尺度上明确了大原则标准,明确了部分不予公开的政务信息,但具体到部门很难操作,如何根据信息不同性质确定公开与否,在很大程度上存有较大困难。

---

① http://www.3lian.com/zl/2013/12-13/09b8b7b0fc2c72218552d1d3db7e6711.html, 2013-05-01, 2013-01-18.

三、下一步打算及努力方向

（一）统一思想，提高认识。我办干部职工将继续站在讲政治、顾大局的高度，进一步统一思想，充分认识到推行政务公开工作的重要性和必要性，确保我办法制工作规范化和程序化，毫不动摇地坚决完成市委、市政府安排部署的各阶段工作任务，并务求取得实效。

（二）加强学习培训，提高信息公开业务水平。积极参加市政务公开工作领导小组办公室举办的政务公开培训，提高信息公开工作人员的业务水平。针对管理人员的薄弱环节，采取上门求学进行针对性的学习培训，提高我办管理人员的业务管理水平，推进政务公开工作。

（三）完善制度，强化信息公开。针对工作中的薄弱环节，不断建立健全工作机制，出台有关落实措施，制定一套适应我办的信息管理制度，进一步明确责任，保障信息及时发布，以制度促规范，以规范促提高。结合法制管理体系，建立程序化、规范化的政务公开工作管理运行机制，健全和完善相关制度措施，促进政务公开工作。

（四）推进政务公开，营造优良环境。把政务公开工作作为密切联系群众、改进工作作风、完善管理的重要手段来抓。继续从群众关心和社会关注的热点问题，从重点岗位和重点环节入手，坚持政务公开，增加透明度。

【评析】

例文是一个法制办公室的工作总结。采用了公文标题式，由单位名称、时限、内容和文种构成。正文由前言和主体两部分构成。前言用简洁的语言将工作的过程、基本情况、突出的成绩做了简要的介绍，让读者对总结的全貌有一个概括的了解，为阅读、理解全篇打下基础。主体分门别类概述了主要工作的完成情况，对存在的问题也做了详细的分析，成绩的说明和经验的归纳比较客观、明确、指标清楚、比较实际。正文主体部分篇幅大、内容多，采用了横式结构，外部形式表现为序数式，使文章层次分明、条理清楚。本文写作得体、规范，可作为总结写作的借鉴。

五、写作小结

总结写作时的注意事项有以下几点。

（1）突出重点。总结写作要突出重点，首先要明确总结的目的，目的明确了，就可以缩小范围，有的放矢。同时，要围绕中心，把各类问题和材料按照一定的逻辑顺序安排结构，并联系社会实际予以比较，通过比较，突出中心问题。切忌把所有成绩和材料生硬地搬进总结中。

（2）突出个性。写总结一定要抓住最突出的、最能反映事物本质特点的，最具有鲜明个性和特色的东西，如新情况、新问题核心的经验教训等，切忌人云亦云，同时也不能无中生有地标新立异。总结中的新情况、新问题及经验教训要具有代表性和普遍意义。

（3）实事求是。这是总结写作的基本原则，但在总结写作实践中，违反这一原则的情况却屡见不鲜。有人认为"三分工作七分吹"，在总结中夸大成绩，隐瞒缺点报喜不报忧,这种弄虚作假浮夸邀功的坏作风对任何单位和个人都没有任何益处,必须坚决防止。

六、练习题

1. 选择题

(1) 总结的写作一般是使用(　　　)。

　　A. 第一人称　　　B. 第二人称　　　　C. 第三人称　　　　D. 三种人称互用

(2) 总结不能停留在对事实的叙述上,必须对客观事物本质和内在规律进行概括,从实践中找出规律性的经验教训,因此,总结具有(　　　)特点。

　　A. 客观性　　　B. 主观性　　　　C. 理论性　　　　D. 针对性

(3) 无论是综合性总结还是专题总结,如果面面俱到地罗列现象,就不能说明问题,更不能提供规律性的借鉴,因此,总结在写作时要求(　　　)。

　　A. 分析正确　　　B. 议论充分　　　　C. 突出重点　　　　D. 具有说服力

2. 简答题

(1) 总结的结构模式有哪些?

(2) 写总结需要注意些什么?

第三节

简　报

一、定义

简报是政府机关、企事业单位、群众团体内部编发的用于汇报工作、反映情况、沟通信息、交流经验、指导工作的一种常用事务性文书。简报就是简要的调查报告、简要的情况报告、简要的工作报告、简要的消息报道等。

2012 年 12 月 4 日,习近平总书记主持召开中共中央政治局会议,审议通过了中央政治局关于改进工作作风、密切联系群众的八项规定。八项规定中指出:要精简文件简报,切实改进文风,没有实质内容、可发不可发的文件、简报一律不发。因此,简报要做到内容充实、精悍简洁。

二、文种认知

(一)简报的作用

(1)反映情况。通过简报,可以将工作进展情况以及工作中出现的新情况、新问题、新经验及时反映给各级决策机关,使决策机关了解下情,为决策机关制定政策、指导工作提供参考。

(2)交流经验。简报体现了领导机关的一定指导能力,通过组织交流,可以提供情况、借鉴经验、吸取教训,这样对工作具有指导和推动作用。

(3)传播信息。简报本身即是一种信息载体,可以使各级机关及从事行政工作的人互相了解情况,吸收经验、学习先进、改进工作。

(二)简报的特点

(1)精简性。简报篇幅短小,通常用消息、简讯等形式,三言两语报道动态和信息。在简报的写作过程中,尽量以少的文字说明丰富的内容,以有限的篇幅传播更多的信息。要做到事由集中,重点突出,语言简洁凝练,让人看后一目了然。

(2)内部性。一般报纸面向全社会,内容是公开的,没有保密价值,读者越多越好,正因为如此,它除了新闻性外,还要求有知识性和趣味性。有的简报往往是专给某一级领导人看的,有一定的保密要求,不能任意扩大阅读范围。

(3)新闻性。简报虽为内部刊物,但主要以消息报道为主,其性质仍然属于新闻类型,因而它也具有新闻的性质。

① "真"。在简报中,所写的事件、人物必须要真实可靠,所引用的数据也要准确无误,不能胡乱编造。对于基本情况的评价也要做到客观、适当,不要吹嘘成绩,也不要掩饰问题。

② "快"。简报和新闻一样,具有时效性,这是新闻的价值所在,也是简报的价值所在。简报要迅速及时地反映问题、通报情况,同时也要及时地追踪反映新问题、新情况、新信息,便于读者及时掌握动态趋势,从而指导本机关、本单位的人员更好地开展各项工作。

③ 文体新闻化。无论是何种形式、种类的简报,其正文部分通常是由一篇或多篇动态消息、通讯、述评、综述、调查报告、简讯等新闻报道最常用的文体组成的。这些文体自然形成了简报鲜明的新闻性特点。

三、写作结构

简报的结构一般都包括报头、报腹和报尾 3 个部分。

（一）报头

简报的报头通常由简报名称、期号、编发单位、印发日期、保密字样等组成。不同形式的简报，其报头的组成和设计也不一样，下面主要介绍 3 种不同形式的简报的报头。

1. 文件式简报的报头

文件式简报的报头在简报的首页上方，约占全页三分之一的位置，下面用横隔线与报文部分隔开，具体内容包括以下 7 个部分。

（1）简报名称：位于报头中央，如"××简报""××动态""情况交流"等，用印刷体或书写体书写，为醒目大方，一般用套红大号字体。

（2）简报期号：又称简报编号，如"第×期""第×号"，位于简报名称的正下方，一般以一年为期依次序编号，也有的标明总期数。

（3）编发单位：在期数左下侧标明编发单位或部门的名称，一般应写全称，如"××董事会办公室编"。

（4）印发日期：位于报头右下方侧，横隔线的上方，用阿拉伯数字写明简报印发的年、月、日，如"2013 年 5 月 16 日"字样。

（5）保密字样：位于报头的左上方可根据实际需要标明"绝密""机密""秘密"、或"内部资料，注意保存""内部文件"等字样，并用圆括号括住。一般性的简报也可不标注保密字样。

（6）简报编号：位于报头右上方，按印数编号，一份一号，如"001""002"等，以便保存、查找。只有保密性简报才有编号，一般简报没有编号。

（7）分隔线：位于页面上方三分之一处，用一条较粗的红色线把报头和报文分隔开来。

2. 杂志式简报的报头

杂志式简报的报头的组成除了文件式简报所具有的简报名称、期号、编发单位、印发时间、编号、分隔线外，还可根据实际情况附加刊头题字、主编、采编、顾问等内容。

与文件式简报相比，杂志式简报的报头没有固定的位置，其编排也比较灵活多样。杂志式简报报头的设计追求美观新颖，无论是文字的排版还是色彩的运用都要做到和谐协调、大方美观。因而在简报设计的过程中常常要运用一些简报软件，使简报的编辑更加方便快捷、美观新颖。

3. 报纸式简报的报头

简报名称、期号、编发单位、印发时间、分隔线也是报纸式简报报头所必不可少的。报纸式简报的报头通常位于第一版的左上方或正上方，与常见的正规报纸的版头位置相似。

（二）报腹

简报的报腹主要由目录、按语、标题、正文、结尾等组成。

（1）目录：集束式的简报可编排目录。由于简报内容单纯，容易查找，目录一般不需标序码和页码，只需将按语、各篇标题排列出来即可，为避免混淆，可以每项前加一个符号标志。

（2）按语。对于内容重要的简报，有时要在正文之前加写一段文字，以表示发文单位的意见，这段文字就是简报的按语。按语常常是根据领导意见起草的，对简报的内容加以提示、说明和评注，用以表明简报编者的意向，转达有关领导的看法和意图，以引起读者注意。

（3）标题。刊登在简报中的文章都有各自独立的标题。标题的写法也因简报报文的文体而有所不同。常用的写法有总结写法、消息写法、通讯写法等。标题的写作要求简洁凝练，一目了然。

（4）正文。正文即是刊登在简报上的文章，一期简报可刊登一篇文章，也可刊登多篇文章。这些文章主要是消息、通讯、简讯、调查报告、工作总结、综述等新闻性文体。正文部分主要有以下 4 种写法。

① 全文引用法：对于那些很重要的且篇幅并不长的讲话稿、工作总结、调查报告等文章，可以采用全文引用的方法。

② 综合法：如果文章篇幅较长，或文章数量较多，可用综合法，即对原有的文章进行概括或摘录，综合文章的内容，提炼出原有文章的核心内容和中心思想。

③ 新闻式写法：即采用与新闻稿的写法来编写简报。

④ 动态简讯式写法：即对事实作扼要动态的报道。

（5）结尾。简报的结尾的作用主要是对正文内容加以总结、评价，或说明意义，或发出号召等。结尾的写作也要求简洁凝练。简报的报文不一定都要有结尾，如果正文部分已经自然收束，则结尾可省。

（三）报尾

报尾在简报末页，用间隔横线和报腹分开。报尾内容比较简单，只需写明报什么机关、送什么机关、发什么单位即可。对送达对象，一般依据它们与编印单位的关系（上行、平行、下行）来确定其"报、送、发"的关系。

简报可以设报尾，也可以不设报尾。文件式简报一般带报尾，杂志式简报的报尾内容比较灵活多样，有时是征文启事，有时是地址、邮编、电话号、电子邮箱地址等。杂志式简报有时可不带报尾，报纸式简报一般不带报尾。

四、案例简析

案例一：公文式简报

教育部简报①

〔2013〕第 134 期

教育部办公厅编　　　　　　　　　　　　　　　　　10 月 22 日

高校厉行节约精打细算办教育

近日,教育部发出《关于深入贯彻落实〈党政机关厉行节约反对浪费条例〉的通知》,对教育系统厉行节约反对浪费工作作出全面规范,提出明确要求。高校认真学习《条例》并参照通知执行,厉行勤俭节约、反对铺张浪费成为"一致动作"确保节俭办教育工作落到实处。

瘦身办赛会。作为第 13 届"挑战杯"全国大学生课外学术科技作品竞赛的承办高校,苏州大学采用微信、微博等新媒体平台发布比赛讯息,减少纸质文件的大量使用。缩短开幕式时间,取消大量使用 LED 屏幕。舞台背景由 1300 余名学生志愿者组成的"人墙"来展示,翻板道具由包上不同颜色书皮的大学英语课本组成。比赛期间的演出全部由学生社团的志愿者参与表演,没有邀请明星或是专业演员参与。

不讲排场办校庆。成都工业学院百年校庆、哈尔滨工程大学 60 周年校庆的所有纪念活动不求奢华,不请明星大腕,没有鲜花装点,更无礼炮助威。在校友、来宾接待上,没有任何礼品,不设任何宴请,全部采用自助餐形式,校园内小彩旗、横幅、幕布等全都旧物利用。打造"学术校庆""文化校庆",回归校庆的本源,校庆活动期间,组织高水平学术讲座,参与讲座、论坛、会议的师生、校友和社会人士逾万名。

将钱花在刀刃上。山西大学严控公务用车和公款招待费用,共节省约 300 万元,用于大幅度提高实验教学经费和大学生奖贷学金。进一步提高学生餐饮服务质量,仅价格补贴和基础设施配备两方面,较去年同比多投入了 200 万元。作为资金有限的新建本科院校,徐州工程学院本着"宁愿少盖一座楼,也要将师资队伍建设好"的理念,将"最大的投资"用在师资建设上。鼓励教师留学提升水平,从有限的经费中拨出专项费用 2000 多万元,对取得海外博士、硕士学位的分别给予 5 万元和 2万元奖励,该专项经费年增 15%。投入 1000 多万元,选派 280 名教师到美国、法国、俄罗斯等海外知名大学考察访学,出国培训的费用由学校负担 80%。

常念"光盘"拒绝"剩宴"。今年年初,教育部发出通知,在高校开展反对餐桌浪

---

① http://www.moe.edu.cn/publicfiles/business/htmlfiles/moe/s3165/201312/160936.html, 2013-03-02.

费的"光盘行动"。不久前,"烟台大学7名保洁员吃剩饭倡导学生节约粮食"在各大媒体报道后,高校进一步加大了"光盘行动"力度。烟台大学组织开展"让勤俭节约成为一种习惯"大讨论,召开"颗粒珍惜,勤俭惜福"主题班会,利用微博、社交网络等新媒体向全校师生倡导杜绝浪费,争做"光盘族"。据学生调查,餐厅光盘率达98.83%。中国海洋大学组织学生参观食堂,为学生讲解食品加工过程,帮助大学生了解后勤工作人员艰辛,倡导节约粮食。江西理工大学在学生食堂设立"半份菜"专窗,东北农业大学食堂推出"一两馒头、半份菜",按半量半价收取费用,降低了伙食开销,让广大学生不再做"剩斗士",真正告别"舌尖上的浪费"。

【评析】

例文一是一份格式标准的公文式简报,对高校厉行节约精打细算办教育的情况进行了综合性的报道。该简报从报头到报尾都符合公文式简报规范的要求,内容充实、条理清晰,层次分明,让人一目了然,值得学习借鉴。从内容上看,首先该简报内容充实。全文从苏州大学的"瘦身办赛会"、成都工业学院"不讲排场办校庆"、山西大学的"将钱花在刀刃上"、烟台大学"常念'光盘'拒绝'剩宴'"这几个方面较全面地提出高校厉行节约精打细算办教育的成功例子。其次,该简报结构严谨,条理清晰,层次分明。从语言运用方面看,全文用词简洁明白,准确严谨,语句通顺流畅,符合简报的语言要求。

案例二:工作情况简报

精神文明建设工作简报①

"三线三边"在行动之一

安徽省文明办编　　　　　　　　　　　第三期〔2013〕2013年11月20日

编者按:在11月1日召开的全省美好乡村建设推进会上,省委、省政府把城乡环境整治工作作为美好安徽建设的重要任务,摆上了突出位置,特别就以"三线三边"为突破口开展综合治理,做出了动员部署和周密安排。会上,宝顺书记把这项重要工作任务交由省文明办牵头协调,充分体现了省委主要负责同志对全省精神文明建设战线的高度信任和殷切期待。全省精神文明建设战线精神振奋、积极主动,谋篇布局、迅速行动,吹响了全面推进的集结号。

精心谋划　积极行动
"三线三边"环境整治顺利开局

省文明办在第一时间响应呼应

11月2日晚,迅即召开全省文明办主任会议,传达宝顺书记重要讲话精神,立即

---

① http://ah.wenming.cn/wmjb/201312/t20131203_1615891.shtml,2013-03-05.

进行战前动员,提出了摸清底数、查摆难点、做好方案的基本要求。正值全省文明城市、文明县城(城区)、文明村镇、文明单位集中实地暗访之际,省文明办立即调整测评内容,增加"三线三边"环境治理测评项目,加大测评权重,新增项目分值。同时,明确了"五个纳入":纳入文明城市、文明县城、文明城区、文明村镇、文明单位考核评比,作为当前及今后三年全省文明创建的重要任务,加大推进力度,力求取得实效。

在全省开展"三线三边"基本情况的摸底调查,重点是环境治理存在突出问题的全面排查,确保做到问题胸中有数、整治有的放矢。协调省直单位,11月14日下午,召集国土、环保、建设、交通、水利、林业、旅游、工商、公路局、铁路办、测绘局等省直有关单位业务处室负责人、部分"三线三边"市县文明办主任,听取情况汇报、共同座谈研究、商讨对策建议。

省直部门第一时间面对应对

积极牵头担当,省交通运输厅、省铁路办、省水利厅、省住建厅、省旅游局、省工商局、省国土厅、省文明办等"线长""边长""重点长"承担牵头任务,提供资料、把准问题、制定协调协同行动方案。推出有力举措,省旅游局拟将景区周边环境整治与评选A级风景区结合起来,促进景区管理部门与地方密切协作;省林业厅拟将千万亩森林增长工程向国省道公路沿线和省际周边倾斜,提升道路沿线绿化档次和水平;省住建厅拟将农村清洁工程与沿线村庄环境治理结合,推进美好乡村建设向沿线集聚、向两侧辐射。

各市县区第一时间启动行动

早行动、快落实,作为安徽的西北大门,亳州市结合自身工作实际,提出了城乡环境整治"四凡"目标,即凡土必绿、凡地必净、凡水必清、凡村必洁,目标具体、任务明确。南大门的广德县紧盯苏浙、追赶超越,318国道主体路面已经完成改造,部分路段绿化美化工程已经竣工,即将启动S215线广德县新杭镇至宁国市全长80多公里道路改造工程。争第一、打头阵,天长市自觉守好东大门,自我加压、勇于担当,提出当先锋、创品牌的口号,在既有良好基础上,总结成功经验,解决明显短板,着力巩固提高。合肥市瑶海区对铁路沿线脏乱差及大兴镇铁路口乱设标牌等突出问题重拳出击,集中清理辖区铁路沿线垃圾20多车、清除乱堆放和脏破建筑物18处,清运铁路沿线和裕溪路高架下死树枯枝11车,同时进行绿化补植。

【评析】

例文二全文格式规范,内容集中,具有典型性,也是一篇值得借鉴的简报。该简报内容客观真实、新鲜,指向明确。开头采用了编者按语,表示发文单位的意见,对简报的内容加以提示、说明和评注,用以表明简报编者的意向,以引起读者注意。正文采用3个小标题,围绕有关"三线三边"环境整治的一些重大事件进行选登,采用了新闻式写法,做到了中心明确,结构清晰。这些事件都颇具典型性和代表性,能够比较全面地反映该时期有关"三线三边"环境整治工作情况,让读者比较全面地了解情况。

五、写作小结

（一）常见错误

（1）初学者往往弄不清楚简报的格式，将文章标题等同于简报的名称，将简报等同于一般表意达情的文章写作，内容空洞。

（2）不是靠现实生活中活生生的事实来宣传有关的路线、方针，行文着眼于刻画形象或阐述观点，没有反映出简报的问题特征。

（3）对写作材料的丰富性和行文的简要性处理得不够理想。有的简报对写作材料涉及的叙述要素介绍得面面俱到，啰唆冗长，有的则概括不足，没有去粗取精，未能做到简明扼要。

（4）写作不讲究时效，应时缓慢。写作者行动不敏捷，对问题反应慢，在材料分析、写作构思过程中没有把握发稿时机，更不去考虑与简报的编辑、签发、打印有关的因素。

（二）写作要点

（1）选材要精准。要围绕主题精心挑选典型事例，或者抓全局性、指导性的问题，抓问题的核心、关键；或者关注各级领导、群众关心的问题；或者关注所在地域、行业系统的热点；或者是让人眼睛为之一亮的问题。

（2）以叙述为主、议论为辅。简报写作的特点在于让事实说话。简报有观点、倾向，但不像总结和调查报告那样由作者直接说出来，而是通过事实的叙述显示出来。因此，简报在表达方法上应以叙述为主，为读者提供反映客观情况的真实材料，把事情的来龙去脉交代清楚，尽量少议论。

（3）简明扼要，一目了然。简报的写作必须注意做到简短、明快，用尽可能少的文字说清楚必须说明的问题。注意主题集中，一稿一事，不贪大求全。一份简报只抓住一个问题，不搞面面俱到才能使简报的主题凝聚，篇幅短小，问题说得透彻。如果简报所涉及的内容较多，可以把想说的问题进行归纳、提炼，抓住最能反映事物性质的东西做主题，重点来写，其他则一概摒弃。

六、练习题

1. 简答题

（1）简报有哪些特点？与一般的报纸有什么区别？

（2）如何理解简报的新闻性？

（3）简报写作时要注意哪些问题？

2. 写作题

以报道班级里的先进为内容，写一份简报。要求格式完整、正确，语言清楚、流畅，字数不少于 500 字。

第四节 调查报告

一、调查报告的定义

调查报告是针对某项工作、事件或者问题，经过全面深入的调查之后，对获得的材料进行研究、分析、综合后形成的以书面的形式向下达调查命令的组织或者领导进行汇报调查情况的文书，相较于其他公文，调查报告的行文比较长。除了用"调查报告"的名称以外，以"调查""考察报告""调查汇报""情况反映""情况介绍"命题的文章也属于调查报告。

调查研究可以帮助我们科学、全面地认识事物，系统地掌握调查报告的相关知识和写作方法，还有利于提高我们的工作水平和思想水平。

二、调查报告的文种认识

（一）调查报告的特点

1. 针对性

调查报告总是针对某一综合性（或专题性）的问题开展，调查报告的针对性主要体现在写作目的上，或是为决策提供依据，或是便于领导机关了解情况，处理实际问题，或是通过典型总结经验，指导工作。调查报告的针对性越强，社会作用就越大。

2. 真实性

调查报告必须坚持实事求是的原则，对有关事实的发生、发展、结果必须准确无误地表述清楚，有关数据必须核实清楚，不得弄虚作假。真实性是调查报告的生命所在，也使调查报告具有极大的价值性和说服力。调查报告所总结出来的观点必须是通过对客观事实的研究分析后提出的,并带有总结性质,不能凭主观倾向及好恶模糊或左右观点。

3. 典型性

调查报告的针对性主要体现在两方面:一是要选择具有典型性的对象进行调查,调查对象要有代表性和普遍的教育意义;二是要选择具有典型性的材料,这些材料必须是反映事物本质的典型事例和数据。

4. 叙议结合

调查报告不能只是事实的堆砌罗列,也不能只是空谈,而是要以材料事实为依据进行讨论。材料事实的分布有先后之分,对材料事实科学的调遣有利于严谨、自然地推导出观点,揭露事情的本质所在。

(二)调查报告的分类

根据调查内容的不同,常见的调查报告可以分为以下 3 种类型。

1. 介绍典型经验的调查报告

这类调查报告是通过对先进典型的调查,总结其成功的经验,使之发挥出以点带面、示范引路的作用。它包括两个小类:一是针对社会实践中有明显成就或突出贡献的先进单位或先进个人而展开、反映社会情况的调查报告,其着眼点是具体突出先进典型的具体做法和经验。二是介绍现实生活中涌现的新生事物、新思想、新观念等。这种调查报告通过对新生事物产生的历史背景、发展的基本情况的介绍,揭示其作用、意义及影响,其着眼点在于突出新生事物的先进性和强大的生命力,从而促进新生事物的健康发展。

2. 揭露不良问题的调查报告

这类调查报告是针对社会上存在的一些值得重视的不良现象和问题进行调查,指出它们的现状,探究问题或现象存在的根源,或分析它们存在的危害性,从而提出有针对性地解决问题的方法。

3. 反映社会情况的调查报告

这类调查报告的编撰目的通常是供上级机关或有关部门参考,作为贯彻政策,制定措施的依据;也可以用于向广大公众披露某一方面的问题,引起公众的注意。这类调查报告可以囊括社会的方方面面,范围广泛,包容性强。

(三)调查报告的格式与写法

调查报告一般由标题、正文、落款 3 部分组成。

1. 标题

调查报告的标题一般有 4 种形式:一是公文式标题。这是调查报告常用的标题形式。这类标题揭示了调查的对象或主要问题,可使用介词结构,也可以直接陈述,如《××市旅游消费市场调查报告》《××县关于水利建设问题的调查报告》。二是论文式标题。这类标题一般在调查对象或问题后加上"简析""探索"等词语,如《农村社会保障的探索》《当代青少年消费状况简析》。三是常规文章式标题。这类调查报告的标题具体形式灵活多样,可以用问题作标题,如《儿童究竟需要什么读物》;可以直接陈述事实,如《三个孩子去驼岛》;也可以直接阐述作者自己的观点,如《莘莘打工者,维权何其难》。四是双标题。双标题即由主副标题组成。正标题揭示作者的观点,副标题标明调查的对象、范围、性质、特点,如《靠名牌赢得市场——关于××市××股份有限公司的调查》。

2. 正文

调查报告的正文一般由前言、主体和结尾 3 部分组成。

(1)前言。调查报告前言的作用是揭示全文,帮助和吸引读者阅读和理解报告的内容。这部分内容可以是概括调查对象的基本情况,点明文章的主旨;可以是介绍调查的时间、地点、经过,以说明材料事实的来源;也可以是交代调查的目的和动机;还可以指出调查的问题和结论。要求写得凝练、有吸引力。

(2)主体。主体是调查报告的核心部分。主体内容包括两个方面:一是调查得到的材料事实;二是分析研究这些材料得出的具体认识或经验教训。调查报告主体的写法不是固定不变的,应该根据其类型和写作目的的不同精心安排行文顺序。

从内容安排上看,不同类型的调查报告,表达顺序不同。介绍典型经验的调查报告要比较完整地揭示经验或新生事物产生、发展的过程,说明其意义和作用,其内容顺序是"产生过程—具体做法—意义作用"。揭露不良问题的调查报告要阐明问题产生的原因,揭露问题的实质,为解决问题提出意见和建议,其内容顺序是"问题—原因—意见和建议"。反映社会情况的调查报告内容比较全面、广泛,叙述也比较详尽,其内容顺序是"情况—成果—问题—建议"。

从行文结构上看,调查报告大致可以分为纵式、横式、纵横式 3 种。纵式是依照事物发生、发展的过程按摆现象、析原因、提对策的思路行文。横式是将经验、情况、对策并列行文,通常处理为小标题。纵横式是纵式和横式交错合用的结构形式。

(3)结尾。介绍典型经验的调查报告在结尾处可以提出希望、号召,倡导学习先进典型,可以引导人们注意对新生事物的呵护与支持;而暴露不良问题的调查报告则常常在结尾再敲警钟,告诫人们不要学习效仿此种不良行为。反映社会情况的调查报告在结尾部分可以就调查中发现的问题提出相应对策,增加本次调查的价值和影响力。

3. 落款

落款包括署名和日期。署名可以写在标题或副标题的正下方,也可以写在正文的右下方。日期应写在正文的右下方,有的也可以不写。

(四)调查报告与总结的区别

1. 相同点

调查报告和总结都要进行深入细致的调查研究工作,掌握第一手材料,运用分析、综合的写作方法阐释事物发生、发展的过程,归纳带有普遍性的经验、体会和教训,它们都必须尊重客观事实,用事实说话。它们都有相同的写作结构,即标题、主体和落款。

2. 不同点

(1)写作人称不同。调查报告一般用第三人称"他"或"他们"。总结一般用第一人称"我"或"我们"。

(2)写作的目的和作用不同。调查报告侧重于当前形势,着眼于指导全面工作,并利用各种媒介迅速向全社会传播作者的观点和思想,有的调查报告常常为领导部门的科学决策和制定方针政策提供依据。总结主要作为本单位制订计划的依据,或向上级有关领导部门汇报工作请款,一般不通过媒介宣传发表。

(3)写作对象不同。调查报告的写作对象比较广泛,它既可以调查一个机关、一个单位的具体情况,又可以调查几个单位、几个地区或省市的全局性的情况;既可以调查现实情况,又可以调查历史情况;既可以肯定和宣扬先进精神,又可以否定和揭露不良现象或问题。总结的写作对象比调查报告狭窄得多。

三、案例简析

 案例一:反映社会情况的调查报告

浙江省大学生村官现状及其发展情况的调查报告①
——基于萧山市、余姚市、苍南县、平湖市的调查分析

一、引言

本次调查我们一共采访了 11 位大学生村官,针对她们为何选择村官,目前工作情况和日后发展等问题进行了调查和采访,旨在了解大学生村官的现状、发展以及对农村的影响,并就此提出解决的方案。并就浙江省嘉兴市平湖广陈镇曹港村的大学生村官吴燕作为一个典型例子进行了深入调查,同时对曹港村的村民和村干部进行了实地采访,了解到了他们对大学生村官的一系列看法。那么吴燕作为曹港村的第一位村官,在 2012 年 1 月,27 岁的她就当选为浙江省平湖市第十四届人大代表,一个外村的小姑娘当选为人大代表,在当地是史无前例的,她自己是怎样看待这件事的呢?她对自己目前的待遇满意吗?她对未来的发展又有怎样的规划?村民和村干部又是怎样看待这个大学生村官的呢?一系列的问题都需要我们去解答。所以本次调查意义在于了解大学生村官的现状以及发展情况,从而引起作为当代

① http://www.docin.com/p-691558994.html,2013-03-06.

大学生的我们的深刻反思,我们未来的路该如何走,是盲目跟风还是坚持自己的主张。

二、关于大学生村官的调查分析

本次调查我们主要采用了两种方式:一种是少量样本的问卷式调查,通过对浙江省杭州萧山、宁波余姚、温州苍南和嘉兴平湖等几个地区的 11 位大学生村官进行的问卷调查结果的分析。第二种是基于嘉兴平湖广陈镇"重点培养大学生村官,用一项制度激活一群人才"的典型例子,对大学生村官吴燕进行了深入访谈,我们从村官自身、村民和村干部三个方面进行了采访,得到了第一手的资料,并进行了分析和总结。

(一)基本少量样本的问卷式调查结果分析

根据我们问卷的调查结果,我们将从大学生村官选择村官的原因和目前的待遇、大学生村官的工作内容和对工作情况的满意度、大学生村官在农村的建设中能否得到村民和村干部的支持、大学生村官的出路和发展等四个方面展开分析。

1. 大学生村官选择村官的原因和目前的待遇(见图1,略)

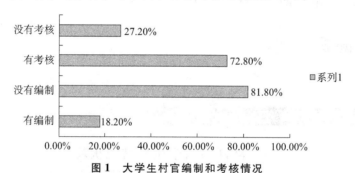

图1 大学生村官编制和考核情况

2. 大学生村官的工作内容和对工作情况的满意度(见图2,略)

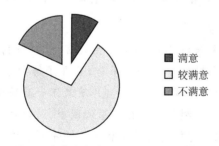

图2 大学生村官对工作情况的满意度

3. 大学生村官在农村的建设中能否得到村民和村干部的支持(略)

4. 大学生村官的出路和发展

对于大学生村官最关心的出路问题,主要有留村任职、考取公务员、自主创业发展、另行择业、继续学习深造等。在本次调查中,63.6% 的大学生村官都选择了报考公务员,这也和她们当初选择村官的原因基本是一致的。其余有 2 位表示会继续留在基层,占总人数的 18.1%,因为她们认为自己生来就是农村人,留在基层能更好地为农村服务,农村更需要知识,需要新鲜的血液。而另外 2 人中有 1 人表示会另谋职业,1 人选择自主创业发展,所占比例都是 9.3%,见图 3。

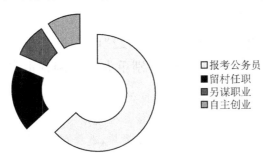

□报考公务员
■留村任职
▨另谋职业
▨自主创业

图 3　大学生村官发展情况

(二)深入访谈:浙江省嘉兴市××××村大学生村官××

1. 大学生村官××的自我分析(略)

2. 村民对××的看法(略)

3. 村干部对××的看法(略)

三、浙江省大学生村官发展存在的问题及其原因

(一)大学生村官盲目跟风、待遇落差大(略)

(二)大学生村官扎根基层的身份疑难(略)

(三)大学生村官出路无门(略)

四、浙江省大学生村官发展的政策建议

(一)努力解决大学生村官身份和待遇困境(略)

(二)深化对大学生村官的培训工作(略)

(三)优先解决大学生村官出路问题(略)

【评析】

这是一篇反映社会情况的调查报告。调查对象是浙江省萧山市、余姚市、苍南县、平湖市大学生村官。调查人员敏感地捕捉到当前大学生村官越来越多的社会现象,符合实际需求,具有社会价值和影响力。报告前言以爆出问题的形式,吸引读者的注意,引起读者的思考。调查人员采用少量样本问卷调查和深入访谈的形式,收集一手资料,按照"情况—成果—问题—建议"的顺序,指出大学生村官的现状,包括选择当村官的原因、目前待遇、工作内容、工作满意度、对农村建设的实际贡献、出路和发展等;揭露大学生村官发展存在的问题和原因,最后对大学生村官的发展提出相应对策。

本篇调查报告的亮点在于附件中表格、图表的使用。不同样式的表格、图表使分析说明情况变得更易于理解,更一目了然。如果调查中涉及许多数据材料,建议多用表格或者图表帮助叙述说明。

案例二：揭露不良问题的调查报告

山东省青岛市"11·22"中石化东黄输油管道
泄漏爆炸特别重大事故调查报告①

2013 年 11 月 22 日 10 时 25 分,位于山东省青岛经济技术开发区的中国石油化工股份有限公司管道储运分公司东黄输油管道泄漏原油进入市政排水暗渠,在形成密闭空间的暗渠内油气积聚遇火花发生爆炸,造成 62 人死亡、136 人受伤,直接经济损失 75172 万元。

事故发生后,党中央、国务院高度重视,习近平总书记作出重要指示,要求组织力量,及时排除险情,千方百计搜救失踪、受伤人员,并查明事故原因,总结事故教训,落实安全生产责任,强化安全生产措施,坚决杜绝此类事故。11 月 24 日习近平总书记到山东考察经济社会发展工作,下午专程来到青岛看望、慰问伤员和遇难者家属,听取汇报,并发表重要讲话。李克强总理作出重要批示,要求全力搜救失踪、受伤人员,深入排查控制危险源,妥善做好各项善后工作,加强检查督查,严格落实安全责任。刘云山、张高丽、马凯、孟建柱、郭声琨、王勇等党中央、国务院领导同志也都作出了重要批示。受习近平总书记、李克强总理委托,11 月 22 日下午,王勇国务委员带领相关部门负责同志赶赴现场,组织指挥抢险救援。

根据党中央、国务院领导同志的重要批示指示要求,依据《安全生产法》和《生产安全事故报告和调查处理条例》(国务院令第 493 号)等有关法律法规,经国务院批准,11 月 25 日,成立了由国家安全监管总局局长杨栋梁任组长,国家安全监管总局、监察部、公安部、环境保护部、国务院国资委、全国总工会、山东省人民政府有关负责同志等参加的国务院山东省青岛市"11·22"中石化东黄输油管道泄漏爆炸特别重大事故调查组(以下简称事故调查组),开展事故调查工作。事故调查组邀请最高人民检察院派员参加,并聘请了国内管道设计和运行、市政工程、消防、爆炸、金属材料、防腐、环保等方面的专家参加事故调查工作。

事故调查组按照"四不放过"和"科学严谨、依法依规、实事求是、注重实效"的原则,通过现场勘验、调查取证、检测鉴定和专家论证,查明了事故发生的经过、原因、人员伤亡和直接经济损失情况,认定了事故性质和责任,提出了对有关责任人和责任单位的处理建议,并针对事故原因及暴露出的突出问题,提出了事故防范措施建议。现将有关情况报告如下。

一、基本情况

(一)事故单位情况(略)

1. 中国石油化工集团公司(以下简称中石化集团公司)

---

① 中央人民政府网,http://www.chinasafety.gov.cn/newpage/Contents/Channel_21140/2014/0110/229141/content_229141.htm,2013-03-03.

2. 中国石油化工股份有限公司(以下简称中石化股份公司)

3. 中石化股份公司管道储运分公司(以下简称中石化管道分公司)

4. 中石化管道分公司潍坊输油处(以下简称潍坊输油处)

5. 中石化管道分公司黄岛油库(以下简称黄岛油库)

6. 潍坊输油处青岛输油站(以下简称青岛站)

(二)青岛经济技术开发区情况

青岛经济技术开发区(以下简称开发区)是经国务院批准于 1984 年 10 月成立的。目前管理区域总面积 478 平方公里,有黄岛、薛家岛等 7 个街道办事处和 1 个镇,322 个村(居),常住人口近 80 万人。2012 年,完成地区生产总值 1365 亿元。

(三)东黄输油管道相关情况

东黄输油管道于 1985 年建设,1986 年 7 月投入运行,起自山东省东营市东营首站,止于开发区黄岛油库。设计输油能力 2000 万吨/年,设计压力 6.27 兆帕。管道全长 248.5 公里,管径 711 毫米,材料为 API5LX-60 直缝焊接钢管。管道外壁采用石油沥青布防腐,外加电流阴极保护。1998 年 10 月改由黄岛油库至东营首站反向输送,输油能力 1000 万吨/年。

事故发生段管道沿开发区秦皇岛路东西走向,采用地埋方式敷设。北侧为青岛丽东化工有限公司厂区,南侧有青岛益和电器集团公司、青岛信泰物流有限公司等企业。

事故发生时,东黄输油管道输送埃斯坡、罕戈 1:1 混合原油,密度 0.86 吨/立方米,饱和蒸汽压 13.1 千帕,蒸汽爆炸极限 1.76% ~ 8.55%,闭杯闪点 − 16℃。油品属轻质原油。原油出站温度 27.8℃,满负荷运行出站压力 4.67 兆帕。

(四)排水暗渠相关情况(略)

(五)东黄输油管道与排水暗渠交叉情况(略)

二、事故发生经过及应急处置情况

(一)原油泄漏处置情况

1. 企业处置情况。(略)

2. 政府及相关部门处置情况。(略)

(二)爆炸情况

为处理泄漏的管道,现场决定打开暗渠盖板。现场动用挖掘机,采用液压破碎锤进行打孔破碎作业,作业期间发生爆炸。爆炸时间为 2013 年 11 月 22 日 10 时 25 分。

爆炸造成秦皇岛路桥涵以北至入海口、以南沿斋堂岛街至刘公岛路排水暗渠的预制混凝土盖板大部分被炸开,与刘公岛路排水暗渠西南端相连接的长兴岛街、唐岛路、舟山岛街排水暗渠的现浇混凝土盖板拱起、开裂和局部炸开,全长波及 5000 余米。爆炸产生的冲击波及飞溅物造成现场抢修人员、过往行人、周边单位和社区人员,以及青岛丽东化工有限公司厂区内排水暗渠上方临时工棚及附近作业人员,共 62 人死亡、136 人受伤。爆炸还造成周边多处建筑物不同程度损坏,多台车辆及设备损毁,供水、供电、供暖、供气多条管线受损。泄漏原油通过排水暗渠进入附近海域,造成胶州湾局部污染。

(三)爆炸后应急处置及善后情况

爆炸发生后,山东省委书记姜异康、省长郭树清迅速率领有关部门负责同志赶赴事故现场,指导事故现场处置工作。青岛市委、市政府主要领导同志立即赶赴现场,成立应急指挥部,组织抢险救援。中石化集团公司董事长傅成玉立即率工作组赶赴现场,中石化管道分公司调集专业力量、中石化集团公司调集山东省境内石化企业抢险救援力量赶赴现场。王勇国务委员在事故现场听取山东省、青岛市主要领导同志的工作汇报后,指示成立了以省政府主要领导同志为总指挥的现场指挥部,下设8个工作组,开展人员搜救、抢险救援、医疗救治及善后处理等工作。当地驻军也投入力量积极参与抢险救援。

现场指挥部组织2000余名武警及消防官兵、专业救援人员,调集100余台(套)大型设备和生命探测仪及搜救犬,紧急开展人员搜救等工作。截至12月2日,62名遇难人员身份全部确认并向社会公布。遇难者善后工作基本结束。136名受伤人员得到妥善救治。

青岛市对事故区域受灾居民进行妥善安置,调集有关力量,全力修复市政公共设施,恢复供水、供电、供暖、供气,清理陆上和海上油污。当地社会秩序稳定。

三、事故原因和性质

(一)直接原因

输油管道与排水暗渠交汇处管道腐蚀减薄、管道破裂、原油泄漏,流入排水暗渠及反冲到路面。原油泄漏后,现场处置人员采用液压破碎锤在暗渠盖板上打孔破碎,产生撞击火花,引发暗渠内油气爆炸。

原因分析:

通过现场勘验、物证检测、调查询问、查阅资料,并经综合分析认定:由于与排水暗渠交叉段的输油管道所处区域土壤盐碱和地下水氯化物含量高,同时排水暗渠内随着潮汐变化海水倒灌,输油管道长期处于干湿交替的海水及盐雾腐蚀环境,加之管道受到道路承重和振动等因素影响,导致管道加速腐蚀减薄、破裂,造成原油泄漏。泄漏点位于秦皇岛路桥涵东侧墙体外15厘米,处于管道正下部位置。经计算、认定,原油泄漏量约2000吨。

泄漏原油部分反冲出路面,大部分从穿越处直接进入排水暗渠。泄漏原油挥发的油气与排水暗渠空间内的空气形成易燃易爆的混合气体,并在相对密闭的排水暗渠内积聚。由于原油泄漏到发生爆炸达8个多小时,受海水倒灌影响,泄漏原油及其混合气体在排水暗渠内蔓延、扩散、积聚,最终造成大范围连续爆炸。

(二)间接原因

1. 中石化集团公司及下属企业安全生产主体责任不落实,隐患排查治理不彻底,现场应急处置措施不当。

2. 青岛市人民政府及开发区管委会贯彻落实国家安全生产法律法规不力。

3. 管道保护工作主管部门履行职责不力,安全隐患排查治理不深入。

4. 开发区规划、市政部门履行职责不到位,事故发生地段规划建设混乱。

5. 青岛市及开发区管委会相关部门对事故风险研判失误,导致应急响应不力。

（三）事故性质

经调查认定,山东省青岛市"11·22"中石化东黄输油管道泄漏爆炸特别重大事故是一起生产安全责任事故。

四、对事故有关责任人员及责任单位的处理建议

（一）司法机关已采取措施人员。（略）

以上人员属中共党员或行政监察对象的,待司法机关作出处理后,由当地纪检监察机关或具有管辖权的单位及时给予相应的党纪、政纪处分。对其他人员涉嫌犯罪的,由司法机关依法独立开展调查。

（二）建议给予党纪、政纪处分人员。（略）

（三）相关行政处罚及问责建议。（略）

五、事故防范措施建议（略）

（一）坚持科学发展安全发展,牢牢坚守安全生产红线。

（二）切实落实企业主体责任,深入开展隐患排查治理。

（三）加大政府监督管理力度,保障油气管道安全运行。

（四）科学规划合理调整布局,提升城市安全保障能力。

（五）完善油气管道应急管理,全面提高应急处置水平。

（六）加快安全保障技术研究,健全完善安全标准规范。

国务院山东省青岛市"11·22"中石化

东黄输油管道泄漏爆炸特别重大事故调查组

【评析】

这篇调查报告就山东省青岛市"11·22"中石化东黄输油管道泄漏爆炸特别重大事故立组调查。报告的前两部分不仅全面叙述了此次事故的基本情况及发生经过,还增加了事故发生后企业和政府的应急处置情况的表述,使此次事故的基本情况的陈述更完整全面。第三部分的调查结果包括事故的直接间接原因和性质的分析。最后陈述了对事故有关责任人员及责任单位的处理建议,并提出事故防范措施建议。

就某一突发性事件进行调查的调查报告可以参考此例文的结构,正文部分可以参照"具体陈述事件基本情况—公布调查结果并对原因加以分析—公布处理措施与处理执行情况—就此提出事故防范措施建议"这一思路进行写作。

案例三：揭露不良问题的调查报告

石材加工企业粉尘危害现状调研报告①

根据各省(自治区、直辖市)石材加工企业调查摸底统计,目前全国有石材加工企业1.9万余家,各省(自治区、直辖市)均有分布,职工总数约25万人,接触粉尘人数约10万人。从规模上看,大中型企业50家,仅占0.3%,小微型企业18986家,占99.7%。

自2013年5月至8月,职业健康司组织对6个省的20家石材加工企业调研和现场检测。现将有关情况通报如下。

一、作业现场粉尘浓度检测的基本情况

石材加工工艺为:切割加工→研磨抛光→异型加工(包括雕刻、磨边、倒角)→检验修补等。

此次调研检测以干法异型石材加工企业为主(20家企业中,19家为干法加工企业),粉尘浓度检测项目为三种:一是作业场所总粉尘浓度(简称总尘浓度),二是呼吸性粉尘浓度(简称呼尘浓度,即可以进入肺部的粉尘),三是粉尘中游离二化化硅含量(粉尘中对人体危害最大的成分)。检测结果如下:

(一)工作场所粉尘浓度全部超标。此次检测发现20家石材加工企业粉尘中游离二氧化硅含量在2.62%~42.12%,其中3家石材加工企业(占15%)工作场所粉尘中游离二氧化硅含量在10%以下,其余17家企业(占85%)粉尘中游离二氧化硅含量均高于10%,粉尘属于矽尘。所有加工岗位粉尘浓度均超过了国家标准。其中,总尘浓度在1.50mg/m³~852.00mg/m³,最高超标852.00倍;呼尘浓度在1.20mg/m³~124.33mg/m³,最高超标177.61倍。

(二)干法异型石材加工工艺粉尘危害大。从检测结果看,湿法加工岗位总尘浓度平均值只有1.5mg/m³,呼尘浓度平均值只有1.4mg/m³;而干法异型石材加工岗位总尘浓度平均值高达56.44mg/m³,呼尘浓度平均值达17.56mg/m³,分别为湿法作业岗位的37.63倍和12.54倍。

二、存在的主要问题

通过现场检测和实地调研,石材加工企业在职业卫生方面存在以下问题。

(一)小微型企业设备简陋,缺少基本防尘措施。此次调研的干法异型石材加工企业多为家庭作坊式,具有小、散、乱的特点,许多企业职工人数不到10人,工作场所极为简陋,现场管理混乱;在切割、雕刻、打磨等加工作业过程中没有任何防尘设施;个体防尘用品配备与佩戴情况极不规范,在调查所有的岗位中,没有配备防尘口罩岗位占30%,佩戴不合格防尘口罩占65%。

---

① 国家安全生产监督管理总局官网,http://www.chinasafety.gov.cn/newpage/Contents/Channel_21131/2013/1121/225465/content_225465.htm,2013-03-05.

（二）职业卫生工作基础极为薄弱。石材加工企业特别是小微型石材加工作坊,从企业主到工人对职业病防治法律法规基本不了解,职业卫生管理制度、职业卫生档案、职业健康检查等一系列工作处于空白状态。

（三）监督工作需要进一步加强。由于这类企业具有分散、用工不固定、生产不连续的特点,监督管理存在一定困难,各级安全监管部门监管的覆盖面不够,监督执法力度有待加强。

附件:1. 干法石材加工企业工作场所图片
　　　2. 石材加工企业粉尘检测结果汇总表

国家安全监管总局职业健康司
2013 年 11 月 13 日

【评析】

国家安全监管总局职业健康司的这篇调查报告引言简洁。正文部分先介绍了此次调查的基本情况,表明此篇调查的范围、受访对象等,增加了本篇调查的可信度。然后分析了石材加工企业在职业卫生方面存在的问题。这是一份资料翔实,数据可靠,层次清晰,又具有现实意义的调查报告,值得借鉴。

四、调查报告小结

调查报告选取的对象要典型,材料要真实,论述要科学。调查报告的写作不是一蹴而就的,必须经过"准备—调查—研究—写作"4 个阶段。准备阶段主要是确定调查的主旨和制订调查计划;调查阶段主要是收集资料,同时要讲究调查方法;研究阶段主要是整理资料,包括辨伪、补充、归类、提炼观点等。写作阶段草拟提纲,写作成文,修改定稿。调查报告常见的错误是材料使用不当和观点提炼不当。为了避免这些错误的发生,调查人员应该重视调查活动过程,尊重客观事实,重视问题的设计与开展;用科学的方法进行分析,梳理观点,得出相关的结论;灵活使用各种不同的结构,避免行文布局的呆板。

五、练习题

1. 填空题

（1）调查报告的主要特点是:_____、_____、_____、_____。

（2）根据调查内容指向的不同,常见的调查报告一般有 _____、_____、_____ 3 种。

（3）调查报告一般由 _____、_____、_____ 3 部分组成。

（4）调查报告的前言按行文结构划分,常用的有 _____、_____、_____ 3 种类型。

2. 简答题

（1）调查报告的写作要求有哪些？

（2）调查报告与总结之间有什么联系与区别？

第五节

讲话稿

一、讲话稿的定义

讲话稿是人们在工作和社会活动经常使用的一种事务文体。广义上的讲话稿是指在特定场合发表具有一定的针对性、条理性、完整性的讲话而拟定的文稿。狭义上的讲话稿通常指领导讲话稿。领导讲话稿不同于演讲或一般的发言，由于讲话者的身份限于领导，讲话的内容具有一定的指示性、导向性、总结性或号召性。

一般来说，领导讲话稿经常是秘书代笔，领导只将讲话的基本内容、讲话的场合、听众、重点告知执笔者，执笔者根据这些基本情况完成起草。领导对初稿进行审阅，提出修改意见，执笔者根据领导的指示修改初稿。许多重要场合的领导讲话稿都是经过反复的修改才最终定稿的。

讲话稿的写作技巧的掌握，对我们以后的工作和社会活动有极其重要的意义，必须给予高度的重视。

二、讲话稿的文种认识

（一）讲话稿的特点

1. 针对性

所谓"针对性"，就是"有的放矢"。执笔者在撰写讲话稿时，要根据不同的对象、场合、背景和目的进行编撰。不容忽视的还有讲话的主旨和主题的明确，讲话的针对性越强，对实践的指导作用就越大。好的讲话之所以能引起听众的共鸣，其中关键因素之一就是讲话要讲到"点子"上，切忌空谈胡扯。

2. 得体性

讲话虽然是一个人说、众人听的单声话语,但台下听众用表情和眼神与讲话人进行无声的交流,这就决定了讲话不是单向性的,而是听众与讲话人之间的相互交流,因此讲话稿的语言要符合公共礼貌要求。

3. 通俗性

讲话稿既然是一种为口头表述而作的特殊文体,它使用的语言就不同于其他的书面公文。讲话稿的语言要尽量做到通俗生动,平易近人。根据表达的需要,可以多用口语,多用群众语言,这样能使讲话稿更加生动活泼,富有哲理性和民族气息。

(二)讲话稿的分类

根据讲话的场合、内容和性质,讲话稿可以划分为以下两种不同的类型。

1. 工作会议类讲话

此类讲话稿涵盖了领导工作的多方面内容。根据讲话内容和性质可将此类讲话稿分为导向性讲话稿、指导性讲话稿和总结性讲话稿等几个小类;根据参加会议的性质还可以分为工作会议讲话稿、纪念会议讲话稿、讲话会议讲话稿、展览会议讲话稿等。领导在工作会议上针对某一具体任务或某一时间阶段内的工作情况进行讲话,对工作中遇到的问题、难点进行重点指导,对即将进行或正在进行的工作指明方向,对现阶段性工作进行经验教训的总结,对下阶段的工作做出安排。

2. 礼仪活动类讲话

此类讲话稿的应用范围非常广泛,包括日常生活和社交活动中经常用到的欢迎词、欢送词、答谢词等。

(三)讲话稿的格式与写法

讲话稿的写作格式一般由 3 部分组成,即标题、称谓、正文。

1. 标题

讲话稿的标题有多种不同的写法。简单式标题由讲话场合和讲话两字构成,如《在×××会上的讲话》。完整式的标题则在简单式基础上加上讲话人这一要素,如《×××部长在×××会议上的讲话》;另一种完整式的标题包括讲话人、讲话事由和讲话两字,如《×××部长答谢×××的讲话》。此外,为了强调讲话稿的主旨,可以在主标题下面增加副标题,如《深化改革开放 共创美好亚太——在亚太经合组织工商领导人峰会上的演讲》。

2. 称谓

讲话稿的称谓样式与书信一样,在标题下一行顶格书写。如果讲话对象是多个,采用范式的称呼,如"尊敬的女士们、先生们、朋友们"。若多个对象中有特殊身份的,可以置前强调,如"尊敬的×××主席(总理/总统),女士们、先生们、朋友们"。如果讲话有具体对象的讲话稿,要标明对象,如"××部门的各位同志"。

3. 正文

（1）前言。讲话稿的前言有多种写法，可以归纳为以下几种类型。一是概略描述式，简单介绍会场的情况，包括对时间与空间的强调，增加讲话的亲切感，一般用于庆祝大会；二是开门见山式，在讲话开头对讲话的内容进行概括性的介绍，让听众对讲话的内容有所了解。传达上级精神、安排工作的会议上经常采用这种前言。三是慰问祝贺式，一般用于上级领导出席下属某部门或系统会议时的内容。

（2）主体。讲话稿的主体，应根据讲话的目的、内容的侧重点、讲话人的身份和出场顺序的不同，进行合理的安排。在传达上级精神、部署工作的讲话中，一般是先陈述上级精神并对其内涵进行分析，最后作出贯彻落实这一精神的工作部署。在总结经验教训的讲话中，陈述基本工作情况之后，要重点总结工作经验，反思不足，吸取教训。

4. 结尾

讲话是面向听众进行的公共社交环节，要注意其完整性，因此讲话稿一定要有结尾。讲话人可以以"谢谢"等用语自然结尾，也可以特别强调讲话的主旨，对听众提出鼓舞性的希望与号召。

三、案例简析

案例一：礼仪活动类讲话

在欧美同学会成立100周年庆祝大会上的讲话①

（2013年10月21日）

中共中央总书记、国家主席、中央军委主席 习近平

同志们，朋友们：

今天，我们在这里集会，庆祝欧美同学会成立100周年。首先，我代表党中央、国务院，向欧美同学会·中国留学人员联谊会及其全体会员，表示热烈的祝贺！向广大出国和归国留学人员及其家人，致以诚挚的问候！

近代以来，我国大批留学人员负笈求学的足迹，记录着中华儿女追寻民族复兴的梦想，伴随着我国从封闭到开放、从落后到富强的伟大历史性跨越。

百余年的留学史是"索我理想之中华"的奋斗史，一批又一批仁人志士出国留学、回国服务，大批归国人员投身中国共产党领导的伟大事业，在中国革命、建设、改革的历史画卷中写下了极为动人和精彩的篇章。

历史不会忘记，100多年前，中国民主革命的伟大先行者孙中山先生，以当时留日中国学生等为骨干组建中国同盟会，毅然发动和领导辛亥革命，推翻了统治中国

---

① 中央人民政府网，http://news. xinhuanet. com/mrdx/2013～10/22/c_132817926. htm，2013-03-02.

几千年的君主专制制度,打开了中国进步的闸门,点燃了振兴中华的希望。

历史不会忘记,陈独秀、李大钊等一批具有留学经历的先进知识分子,同毛泽东同志等革命青年一道,大力宣传并积极促进马克思列宁主义同中国工人运动相结合,创建了中国共产党,使中国革命面貌为之一新。在中国共产党成立前后,旅欧勤工俭学和留苏学习的进步青年相继回国,在火热的斗争中成长为坚定的马克思主义者,为党和人民事业发展建立了不朽功勋,周恩来、刘少奇、朱德、邓小平同志等就是他们中的杰出代表。同一时期,还有许多留学人员学成回国,为我国经济社会发展起到了开拓者的重要作用。

历史不会忘记,面对新中国百废待兴、百业待举的困难局面,一大批留学人员毅然决然回到祖国怀抱,在极其艰难困苦的条件下呕心沥血、顽强拼搏,为新中国各项事业发展奠定了坚实基础,取得了"两弹一星"等举世瞩目的重大成就,李四光、严济慈、华罗庚、周培源、钱三强、钱学森、邓稼先同志等就是他们中的杰出代表。20世纪五六十年代,一大批留学人员远赴苏联、东欧学习,成为我国建设和改革事业的重要力量。

历史同样不会忘记,改革开放以来,党中央和邓小平同志作出了扩大派遣留学生的战略决策,推动形成了我国历史上规模最大、领域最多、范围最广的留学潮和归国热。截至2012年年底,我国出国留学人员达到264万人,留学回国人员达到109万人。广大留学人员积极投身改革开放和社会主义现代化建设,积极推动我国同其他国家各领域交流合作,为推动我国经济社会发展作出了重要贡献。

实践证明,广大留学人员不愧为党和人民的宝贵财富,不愧为实现中华民族伟大复兴的有生力量。党、国家、人民为拥有并将拥有更多这样一大批人才而感到骄傲和自豪。

同志们、朋友们!

"致天下之治者在人才。"人才是衡量一个国家综合国力的重要指标。没有一支宏大的高素质人才队伍,全面建成小康社会的奋斗目标和中华民族伟大复兴的中国梦就难以顺利实现。

当今世界,综合国力竞争日趋激烈,新一轮科技革命和产业变革正在孕育兴起,变革突破的能量正在不断积累。综合国力竞争说到底是人才竞争。人才资源作为经济社会发展第一资源的特征和作用更加明显,人才竞争已经成为综合国力竞争的核心。谁能培养和吸引更多的优秀人才,谁就能在竞争中占据优势。

当代中国,经过35年的改革开放,社会生产力迈上一个大台阶,人民生活水平迈上一个大台阶,综合国力迈上一个大台阶,我们比历史上任何时期都更接近实现中华民族伟大复兴的宏伟目标,我们也比历史上任何时期都更加渴求人才。正如邓小平同志深刻指出的:"我们进行社会主义现代化建设,是要在经济上赶上发达的资本主义国家,在政治上创造比资本主义国家的民主更高更切实的民主,并且造就比这些国家更多更优秀的人才。"

尊重劳动、尊重知识、尊重人才、尊重创造,是党和国家的一项长期方针。党和国家历来高度重视广大出国和归国留学人员，毛泽东同志曾在莫斯科深情寄语留学人员说："你们好像早晨八九点钟的太阳，希望寄托在你们身上。"党的十八大发出了"广开进贤之路，广纳天下英才"的号召，强调要"充分开发利用国内国际人才资源，积极引进和用好海外人才"。

党和国家将按照支持留学、鼓励回国、来去自由、发挥作用的方针，把做好留学人员工作作为实施科教兴国战略和人才强国战略的重要任务，以更大力度推进"千人计划""万人计划"，千方百计创造条件，使留学人员回到祖国有用武之地，留在国外有报国之门。我们热诚欢迎更多留学人员回国工作、为国服务。

同志们、朋友们！

全面建成小康社会，推进社会主义现代化，实现中华民族伟大复兴，是光荣而伟大的事业，是光明和灿烂的前景。一切有志于这项伟大事业的人们都可以大有作为。在亿万中国人民前行的伟大征程上，广大留学人员创新正当其时、圆梦适得其势。广大留学人员要把爱国之情、强国之志、报国之行统一起来，把自己的梦想融入人民实现中国梦的壮阔奋斗之中，把自己的名字写在中华民族伟大复兴的光辉史册之上。

这里，我对广大留学人员提4点希望。

第一，希望大家坚守爱国主义精神。在中华民族几千年绵延发展的历史长河中，爱国主义始终是激昂的主旋律，始终是激励我国各族人民自强不息的强大力量。不论树的影子有多长，根永远扎在土里；不论留学人员身在何处，都要始终把祖国和人民放在心里。钱学森同志曾经说过："我作为一名中国的科技工作者，活着的目的就是为人民服务。如果人民最后对我的一生所做的工作表示满意的话，那才是最高的奖赏。"

希望广大留学人员继承和发扬留学报国的光荣传统，做爱国主义的坚守者和传播者，秉持"先天下之忧而忧，后天下之乐而乐"的人生理想，始终把国家富强、民族振兴、人民幸福作为努力志向，自觉使个人成功的果实结在爱国主义这棵常青树上。党和国家尊重广大留学人员的选择，回国工作，我们张开双臂热烈欢迎；留在海外，我们支持通过多种形式为国服务。大家都要牢记，无论身在何处，你们都是中华儿女的一分子，祖国和人民始终惦记着你们，祖国永远是你们温暖的精神家园。

第二，希望大家矢志刻苦学习。学习是立身做人的永恒主题，也是报国为民的重要基础。梦想从学习开始，事业从实践起步。当今世界，知识信息快速更新，学习稍有懈怠，就会落伍。有人说，每个人的世界都是一个圆，学习是半径，半径越大，拥有的世界就越广阔。

希望广大留学人员坚持面向现代化、面向世界、面向未来，瞄准国际先进知识、技术、管理经验，以韦编三绝、悬梁刺股的毅力，以凿壁借光、囊萤映雪的劲头，努力扩大知识半径，既读有字之书，也读无字之书，砥砺道德品质，掌握真才实学，练就过硬本领。已经完成学业的留学人员也要拓宽眼界和视野，加快知识更新，优化知识结构，努力成为堪当大任、能做大事的优秀人才。

第三，希望大家奋力创新创造。创新是一个民族进步的灵魂，是一个国家兴旺发达的不竭动力,也是中华民族最深沉的民族禀赋。在激烈的国际竞争中,唯创新者进,唯创新者强,唯创新者胜。留学人员视野开阔,理应走在创新前列。祖国改革开放和社会主义现代化建设的火热进程,为一切有志于创新创造、干一番事业的人们提供了广阔舞台。

希望广大留学人员积极投身创新创造实践,有敢为人先的锐气,有上下求索的执著,得风气之先、开风气之先,力争有所突破、有所发展、有所建树。在中国的大地上,要想有建树、有成就,关键是要脚踏着祖国大地,胸怀着人民期盼,找准专业优势和社会发展的结合点,找准先进知识和我国实际的结合点,真正使创新创造落地生根、开花结果。

第四,希望大家积极促进对外交流。中国的发展离不开世界,世界的繁荣也需要中国。我们要以更加开放的姿态,加强同世界的联系和互动,加深同各国人民的了解和友谊。广大留学人员既有国内成长经历又有海外生活体验,既有广泛的国内外人际关系又有丰富的不同文化交流经验,许多外国人通过你们了解中国、认识中国,许多中国人通过你们了解世界、认识世界。

希望广大留学人员充分发挥自身优势,加强内引外联、牵线搭桥,当好促进中外友好交流的民间大使,多用外国民众听得到、听得懂、听得进的途径和方式,讲述好中国故事,传播好中国声音,让世界对中国多一分理解、多一分支持。

同志们、朋友们!

欧美同学会成立于100年前的民族危难之时,成立伊始就积极践行爱国思想,组织会员参与爱国民主运动、投身民族救亡和人民解放事业,成为那个时代追求民主、崇尚科学的爱国社团。新中国成立后,欧美同学会积极动员海外学人回国,成为党和政府领导下的进步社团。改革开放以来,欧美同学会大力实施"报国计划",成为致力于中国特色社会主义事业的群众团体。2003年,经中央批准,欧美同学会增冠了"中国留学人员联谊会"会名,工作领域拓宽到全国,工作对象扩展到全球,成为影响更加广泛的人民团体。

面对新形势新任务,欧美同学会·中国留学人员联谊会要发挥群众性、高知性、统战性的特点和优势,立足国内、开拓海外,努力成为留学报国的人才库、建言献策的智囊团、开展民间外交的生力军,成为党联系广大留学人员的桥梁纽带、党和政府做好留学人员工作的助手、广大留学人员之家,把广大留学人员紧密团结在党的周围。要关心留学人员工作、学习、生活,反映愿望诉求,维护合法权益,不断增强吸引力和凝聚力。

"尚贤者,政之本也。"各级党委和政府要认真贯彻党和国家关于留学人员工作的方针政策,更大规模、更有成效地培养我国改革开放和社会主义现代化建设急需的各级各类人才。环境好,则人才聚、事业兴;环境不好,则人才散、事业衰。要健全工作机制,增强服务意识,加强教育引导,搭建创新平台,善于发现人才、团结人才、使用人才,为留学人员回国工作、为国服务创造良好环境,促使优秀人才脱颖而出。要关心支持欧美同学会·中国留学人员联谊会工作,加强组织建设,健全工作机构,配强工作力量,为他们开展工作创造条件。

同志们、朋友们！

发展的中国需要更多的海外人才，开放的中国欢迎来自世界各地的英才。我们相信，只要广大留学人员牢记"空谈误国、实干兴邦"，同人民站立在一起、同人民奋斗在一起，就一定能为实现中华民族伟大复兴的中国梦书写出无愧于时代、无愧于人民、无愧于历史的绚丽篇章！

【评析】

这篇讲话稿是习近平同志 2013 年 10 月 21 日在欧美同学会成立 100 周年庆祝大会上的讲话。讲话稿的前言采用的是慰问祝贺式，平易近人。主体部分首先高度评价我国留学人员的作用和贡献；其次强调了广大留学人员要继承和发扬留学报国的光荣传统；再次对广大留学人员砥砺道德品质，掌握真才实学，练就过硬本领，努力成就大业提出殷切的希望；最后面对新形势新任务，要求欧美同学会·中国留学人员联谊会立足国内、开拓海外，发挥党联系广大留学人员的桥梁纽带作用。主体 4 个部分从回顾历史，立足现实，提出希望到展望未来，层层递进，环环相扣。语言大方得体，"致天下之治者在人才""尚贤者，政之本也"等名句名言的使用增加了讲话的哲理性，富有民族气息。

案例二：工作会议类讲话

×××副市长在 2013 年全市普通高校
毕业生就业工作会议上的讲话①

（2013 年 6 月 19 日）

×× 市人民政府副市长　×××

同志们：

大家好！

当前，正值高校毕业生离校求职之季，国家省市高度重视高校毕业生就业工作，国务院、人力资源和社会保障部、省政府最近在一个月内相继召开了普通高等学校毕业生就业工作会议。今天，市政府 2013 年全市普通高校毕业生就业工作会议部署今年及今后一个时期的高校毕业生就业工作，具有重要的意义。

从 ×× 市的情况看，2012 年，×× 市生源高校毕业生 5.2 万人，目前已有约 5 万人实现就业，就业率达 96.3%。今年我市 ×× 生源高校毕业生约有 5.1 万人，加上往年未就业的广州生源毕业生和 2013 年在 ×× 求职的外地生源毕业生，预计今年将有 25～30 万名高校毕业生在 ×× 求职。高校毕业生就业总量群体庞大，而从今年前段时间我市人力资源社会保障部门举办的高校毕业生专场供需见面会的情况看，招聘单位数量较去年同期下降了 11%，需求职位数下降了约 15%，供需矛盾突出，就

---

① 广东省人民政府网 . http://www.gzedu.gov.cn/jyxw/ztxx/201402/t2014022 8_25761.htm，2013-02-21.

业形势不容乐观。刚才,市人力资源和社会保障局、市教育局、市财政局结合部门职责,对下一步更好地开展高校毕业生就业工作做了具体的安排,×××副秘书长受×××副市长的委托,也作了很好的发言,我都同意,请大家结合省的要求一并抓好落实。下面,我再强调三点意见:

一、着眼大局,统一思想,进一步增强做好高校毕业生就业工作的责任感和紧迫感。

高校毕业生是国家宝贵的人才资源,是现代化建设中一支高素质的生力军,是整个社会中充满活力、富有创造力的群体。做好高校毕业生就业工作,事关大局,对促进广州科学发展、建设创新型社会、推进新型城市化建设具有重要意义。当前,受国内外经济形势不稳定等多种因素的影响,高校毕业生就业面临严峻态势,为此,全市各级政府、各相关部门和各有关单位,要充分认识做好这一工作的重要性和形势的严峻性,增强大局意识、责任意识、紧迫意识,把高校毕业生就业工作放在就业工作的首位,把促进高校毕业生就业作为促进经济转型升级,改善民生,维护社会和谐稳定的大事要事,以更加坚定的信心、更加扎实的工作、更加有力的举措,全力以赴做好今年高校毕业生就业工作。

今年高校毕业生就业形势的严峻性主要由三个方面的因素造成:一是高校毕业生就业总量群体庞大。本年度的高校毕业生加上往年未就业的,今年预计将有25万~30万名高校毕业生在广州求职。二是能提供岗位的招聘单位比去年同期下降了11%,职位数下降了约15%。一方面是求职的人增加,另一方面是职位数下降了。三是本届高校毕业生的签约率比往届低。这三个因素就构成本届和往届高校毕业生在××求职的严峻性和就业压力,如何帮助、促进这些高校毕业生求职、就业就是我们的工作目标。

二、突出重点,统筹兼顾,千方百计促进高校毕业生就业。

市委市政府历来高度重视高校毕业生就业工作,特别是近年来,针对高校毕业生的特点,出台了一系列帮扶的措施、政策,对促进我市高校毕业生就业发挥了重大作用,取得了很好的成效。但是,我们也要看到,我们的政策措施与就业的现实需要还是有一定差距。为此,接下来要重点抓好以下工作:

(一)进一步完善和落实高校毕业生就业政策。(略)

(二)进一步拓展高校毕业生就业渠道。要在三个方面"下更大工夫":

一是在抓项目带动上下更大工夫。(略)

二是在抓企业拉动上下更大工夫。(略)

三是在抓高校毕业生创业上下更大工夫。(略)

(三)进一步强化就业指导和就业服务。

一要抓就业指导。(略)

二要抓公共就业服务。(略)

三要抓就业援助。(略)

三、加强领导,狠抓落实,确保高校毕业生就业工作取得实效。

做好高校毕业生就业工作,既是当前的一项重要工作,也是一项艰巨的长期任务。全市各级政府、各相关部门和各有关单位要切实加强领导、强化保障措施、千方百计促进高校毕业生就业。

（一）加强组织领导。（略）

（二）加强协调配合。（略）

（三）加强宣传教育。（略）

同志们，党中央国务院、省委省政府、市委市政府对做好高校毕业生就业工作提出了明确要求。我们要把提高高校毕业生就业率作为基本任务，把促进高校毕业生高质量就业作为长期目标切实抓好落实，为我市走新型城市化道路、建设幸福广州做出更大的贡献。

我的讲话完了，谢谢大家！

【评析】

这篇讲话稿是地市级的例文，是关于 2013 年全市普通高校毕业生就业工作会议上的领导讲话稿。这篇讲话稿的内容比较翔实，层次分明。引言部分分析了当前全市普通高校毕业生就业的基本概况，正文针对引言所陈述的问题，根据相关的政策法规，分点对今后全市普通高校毕业生就业工作的开展提出了具体的指导意见。本文的亮点在于在正文提出意见后还穿插了更具体翔实的事实问题分析，使讲话的重点更加突出。

四、讲话稿小结

撰写讲话稿之前，撰写者要掌握材料，领会领导意图，写出符合领导意图的讲话稿。讲话稿主题要突出，观点要鲜明。层次要清晰，逻辑性要强。要有一定的新意。领导的讲话不同于一般的讲话，不仅具有权威性，还要体现领导讲话特点，使领导的讲话既全面又独特。文稿写作工作是一项崇高的职业，需要撰写者付出艰苦的努力。撰写者必须有扎实的理论功底、政策水平，还要紧跟形势，抓住新情况、新问题、新特点、新成就、新面貌、新变化来写。

五、练习题

1. 判断题

（1）讲话稿主要指领导讲话时使用的文稿，因此写作的要求必须因发表的内容而定。

（　　）

（2）讲话稿具有权威性，因此语言必须带有书面语的特质。（　　）

2. 简答题

（1）请简要说明讲话稿撰写时应注意的问题。

（2）请简要说明讲话稿与演讲稿、发言稿的联系与区别。

3. 写作题

有关部门拟在全球最高的妈祖圣像落成周年纪念日举办妈祖文化旅游节活动，需要一批志愿者向游客讲解妈祖文化。请你根据以下资料，为志愿者写一份示范性的讲解稿。

要求：

（1）内容具体，切合主题；

（2）准确全面，逻辑清楚；

（3）表述生动，对象明确；

（4）总字数 400～500 字。

妈祖，又称天妃、天后、天上圣母、娘妈，是历代船工、海员和渔民共同信奉的神祇。古代在海上航行经常受到风浪的袭击而船沉人亡，航海者就把希望寄托于神灵的保佑，在起航前要先祭天妃，祈求保佑顺风和安全，在船上还立天妃神位供奉。

妈祖就是这样一位天神。中国沿海的地方或内陆河道，以及世界各地有华侨聚集的大小埠头，几乎都有她的宫庙。据不完全统计，全世界共有 3 千多座妈祖庙以及 2 亿多崇信者。她的影响力从南方沿海辐射开去，遍及我国港、澳、台地区以及亚洲、北美等 20 多个国家和地区。

公元 960 年农历三月二十三日，妈祖出生在福建莆田一户普通的林姓人家，因为不爱啼哭，起名林默。因她识些天文，懂点医理，又急公好义，助人为乐，所以为乡人所信赖。附近渔民也渐渐相信她可以"预知吉凶"，从而一传十，十传百，渐渐将她神化成可以"逢凶化吉"的保护神。她过世不久，当地乡民便在莆田湄洲岛为她建庙祭祀，这座"落落数椽"的简陋祠庙，也是最早的妈祖庙，当时已经香火非常旺盛。

在民间有着广泛影响力的佛教也将妈祖演绎进自己的神话世界，称林默是东海龙王的女儿，有一次游玩遇险，被观音菩萨挽救，从而成为观音的侍女，并渐渐幻化为可与观音菩萨平起平坐的主神。儒家也对这一优质的"文化"载体予以高度重视，对妈祖神话进行了儒家式的"改造"，增添了惩恶扬善故事，力图去除妈祖浓厚的巫女色彩，将其塑造成为儒家的道德楷模和精神典范。

历代统治者也不断对妈祖进行加封行赏。公元 1281 年，忽必烈便诏封妈祖为"护国明著天妃"。虽然妈祖是汉族人，可加上一个"天"字，成为天神，那就没有种族划分的界线了。元朝统治者对这位深得民心的海神推崇备至，源于对海运的重视和依赖：一方面是元时海外贸易的持续繁荣，另一方面则是供应京师的海上运输线。公元 1329 年，元朝的皇帝曾派遣"天使"进行了一次规模空前的进香之旅，耗时半年，行程万里，沿途拜谒淮安、苏州、杭州、绍兴、温州、福州、湄州、泉州等重要港口的十五座妈祖庙，并代表皇帝呈献祭文。至此，妈祖已升为国家级的航海保护神。而清代的妈祖信仰进入发展的全盛期,从康熙到同治,有六位皇帝十余次加封,妈祖的称号也由明代的天妃升至天后,封号长达64个字,在同时代女神中名号最长,地位尊贵,无以复加。

信仰妈祖的范围在明清时代不断扩大,很大程度上和当时的移民潮有关。譬如四川,明清时代的客家移民由广东福建等地迁入,妈祖作为老家的神明也就在巴蜀扎根落户。清代中后期,巴蜀地区的妈祖庙已超过两百座。

当贫瘠的土地无法提供足够的粮食时,明清时代大量广东福建的民众不断流动,每到一处,都要兴修妈祖庙。譬如澳门妈阁庙,起初便是由漳州泉州潮州三地商人修建,称为三州会馆,距今已有五百多年的历史。便是澳门(MACAU)的名字,也与妈阁庙有关。台湾地区的妈祖信仰也十分普遍,全岛共有大小妈祖庙510座。妈祖的信仰,也随着先民的南渡遍布于南洋各地。

面朝大海,高度42.3米,全球最高妈祖圣像于2012年9月28日落成,作为第六届天津妈祖文化旅游节的重要活动,2500余名游客和表演家以鼓乐、舞蹈等传统民俗方式,向这位和谐女神致敬。一条从水中央建起的6.5公里长的通道将来自我国港澳台的游客带到了妈祖圣像面前。他们虔诚地站立在圣像下,见证着这座妈祖圣像的落成。

从台湾地区赶来的某女士说,这是她第一次看到坐落在海上的妈祖圣像。妈祖圣像的落成将加强两岸文化交流。妈祖信仰的盛行,还在于她是集无私、善良、亲切、慈爱、英勇等传统美德于一体的精神象征和女性代表。她的亲和力更是别的神灵无法比拟。如今,海外还有游子没有归家,他们还需要神灵护佑,还需要妈祖守望。那么,就让我们借妈祖之名,以亲情的名义祈祷四海归一,天下一家吧。

第六节

公　示

一、公示的定义

公示是党政机关、企事业单位、社会团体等就拟办事件告知群众,用来征求意见、改善工作的一种事务文体。

公示是一种逐步形成的新文体,它是我国政治体制改革逐步深化、党政机关和企事业单位的组织人事管理日益民主化、公开化、透明化的产物。

二、公示文种认识

（一）公示的特点

1. 公开性

所谓公开性是指公示所写作的内容、传达的信息，都是面对向一定范围内或特定范围内的人员公开出来的，目的是要让大家知道和了解，它具有较强的透明度，不存在任何秘密和暗箱操作。

2. 广泛性

广泛性是指公示所涉及的内容既可以发布有关党领导干部的任免，也可以发布后备干部的选拔，还可以发布其他有关方面的内容，诸如招标结果、收费价格、发展党员、评先选优等，涉及公务活动的方方面面。

3. 周知性

所谓周知性是指公示写作的目的是让关注它内容与信息的人们都了解是怎么回事，从而参与其事。

4. 科学性

所谓科学性是指公示的时间要科学合理，不但要反映公示的过程，更要反映出公示的结果，反映出群众的意愿。公示是事前的公示，不是事后的公示。公示的内容是初步的决定而非最终的决定。如果是最终的决定就必须在"公示"前言中加以说明。

5. 时限性

时限性是指公示的时间有一定的限度。在公示期限内，任何正确的反馈信息都会受到受理机关的重视，从而产生积极的作用。因此，公示写作必须写明公示时限。

（二）公示的种类

从不同的角度划分，公示会有不同的种类。常见的划分有以下几种。

从公示的内容划分，可以分为任职、提拔公示，晋升技术职称公示，公务员录用公示，评优、评奖公示、行政事业收费公示，项目招标公示等。

按写作形式划分，有文章式公示，表格式公示和综合式公示3种。

按发文单位划分，有政府公示、部门公示、单位公示。

（三）公示的格式与写法

公示作为一种新型的实用文体，其写作格式一般因公开载体的不同而有所变化。通常以表格形式或张贴形式发布的公示，其格式往往较为简单。以文件形式发布的公示则相对比较复杂。在一般情况下，一个完整的公告由标题、正文、落款3个部分组成，有时有附表、附录或附图等。

1. 标题

公示的标题要写得鲜明、醒目，以引起公众的注意，具体可采取以下4种形式：一是直接用"公示"两字;二是公示所属区域加上公示内容和文种,如《××省管理干部任前公示》;三是由公文内容加文种组成,如《关于×××同志拟任职的公示》;四是由发布公示的机关或单位名称、公示内容和文种名称组成,如《中共××市委组织部关于拟提拔县区级干部任职前公示公告》。通常情况下,公示的标题应选择后两种形式,以便引起公众的注意,使人一看标题就知其理,准确把握公示的内容。

2. 正文

首先写明发布公示的原因、目的、根据和意义等,然后用"现将有关事项(名单)公示如下"等语句过渡到下文。公示写作还要注意反映出公示内容的合法性,如干部任职前的公示必须交代出依据什么政策和文件的规定,经由怎样的民主推荐和民主评测以及人事考察等公平程序,以便令人确信无疑,从而增加行文的说服力。接下来的公示内容要写得相对具体些。如干部任职前的公示,要具体逐项列示拟任对象的基本情况,包括姓名、性别、年龄、政治面貌、文化程度、工作简历、现任和拟任职务以及主要政绩或业绩,尤其是要重点写明其政绩或业绩,以引起公众的信服。在公示的结尾要注明公示的起始及截止日期(以工作日计),意见反馈单位地址、方式及联系方式。还可以适当加上对公众的希望和反映者的要求。

3. 落款

公示的落款一般包括两项内容:一是发布公示的机关或单位名称,要写全称或者规范化简称,以示庄重。严肃,并加盖公章;二是发布公示的日期,要写明完整的年月日,注意年月日用阿拉伯数字表示。

(四)公示与其他文种的区别

1. 公示与公告的区别

(1)发布目的不同。发布公示的目的在于使社会各方面或本系统内的公众了解和掌握被公示对象的基本情况,同时征询各方面的意见,接受社会公众的监督。发布公告的目的在于将有关的重要事项或者法定事项向国内外告知。公告的发布范围要比公示更广。

(2)发布内容性质不同。公示所涉及的内容具有可变性,可根据社会公众的所提交的反馈意见,按照实际情况和需要加以调整或变更。公告的内容具有确定性,它是将已经确定的重要事项或者法定事项向国内外公布。

2. 公示与通告的区别

(1)告知范围不同。公示告知范围比通告广泛。通告对一定范围内的社会公众和有关方面具有强制性和约束力,公示则不具备此种效能。

(2)公示与通知的区别

① 发布内容性质不同。通知作为一种知照性公文,具有用以公布有关人事任免事项的功能,而且这些事项是由法定程序确定了的。公示所涉及相关事项则是尚未确定的,它要求征求广大社会公众的意见,而后方能做出定论。

② 行文要求不同。通知所涉及的事项一般是需要下级机关遵照执行和办理的;公示

则不同。有关人员对公示对象的基本情况如有所异议,可以向组织人事部门进行举报,或对公示内容的真实性和程序的合法性进行监督。

三、案例简析

 案例一:任前提拔公示

××市委组织部发布×××
同志任前公示

为在干部选拔任用工作中进一步扩大民主,广泛听取群众意见,把干部选好、选准,根据《中共××市委管理干部任前公示办法(试行)》,现将×××同志拟任职情况公示如下:

×××,男,×岁(××年×月生),汉族,××××人,××年×月入党,××年×月参加工作,××农业大学××系××专业大学毕业,副研究员。曾任××农业大学党委××部副部长,××农业大学党委办公室副主任、××区机关党总支书记、党委办公室主任、党委××部部长、机关党委副书记,××市委××部党外干部处副处长、调研员。××年×月任现职。拟交流提拔担任副局级领导职务(试用期一年)。

公示时间:××年×月×日至××年×月×日。

公示期间,任何单位和个人均可通过来电、来信、来访等方式向市委组织部反映公示对象在德、能、勤、绩、廉等方面存在的有关问题。

联系电话:×××××××(传真)

联系地址:××区××街×号××市委组织部举报中心(邮编:××××××)

反映情况和问题应实事求是,客观公正。为便于核实、反馈有关情况,提倡反映人提供真实姓名、联系方式或工作单位。我们将严格遵守工作纪律,履行保密义务。

特此公示。

中共××市委组织部

××年×月×日

【评析】

这是一篇文章式的干部任前公示,标题由发文机关、事由和文种组成,首先明确了公示的对象。正文开头交代了公示的目的、根据,主体内容介绍了被公示对象的基本情况,包括姓名、性别、年龄、政治面貌、文化程度、工作简历、现任和拟任职务以及主要政绩或业绩,结尾注明公示的起始及截止日期(以工作日计),意见反馈单位地址及联系方式,写得项目明确,条理清晰。落款包括发文单位和日期两项基本内容。这是一份较为规范的公示,可供借鉴。

××省出入境检验检疫局关于化学品分类
鉴别及评估实验室动物房改造设计
及施工项目公开招标的公示[①]

××省出入境检验检疫局拟对××省出入境检验检疫局化学品分类鉴别及评估实验室动物房改造设计及施工项目进行国内公开招标,兹邀请符合本次招标要求的供应商参加投标。

一、项目编号:×××××××××

二、项目名称:××省出入境检验检疫局化学品分类鉴别及评估实验室动物房改造设计及施工项目

三、资金来源:自筹资金

四、招标项目简介:

包号	招标内容
01包	××省出入境检验检疫局化学品分类鉴别及评估实验室动物房改造设计及施工项目（含设计、土建、内装、设备采购及安装调试）

五、投标人应具备的资格条件:

1. 投标人为中国境内注册并具有独立法人资格的合法企业;

2. 具有良好的商业信誉和健全的财务会计制度;

3. 具有依法缴纳税收和社会保障资金的良好记录;

4. 投标人应同时具有以下资质:

（1）机电设备安装:机电设备安装工程专业承包三级及以上资质或机电安装工程施工总承包三级及以上资质;

（2）建筑装饰装修:建筑装饰装修工程专业承包三级及以上资质与建筑装饰工程设计专项丙级及以上资质,或建筑装饰装修工程设计与施工三级及以上资质;

（3）具有安全生产许可证。

5. 投标人拟委派的项目经理应具有二级及以上注册建造师资格(专业为机电安装)且未担任其他在施工程项目的项目经理;

6. 主要设备、主要材料及控制系统(含软、硬件)非投标产品制造商必须获得产品制造商的授权(主要设备、主要材料及控制系统详见技术需求);

7. 按本邀请函的规定获取招标文件;

8. 参加本项目投标前三年内,在经营活动中没有重大违法记录(提供承诺函);

---

① 转引自中国政府采购网,http://www.ccgp.gov.cn/cggg/zybx/gkzb/201404/t20140425_3416301.shtml, 2013-03-16.

9. 本项目接受联合体投标。

六、资格审查:

除明确要求在购买招标文件时需提供的资格证明文件外,本项目投标供应商的资格条件在评标时进行审查。供应商应在投标文件中按招标文件的规定和要求附上所有的资格证明文件,要求提供的复印件的必须加盖单位印章,并在必要时提供原件备查。若提供的资格证明文件不全或不实,将导致其评标结果受到影响或中标资格被取消。

七、招标文件发售时间、地点:

招标文件自2014年4月26日至2014年5月5日上午9:00~12:00,下午14:00~17:00(节假日除外)在××省出入境检验检疫局(××市××区××路南×段××号)×××室办理登记手续后免费发放。

投标人领取招标文件时,请提供以下材料:

(1)《营业执照》《组织机构代码证》《税务登记证》复印件

(2)单位介绍信

(3)投标人经办人身份证复印件及联系方式

以上资料要求盖有单位公章。

投标人也可通过电子邮件方式提供上述材料。投标人应将上述材料扫描后发至×××××××@163.com。经××省检验检疫局审核通过后,以邮件方式将招标文件发至投标人邮箱。联系人:赵先生,联系电话:×××××××××××。

八、投标截止时间和开标时间:2014年5月15日9:30(北京时间)。

投标文件必须在投标截止时间前送达开标地点。逾期送达或密封和标注不符合招标文件规定的投标文件恕不接受。本次招标不接受邮寄的投标文件。

九、开标地点:××省出入境检验检疫局综合实验楼×××室

十、本项目招标公告、更正公告和中标公告在中国政府采购网上发布。

招标人:××省出入境检验检疫局

联系人:赵先生　×××××××××××

管理部门:曹先生　×××××××××××

监督部门:潘先生　×××××××××××

地址:××市××路南×段××号

【评析】

这是一篇政府招标公示。标题由发文机关、事由和文种组成。此公示开门见山,正文分点详细有序地介绍了招标公示对象——××省出入境检验检疫局化学品分类鉴别及评估实验室动物房改造设计及施工项目的基本情况,包括项目编号、项目名称、资金来源和项目简介。接着陈述了投标的相关事宜,包括投标人应具备的资格条件,资格审查时应注意的问题,招标文件发售时间、地点,投标截止时间和开标时间开标地点及联系人、联系方式等,事无巨细,面面俱到。这是一份全面规范的公示,有一定的借鉴意义。

案例三：行政事业收费公示

苍×县涉农价格和收费公示

　　为了进一步规范涉农价格和收费行为,减轻农民负担,维护农民利益,根据浙价费［××］×号文件精神,我县清理整顿涉农价格和收费工作已于×月底结束,现将清理后的涉农价格和收费项目及标准予以公示:

序号	收费项目名称	收费标准	收费文件依据	说明
一	农村用水收费			
二	农村用电价格	元/千瓦时		
三	农村中小学教育收费			
四	办理身份证收费			
五	农民建房收费			
六	婚姻登记收费			
七	计划生育收费			
八	殡葬服务收费			
九	有线电视收费		浙价服［××］×号	
十	畜禽防疫收费		浙价费［××］×号	

【评析】

　　这是一份表格式的涉农价格收费公示。因公示项目较多,内容复杂,所以用表格式,这样各项内容既可得到综合的概括,具有化复杂为简明、清晰、直观的效用。表格式在公示内容具有复杂性与综合性的情况有其独特的优势。本文是一个典型的案例,可以借鉴。

四、公示小结

　　由于公示是一种新生事物,人们对其使用还不是特别规范,甚至与公告、通告、通知等混为一谈。面对这种情况,正确的做法应该是:了解公示的文体特征,结合规范公示案例,掌握公示写作的结构模式和用语。写作时特别要注意公示对象的基本情况要真实。准确,反映情况的途径、部门、时限要明了。写作要符合规范,基本要素要齐全。要一文一事,即一事一公文,切忌几件事情写在一则公示里。这样,才能充分发挥这一文种的应有效用,促进公文文种的规范化建设。

五、练习题

1. 填空题

（1）根据公示的写作形式来分,公示主要可以分为_____、_____、_____。

（2）公示一般包括_____、_____、_____3个部分。

（3）公示的落款通常由_____和_____两部分组成。

2. 判断题

（1）公示从发文单位划分,可以分为任职、提拔公示,晋升技术职称公示,公务员录用公示,评优、评奖公示、行政事业收费公示,项目招标公示等。　　　　　　（　　）

（2）通告与公示不同,公示告知范围要比通告广泛。　　　　　　　　　（　　）

3. 简答题

（1）请简要说明公示的主要特点。

（2）请简要说明公示与通告、通知、公告之间的联系与区别。

附录一

公文章节参考答案

第 三 章

《决议》节参考答案

1. 选择题

B　B　B　D　D

2. 简答题

（1）决议和决定都是下行的指挥性公文,就其反映的内容来说基本上也是相同的,都侧重于对重要事项作出决策,同属决策性文件;但它与决定也有一定的区别。最主要的区别表现在发文的程序上,决议必须产生于会议,必须由特定的会议经表决通过后才能发文;而决定则不然,有的也产生于会议,是会议集体讨论并按照法定程序表决的结果,也有的是领导机关直接做出的。

（2）"决议"按其内容的不同,一般划分为如下 3 类。

① 审议批准性决议。这类决议即为审议批准法律、法规、文件等而发布的决议,如《中国共产党第十八次全国代表大会关于〈中国共产党章程(修正案)〉的决议》。

② 方针政策性决议。这类决议主要着眼于从宏观,特别是路线、方针、政策上统一人们的思想认识,以确定大政方针,如《中国共产党中央委员会关于建国以来党的若干历史问题的决议》。

③ 专门事项性决议。这类决议主要就某一专门问题作出决定后而发布的决议,如《山东省关于认真学习贯彻中共十八大精神的决议》。

3. 写作题

（略）

《决定》节参考答案

1. 选择题

B　B　C　D　D

2. 简答题

（1）相同之处:决议与决定都是下行文;在公文实践中它们都属于重要的公文文种,即对重要的公务活动进行布置或要求下级了解与执行时,才使用决议、决定。一般来说,决议多用于党务公文中,决定多用于政务公文中。

不同之处:决议适用于会议讨论通过的重大决策事项;而决定适用于对重要事项作出决策和部署、奖惩有关单位和人员、变更或者撤销下级机关不适当的决定事项。决议要由会议作出,而决定没有这一方面的要求。决议的适用面较窄,决定的适用面较广。在公文的具体写作实践中,决定的使用频率明显高于决议。

（2）不同的公文有不同的公文思路与结构,虽然这些思路与结构没有也不可能固定下来,但是遵循这些较为固定的思路与结构,可以提高公文写作效率,事半而功倍。

奖惩性决定常见的写作思路与结构是:介绍奖惩对象的一般情况、奖惩对象的优劣信息、奖惩对象所作所为的评判与认定（或定性）、呼吁大家见贤思齐（学习受表彰对象的品质、品格、精神、操守、胸襟、情怀）,见不贤而内自省（从受批评对象处引以为戒:遵纪守法、严以律己、积极进取、戒慵懒散奢）。

3. 写作题

（略）

《命令（令）》节参考答案

1. 选择题

A D B D B

2. 简答题

（1）主要从适用范围、执行效力、内容等方面回答。

（2）公布令;行政令;任免令;嘉奖令。

3. 写作题

以国务院总理的名义,写一则关于表彰张三在慈善方面做出杰出贡献的命令。

答:主要从标题、正文、结尾3个部分构思。正文部分应交代清楚命令的原因、事项和执行要求等内容。结尾部分写明制发机关名称及日期。

《公报》节参考答案

1. 选择题

D D C D C

2. 简答题

（1）会议公报、事项公报、外交公报。

（2）受众的广泛性;内容的重要性;内容和传播方式的新闻性。

3. 论述题

（略）

《公告》节参考答案

1. 简答题

（1）公告具有如下特点。

① 题材的重大性。公告的题材必须是能在国际国内产生一定影响的重要事项,或者依法必须向社会公布的法定事项。公告的内容庄重严肃,发布公告时,既要能够将有关信息和政策公之于众,又要考虑在国内国际可能产生的政治影响。

② 发布范围的广泛性。公告一般面向全国或者某个地区发布,有的甚至面向全世界发布,发布的范围是非常广泛的。公告的告知对象一般是社会公众,发布公告的机关和被告知对象之间一般没有隶属关系。

③ 发文权力的限制性。一般来说,公告由较高级别的国家行政机关或权力机关及其授权机关制发,基层单位不能滥用公告。

④ 内容和传播方式的新闻性。从内容上来说,公告都是新近的、群众应知而未知的事项,在一定程度上具有新闻的特点;从传播方式上来说,公告一般不用红头文件的方式传播,而是在报刊上公开刊登。

(2)公告的标题有如下 3 种形式。

① 发文机关 + 事由 + 文种,如《国家统计局关于 2011 年年度国内生产总值(GDP)初步核实的公告》、《国土资源部关于稀土探矿权采矿权名单的公告》等。

② 发文机关 + 文种,如《国家税务总局公告》《中华人民共和国财政部公告》等。

③ 只写"公告"两个字。

2. 写作题

(略)

《通告》节参考答案

1. 选择题

D C D D D

2. 简答题

(1)通告和通报是两种极容易混淆的文种。二者实际上存在很大的差别:

① 目的不同。通报主要是通过典型事例或重要情况的传达,向全体下属进行宣传教育或沟通信息,以指导、推动今后的工作,没有工作的具体部署与安排;通告公布在一定范围内必须遵守的事项,有着较强的、直接的和具体的约束力。

② 作用不同。通报起着表扬或惩罚的作用,而通告没有此种作用。

③ 受文对象不同。通报是上级机关把工作情况或带有指导性的经验教训通报给下级单位或部门,无论哪种通报,受文单位只能是制发机关的所属单位或部门;通告所告知的对象是全部组织和群众,它所宣布的规定条文具有政策性、法规性和某种权威性,要求人们遵照执行。

④ 制发时间不同。通报一般是事后制发,事情发生之后表彰或者批评相关人员或者单位,以起到宣传教育的目的。通告一般是在事前制发,告诉人们应该周知的事项或者执行的要求,以达到预先传递信息的目的。

(2)通告具有如下几个特点。

① 广泛性。通告的告知范围广泛,适用范围也很广泛。通告的内容涉及社会生活的

方方面面,水电、交通、金融、公安、税务、海关等部门的事项都可以用通告来发布。通告的使用主体也是很广泛的,各级国家行政机关、企事业单位乃至人民团体都可使用通告这种文种。另外,通告的发文形式也很多样,可通过报刊、广播、电视公布,也可以张贴和发文,使公告内容广为人知。

② 规范性。通告所告知的事项常作为各有关方面行为的准则或对某些具体活动的约束限制,具有行政约束力甚至法律效力,要求被告知者遵守执行。这一点尤其充分体现在规定性通告中。

③ 业务性。通告常用于水电、海关、交通、金融、公安、税务等主管业务部门工作的办理、要求或事务性事宜,内容带有专业性和事务性的特点。

3. 写作题

写作提示要点:该份通告可以以"××市公安局通告"为标题,正文部分主要由通告缘由、通告事项以及结语3部分组成。通告的结尾部分要注明发文机关及发文日期。同时应注意用语的简洁、规范。

《意见》节参考答案

1. 选择题

C　D　D　D　C

2. 简答题

(1) 内容的重要性;要给出具体的处理办法;"意见"具有建议和指示性质。

(2) 上行文的意见;下行文的意见;平行文的意见。

3. 论述题

写作提示要点:从标题、正文、结尾三个方面来回答。

《通知》节参考答案

1. 选择题

C　C　D　D　D

2. 简答题

(1) 通知写作的注意事项如下。通知一般不可以发给个人,但必要时也可发给个人。例如开会通知,通常在主送机关的位置写上个人姓名。通知的发文形式多样,可以用文件的形式发送,也可以用信函的形式发送,还可以写在公布板上。具体情况具体对待,以具有实效为第一准则。有的通知必须写明主送机关,如传达要求相关部门或者单位周知或者执行的事项;普发性通知,一般不写主送机关。

(2) 通知的用语要求:发布、传达要求下级机关执行的通知,其用语要有一定的使令性,以彰显公文的权威;要求有关单位周知的公文,其用语要简洁、明了、清晰;要求有关单位执行的通知,特别是那些没有上下级关系的平行单位,通知的用语更要注意分寸,既让"有关单位"知道要做什么、如何做、什么时候要做,又不至觉得发文机关在命令它、指使它;批转类通知,批语要简洁、利落;转发类通知的用语也要一看便知、一目了然。

3. 论述题

3 种通知的正文写法各不相同。

(1)发文通知。发文通知的正文一般包括这样三个部分的内容:一是表明发布(转发、批转)的文件或法规、规章,说明发布(转发、批转)的目的或者依据,告知该文件或法规、规章将施行的日期;二是写明与被发文件或者法规相关的事项;三是对贯彻执行被转文件提出具体要求。

(2)传达性通知。传达性通知的正文要写出通知缘由、具体事项、执行要求等方面的内容。

(3)任免性通知。任免性通知正文内容相对简单,篇幅比较短小,一般写明任免依据和任免事项即可。有时还须写明任期。

《通报》节参考答案

1. 简答题

(1)根据《党政机关公文处理工作条例》,通报这一文体,主要适用于"表彰先进、批评错误、传达重要精神和告知重要情况。"

(2)通报的类型具体大致可分为表彰性通报、批评性通报、情况通报 3 种。

2. 论述题

首先"表彰性决定"和"表彰性通报"的作用不同。《中国共产党各级领导机关文件处理条例》(试行)和《党政机关公文处理工作条例》规定决定是对重要事项或重大行动作出安排用的文种,具有权威性和强制性,写入决定的内容要求下级机关及有关人员必须遵照执行,不得违抗,即具有法规作用和行动约束力,如《中共湖南省委、湖南省人民政府关于开展向长沙县学习加快农村经济发展的决定》。而"通报"是表彰先进批评错误传达重要情况用的文种。"通报"为知照类公文,其主要作用是传递信息、沟通情况、发布成果、推广经验,激励和教育人们。"通报"既不像"决定"那样对人们的行为带有约束力、起到限制的作用,也不像"通知"那样,可以用来发布规定和布置安排工作。"通报"只能用来告知某些事项,但通过"通报"所反映的内容也能够了解发文机关的态度、主张和立场。而且在一些"通报"中发文机关在写明事项的同时也要结合事例提出要求或对有关事项作出规定,如《中共怀化地委办公室、怀化地区行政公署办公室关于表彰信访工作先进单位和先进工作者,并要求全区信访部门向他们学习努力做好当前信访工作的通报》。

其次,"表彰性决定"与"表彰性通报"的使用范围不同。"表彰性决定"是决定类公文的一种,它是对重大的典型和事例或贡献大的人和事进行表彰。它主要侧重于公布表彰结果,主要针对某个人或某件事表明领导态度和组织意见,如《中共湖南省委、湖南省人民政府、湖南省军区关于开展向舍己救人的英雄刘志艳学习的决定》(一九九四年三月二十九日),主要是表明省委、省政府、省军区对舍己救人英雄的态度,号召全省广大干部、群众和民兵向刘志艳同志学习,弘扬助人为乐、见义勇为的良好社会风尚。"表彰性通报"是通报类的一种,它是对先进典型、好人好事进行表彰对先进经验加以肯定、推广,以激励人们学习先进,吸取经验、改进工作。它主要是侧重一般性表彰和典型教育,如《中共湖南省委办公厅关于表彰一九九三年度全省党政机要部门"保密、优质、高速、无事故"先进单位、先进机要工作者的通报》一文就是一例。

最后,"表彰性决定"和"表彰性通报"的写法及特点不同。表彰性决定一般由两部分组成,第一部分先写出意义、工作情况、贡献、给予的肯定,第二部分说明作出这项表彰决定的目的、表彰决定的内容,并向表彰对象和有关单位提出今后工作的要求。在写法特点上,措词比较严肃,一般以命令式的口气,具有一定的强制性。表彰性通报一般由表彰根据和缘由、表彰对象的事迹以及表彰决定等部分组成,在写作特点上,语气比较平缓,带有希望的口气。

3. 写作题

（1）

关于国家社科基金资助学术期刊
2013 年度考核情况的通报

国家社科基金各资助期刊:

8 月中旬至 10 月底,我办以书面检查和个别走访等形式,开展了国家社科基金资助学术期刊 2013 年度考核工作。总的看,资助一年来成效显著。绝大多数期刊都或多或少地推出了新的办刊举措。200 家资助期刊杜绝了版面费现象,绝大多数期刊严格执行匿名审稿制度,发挥了很好的学风引导作用;一大批期刊围绕党和政府工作大局组织稿件,聚焦重大理论和现实问题,并积极为国家社科基金《成果要报》供稿;有 135 家期刊提高了稿费标准,89 家期刊提高了审稿费标准,93 家期刊新设了栏目,160 家期刊组织召开了学术研讨会,119 家期刊开展了编辑培训,102 家期刊推进了数字化和网络化建设,97 家期刊改善了装帧设计。不少期刊的学术水平和影响力明显提升。从转载情况看,《华中师范大学学报》2012 年第 3 期至 2013 年第 3 期"三大文摘"摘转率达到 43% ,《现代国际关系》2013 年上半年在人大复印报刊资料的转载量即超过 2012 年全年。

但是考核中我们也发现一些问题:一是有 4 家期刊在资助后继续收取版面费,或者经费使用存在严重问题;二是个别期刊自查报告缺少实质性内容,几乎看不出采取了哪些新的办刊举措,经费主要用在什么地方,资助效果如何;三是资助标注不统一,出现标注为"国家社科基金首批资助期刊""国家社科基金第一批资助期刊""国家社科基金重点资助期刊"等情况。

根据考核情况,特别是各期刊资助后的措施和成效,划定优秀、良好、合格、不合格四个等级。23 家期刊考核"优秀",2013 年度资助经费增加 10 万元;167 家期刊考核"良好";6 家期刊考核"合格";4 家期刊因收取版面费或经费使用存在严重问题,考核"不合格",停拨经费,追回已拨剩余经费,限期整改。我办近期将向考核"合格"以上的 196 家期刊拨付今年剩余 10 万元经费。

为进一步做好期刊资助工作,今后我们将采取以下措施,请各资助期刊积极配合、认真执行。

（1）强化对资助期刊的日常管理。一是对资助期刊进行不定期抽查,重点评估办刊举措、效果和经费使用情况。二是实施重要事项通报制度,资助期刊要及时通报为提高办刊水平采取的创新性举措,以及基本信息变更、栏目调整、社会影响等重要事项。三是组织召开考核"优秀"期刊座谈会,交流经验,扩大影响。

(2)实施学术研讨活动报备制度。鼓励资助期刊组织召开学术研讨会,有关情况要提前10天向我办通报。在学术会议开支科目中,增加"专家咨询费",每年不超过资助额度的10%。

(3)加强期刊资助工作宣传力度。在我办网站开辟"优秀期刊推介"栏目,加强对优秀期刊及其创新性举措的宣传推介。在我办网站开辟"资助期刊代表作"栏目,将200家资助期刊推荐的代表作全部上网。

(4)统一相关标注。资助期刊从明年第1期开始统一在封面显著位置标注"国家社科基金资助期刊",同时在封内适当位置标注"本刊不以任何形式收取版面费",并注明我办举报电话(010-63094651)。

(5)对外文刊办得好的资助期刊适当增加经费。由资助期刊提出申请,我办综合评估后追加资助经费10万元。

附:(1)考核"优秀"期刊名单(23家)

(2)考核"良好"期刊名单(167家)

(3)考核"合格"期刊名单(6家)

全国哲学社会科学规划办公室

2013年11月8日

(2)

××市人民政府关于授予2013年××市科学技术奖的通报

×府〔2013〕18号

各区、县级市人民政府,市政府各部门、各直属机构:

为深入贯彻落实科学发展观和国家关于增强自主创新能力、建设创新型国家的重大战略部署,进一步推动我市创新型城市建设,大力推进科技进步和自主创新,根据《××市科学技术奖励办法》(市政府令〔2001〕第4号)的规定,经××市科学技术奖评审委员会评定,市政府同意授予"GSM移动通信数字射频拉远系统(GRRU)"等13项成果××市科学技术奖一等奖,授予"23万载重吨超大型矿砂船关键技术研究"等33项成果××市科学技术奖二等奖,授予"一种新型高梯度磁选机的开发及推广应用"等32项成果××市科学技术奖三等奖。

希望全市科学技术工作者向获奖者学习,发扬开拓进取、团结协作、刻苦钻研、勇攀高峰的科学精神,努力提高自主创新能力,创造更多支撑和引领经济社会发展的科技成果,为我市建设创新型城市、促进新型城市化发展做出更大、更突出的贡献。

附件:2013年××市科学技术奖项目目录(科技进步类)

××市人民政府

2013年8月3日

《报告》节参考答案

1. 简答题

（1）报告适用于向上级机关汇报工作、反映情况，回复上级机关的询问。

（2）根据报告的内容不同，大致可以分为情况报告、呈转性报告、答询性报告。

2. 论述题

（1）具体功用不同。报告是呈阅性公文，主要作用是向上级机关汇报工作、反映情况、提出建议，属于陈述性公文；而请示是呈批性公文，主要作用是向上级机关请求指示批准。

（2）内容含量不同。综合性报告大多涉及多个事项，即使是专题报告，也往往要涉及一个事项的几个方面，内容含量大、篇幅较长的报告比较多见；而请示的撰写强调一文一事，内容单一、篇幅较短的请示比较多见。

（3）行文时机不同。报告既可以写在工作开展之前，也可以写在工作进行当中或完成之后；请示必须写在事前，而不能先斩后奏。

3. 公文改错

（1）标题的双引号应改为书名号。

（2）报告是无须上级回复处理的文种，所以不应使用"以上报告当否，请指示"，结尾处仅以"特此报告"作结语即可。

（3）最后一段作为基于前面的情况说明所提出的建议、意见，为与前面的内容相区分，也为使全文结构更清晰完整，应有明确的提示语或标识。因此，将最后一段作为第三点，即工作建议，单独列出较为妥当。

附修改后的全文。

**北京市交通委员会路政局关于落实××副市长对《关于对影响
铁路安全隐患进行治理的请示》批示办理情况的报告**

京交路文〔2013〕106 号

市交通委员会：

接到交通委批转的××副市长对《关于对影响铁路安全隐患进行治理的请示》的批示后，我局立即组织有关人员到现场勘查情况，并组织北京铁路局、北京市水务局、相关区县政府召开会议，专题研究解决影响铁路安全隐患问题。现将办理情况汇报如下：

一、关于京通铁路线 K107＋200－K107＋500 线路左侧路堑边坡形成豁口问题

来文反映密云县高岭镇上堡子村有上千亩果园，由于灌溉水管跑水，对京通铁路线 K107＋200－K107＋500 线路左侧路堑边坡冲出两道豁口，大量泥土溜坍后越过下部既有挡墙涌上线路，对汛期铁路行车安全已构成威胁。经与密云县市政市容委协调，密云县城乡建设指挥部、高岭镇政府联合对京通铁路线 K107＋200－K107＋500 处铁路线护坡进行修复，北京铁路局在密云县相关单位施工时进行施工配合，目前施工前期工作已经开始。

二、关于京包铁路线 K46＋600－K47＋500 地段铁路北侧蓄水池影响安全问题

来文反映关于京包铁路线 K46＋600－K47＋500 地段铁路北侧有 3 个因开采砂形成的大坑，昌平区水务局在南口地区建成污水处理厂（日处理 2 万吨），污水处理后利用河道向下游排放，因砂石坑低于河道正常行水水位，流入砂石坑，形成蓄水池，影响铁路安全。针对上述问题，我局组织北京铁路局、北京水务局、昌平区政府召开了 3 次协调会，沟通情况，研究解决方案，并请铁路部门、水务部门专家参加，对方案进行讨论，并完成了如下工作：

（一）北京铁路局拆移 24 号桥下保护电缆的构筑物，以利排水，此项工作正在进行中；

（二）北京铁路局制定降水方案，同时在降水过程中共同监测路基的变化；由昌平区水务局实施降水（排水），以减少对路基的浸泡。

（三）昌平区水务局为防止处理后的中水流入砂石坑，计划新建长 1000 米、直径 80 厘米的管道，将处理后的污水通过管道向下游排放，防止渗入砂石坑。

（四）上述工作完成后中水不再流入砂石坑，隐患基本消除。

（五）昌平区综治办负责督办铁路、地方部门双方的工作进展情况，并及时报区政府。

（六）在安全隐患未排除前，要求北京铁路局、昌平区政府根据各自工作内容，制定相关应急预案，对各自管辖地段加强检查巡视，注意堤岸和铁路路基变化，如发现异常，及时采取措施，并建立相互通报联系机制，以确保该地段铁路运输安全。

三、工作建议

目前，北京铁路局、昌平已建立信息联系机制，影响铁路安全隐患问题正在解决中。因我局主要工作职责为交通基础设施建设、管理工作。按照市政府三定方案，应由首都社会管理综合治理委员会办公室进行协调。根据《首都综治委铁路护路联防工作领导小组职责任务、组成单位及人员名单》（首综办〔2012〕16 号）第三条规定：首都综治委铁路护路联防工作领导小组组织协调有关部门和区县开展铁路周边突出隐患问题的排查整治和涉路矛盾纠纷化解工作。因此，建议提请市政府将后续工作交由首都综治委铁路护路联防工作领导小组督办有关部门完成。

特此报告。

北京市交通委员会路政局
2013 年 8 月 5 日

《请示》节参考答案

1. 简答题

（1）请示适用于向上级机关请求指示、批准。请示属于上行文，因此首先必须是下级机关向上级机关的行文；其次，请示的问题必须是自己无权作出决定和处理的；最后，必须是为了向上级请求批准。

（2）请示标题主要由发文机关＋事由＋文种组成，如"××县人民政府关于×××
×××的请示"；也可由事由和文种构成，如"关于提拔×××同志任市红十字会常务副

会长的请示""关于举办 2010 中国(××)国际游戏游艺博览交易会的请示"。

2. 论述题

请示与报告虽然文种不同,但两者之间仍有某些相同之处。

(1)主送单位相同。请示、报告的主送单位都是上级机关。因此,两者都是上行文,都是下级机关向上级机关呈送的报请性公文。

(2)行文手法相同。请示、报告都是用具体的事实和确凿的数据行文,禁言过其实,弄虚作假,混淆上级机关视听。

(3)表达方式相同。请示、报告都要求把有关事实叙述得清楚明白,这种叙述并非记流水账式地罗列材料,而是对有关事实进行系统的归纳和概括。

(4)用语要求相同。请示、报告都是处理问题、指导工作的依据,使用语言时都要求通俗易懂,一目了然。

3. 公文改错题

(1)在标题方面,请示这一文种就是"请求指示、批准",所以标题中的"要求"两字应该省去。而且对上级用"要求"的口吻也不甚妥当。

(2)在主送机关方面,请示一般只写一个主送机关,根据"谁主管、请示谁"的原则,可保留"文化部",删去"省政府"。

(3)在结束语部分,请示这一文种本就有较强的时间性,对上级也不宜使用"请尽快审批"的催促口吻,仅以"请审批"作结即可。

(4)在落款的时间部分,应该用汉字小写全称年月日,不应用数字表示。

附修改后的全文。

关于举办××××国际游戏游艺博览交易会的请示

×文请〔2013〕314 号

文化部:

由中国游艺机游乐协会、中国软件行业协会、××省文化厅、××省对外贸易经济合作厅、××省贸促会和××市人民政府主办的"2013 中国(××)国际游戏游艺博览交易会",将于 2013 年 11 月 3 日至 6 日在××市博览中心举办。本届展会内容包括产品展示展销、高峰论坛、投融资推介、商贸洽谈、项目推介、参展企业和产品评奖等活动。展会面积 15000 平方米,拟邀请国内外 175 家以上动漫游戏游艺企业参展,其中包括国外 10 多个国家和地区超过 40 家动漫游戏游艺企业,参展产品主要包括游戏游艺设备、大型游乐园设备、动漫、软件和数字娱乐产品等。

近年来,在国家和××省有关部门的大力支持下,××××国际游戏游艺博览交易会已连续成功举办了两届,为国内外动漫游戏游艺产业搭建了一个展示、交易、交流合作的平台。今年 7 月,××××国际游戏游艺博览交易会正式纳入《××省建设文化强省规划纲要(2013—2020)》,成为××省建设文化强省,发展现代文化产业的重要展会。

根据《文化部关于加强动漫游戏会展交易节庆等活动管理的通知》的规定,我厅经审核,拟同意举办"2013 中国(××)国际游戏游艺博览交易会"。现将有关材料送上,请审批。

二〇一三年九月十四日

《批复》节参考答案

1. 简答题

（1）批复适用于答复下级机关请示事项，属于下行文的一种，它是机关应用写作活动中的一种常用公务文书。

（2）根据批复的内容，可将其分为指导性批复、法规性批复和具体性批复；根据批复的行文方式，还可以分为直达性批复和抄送性批复。

2. 论述题

批复是用于答复下级机关请示事项的公文，它是机关应用写作活动中的一种常用公务文书。

函是不相隶属机关之间相互商洽工作、询问和答复问题，或者向有关主管部门请求批准事项时所使用的公文，从广义上讲，就是信件。

函作为公文中唯一的一种平行文种，其适用的范围相当广泛。在行文方向上，不仅可以在平行机关之间行文，而且可以在不相隶属的机关之间行文，其中包括上级机关或者下级机关行文。在适用的内容方面，它除了主要用于不相隶属机关相互商洽工作、询问和答复问题外，也可以向有关主管部门请求批准事项，向上级机关询问具体事项，还可以用于上级机关答复下级机关的询问或请求批准事项，以及上级机关催办下级机关有关事宜，如要求下级机关函报报表、材料、统计数字等。

3. 公文改错题

（1）该文存在语言啰唆，表述不严密等问题，不符合批复写作的要求。

① 标题不规范。批复的标题一般采用"发文机关 + 表态词 + 请示事项 + 文种"或"发文机关 + 事由 + 文种"的形式，该公文仅用"批复"作为标题，过于简单，表意不清。

② 表述不严密。在批复时，对有关事项的名称一般要单独、完整地表述。如"撤销×××的值班任务，改由×××野战医院担任；×××野战医院的值班任务不变"等语句，都是对批复内容准确而郑重的表述形式。因此，在对批复事项的表述中既要避免有些文种经常使用的指代形式，如"你部的请示中所提出的事项……"，更不可使用文学作品中常用的承前省、蒙后省等表述方法。在该文中，"你院党委委员""三同志"等都必须写明具体名称。

③ 语言啰唆不简洁。公文写作要求简明，这里有两层含义：一是指公文的文字量要力求少，篇幅要尽可能短；二是语言文字要精练，不累赘，不重复，对那些可有可无的字、词、句，应当删去。要用最少的文字，准确严密地表达最丰富的内容，做到篇无累段，段无累句，句无累字，即每一段、每一句、每个字都有它存在的价值。本文"经校党委七名常委在×月×日的常委会上反复讨论决定，并举手表决，最终一致通过"一句中多有累赘之词。

④ 结束语使用错误。批复的结束语只用"此复"或"特此批复"。有些批复以"此复"作结语，更多的批复不专设结语，仅以"要求""希望"代之。该文中使用"此决定"不符合批复的格式要求。

附修改后的全文。

关于同意增补×××,×××,×××
三位同志为经济管理学院党委委员的批复

经济管理学院党委:

你院《关于增补×××,×××,×××三位同志为党委委员的请示》收悉。经校党委常委会研究,同意增补×××,×××,×××三位同志为经济管理学院党委委员。

此复。

中共××大学委员会
二○一三年×月×日

4. 写作题

国务院关于同意将××市列为国家历史文化名城的批复
国函〔2013〕83号

××省人民政府:

你省《关于申请将××市列为国家历史文化名城的请示》(×政呈〔2012〕55号)收悉。现批复如下:

一、同意将××市列为国家历史文化名城。××市历史悠久,遗存丰富,文化底蕴深厚,名胜古迹众多,近代建筑集中成片,街区特色鲜明,城区传统格局和风貌保存完好,具有重要的历史文化价值。

二、你省及××市人民政府要根据本批复精神,按照《历史文化名城名镇名村保护条例》的要求,正确处理城市建设与保护文化遗产的关系,深入研究发掘文化遗产的内涵与价值,明确保护的原则和重点。编制好历史文化名城保护规划,并将其纳入城市总体规划,划定历史文化街区、文物保护单位、历史建筑的保护范围及建设控制地带,制定严格的保护措施。在历史文化名城保护规划的指导下,编制好重要保护地段的详细规划。在规划和建设中,要重视保护城市格局,注重城区环境整治和历史建筑修缮,不得进行任何与名城环境和风貌不相协调的建设活动。

三、你省和住房与城乡建设部、国家文物局要加强对××市国家历史文化名城规划、保护工作的指导、监督和检查。

国务院
二○一三年七月二十八日

《议案》节参考答案

1. 简答题

(1)议案适用于各级人民政府按照法律程序向同级人民代表大会或者人民代表大会常务委员会提请审议事项。

(2)议案标题一般由发文机关+事由+文种3项构成,例如《国务院关于提请审议〈中华人民共和国劳动法(草案)〉的议案》;议案的事由和发文机关名称可能造成文字上的重复时,也可省略发文机关,采用事由+文种两项构成,例如《关于提请审议修改后的国务院机构改革方案的议案》。

2. 论述题

很多人对"议案"和"提案"分不清,甚至有个别承办部门在答复代表时,也常出现"认真办理代表提案和议案"的字句,将"议案"和"提案"混为一谈。其实"议案"与"提案"虽一字之差,却有本质之别。

一是二者提出的主体不同。一般说来,"提案"专用于人民政协,而"议案"大多用于人大;提出人大议案,必须是法律规定的单位或代表团,人大代表提出议案必须达到法定的人数,县级以上人大代表十人以上联名、乡镇的人大代表五人以上联名才有提"议案"权。而对政协提案的主体要求相对较宽,既可以是政协的各专门委员会或参加政协的各党派、人民团体,也可以是政协委员个人或联名,人数不受限制。

二是"议案"和"提案"对内容要求不同。"议案"内容相对较窄,根据我国法律规定:会议期间向人大提交议案,必须属于本级人民代表大会职权范围内,闭会期间向人大常委会提交议案,必须属于本级人大常委会职权范围内。而政协"提案"除了格式上有具体的要求,其内容上不受限制。

三是通过的方式不同。人大议案须经人民代表大会或人大常委会议审议后表决通过,然后形成相应的决议或决定。而政协提案只要经过提案委员会审查,符合《政协提案工作条例》的规定,便予以立案。

四是时限要求不同。人大代表议案一般只在大会期间提出,而政协委员提案既可在全体会议期间提出,也可在休会期间提出,不受时间限制。

五是法律效力不同:议案具有法律的约束力,起法律的监督作用,承办单位必须执行;而政协提案不具有法律的约束力,只起民主监督作用。

3. 写作题

国务院关于提请审议批准

《中华人民共和国和俄罗斯联邦关于中俄国界西段的协定》的议案

国函〔20××〕×号

全国人民代表大会常务委员会:

《中华人民共和国和俄罗斯联邦关于中俄国界西段的协定》已由国务院副总理兼外交部长×××和俄罗斯外交部长××××于1994年9月3日在×××分别代表本国签署。

《中华人民共和国和俄罗斯联邦关于中俄国界西段的协定》是中俄双方以目前有关中俄边界的条约为基础,本着平等协商、互谅互让的精神,经过谈判达成一致的。经审核,该协定的各项条款是公平合理的,符合中俄边界的实际情况。该协定的签订,有利于中俄边界的稳定并将进一步促进两国关系的正常发展。

国务院同意《中华人民共和国和俄罗斯联邦关于中俄国界西段的协定》。现提请审议,并请作出批准的决定。

国务院总理 ×××(印)

××年×月×日

《函》节参考答案

1. 简答题

（1）函适用于不相隶属机关之间商洽工作、询问和答复问题、请求批准和答复审批事项。是商洽性公文的主要文种。

（2）函的种类很多，从不同的角度来说，大致有以下几类。按性质分，可以分为公函和便函两种。公函用于机关单位正式的公务活动往来；便函则用于日常事务性工作的处理。便函不属于正式公文，没有公文格式要求，甚至可以不要标题，不用发文字号，只需要在尾部署上机关单位名称、成文时间并加盖公章即可。

按发文目的分，函可以分为发函和复函两种。发函即主动提出了公事事项所发出的函。复函则是为回复对方所发出的函。

另外，从内容和用途上，还可以分为商洽事宜函、通知事宜函、催办事宜函、邀请函、请示答复事宜函、转办函、催办函、报送材料函等。

（3）下级答复上级的询问应当使用"报告"这一文种，上级答复下级的询问时则应该使用"函"。至于"通知"，作为一种知照性文种，其作用是把上级的工作意图、要求告知下级并要求下级照此办理，显然不应应用于答复下级的询问事宜。

"批复"虽然是答复性文种，但是它答复的是下级的请示内容，没有请示就没有批复，批复包括的是批准、确认或否定以及提出一个新的决策，而不是一般常规性的说明与回答，所以在此也不适用"批复"。

（4）根据《中共产党机关公文处理条例》和《党政机关公文处理工作条例》中的规定"'报告'用于……答复上级机关的询问"。所以，上级向下级询问问题，下级对此进行答复时，应当使用报告。

2. 论述题

函是公文中唯一的平行文，行政公文和党的机关公文都把函列为主要文种，函有时也可用于有隶属关系的上下级机关之间。例如，上级机关向下级机关询问有关情况等。

函的特点：①平等性和沟通性；②灵活性和广泛性；③单一性和实用性。

通知是运用最为广泛的下行文，行政公文和党的机关公文都把它列为主要文种用于发布党内法规、任免干部、传达上级机关的指示、转发上级机关和不相隶属机关的公文、批转下级机关的公文、发布要求下级机关办理和有关单位共同执行或者周知的事项。

通知的特点：①功能的多样性；②运用的广泛性；③一定的指导性；④较强的时效性。

3. 写作题

（1）具体要求包括以下内容：①正式公文的规范格式；②使用印有发文机关名称的信纸；③拟写标题；④编制发文字号；⑤结构要求完整。

（2）本文在用语上未讲究谦和委婉。如家住你厂附近应改为家住贵厂附近，这比较符合函写作的惯例。在正文部分，除同样犯这个错误之外，还有一点就是没有提出复函的具体要求。应改为"我厂同意他的要求，特致函与你们联系。不知你们意见如何，请研究后来函告知。"

（3）

金鹏机械厂关于南风机械厂商调函的复函

南风机械厂：

贵厂×月×日函收悉，关于李××同志拟调我厂工作一事，经厂办公会议研究，今回复如下：

我厂系新建厂家，工程技术人员比较缺乏，很需要像李××同志这样的技术过硬人员。我们原则上同意李××同志调到我厂工作。请立即将李××同志的有关材料寄来，以便考核之后作最后决定。

特此复函。

东风电器厂（印章）

×年×月×日

《纪要》节参考答案

1. 简答题

（1）纪要适用于记载会议主要情况和议定事项。会议纪要不同于会议记录。会议纪要对企事业单位、机关团体都适用。

（2）纪要的标题写作一般有3种格式：一是会议名＋文种，也就是在"纪要"两个字前写上会议名称。如，宁波市高速公路应急通道建设工作协调会议纪要；又如，全市公路工程混凝土质量通病治理示范工程专题协调会议纪要。会议名称可以写简称，也可以用开会地点作为会议名称。如，京、津、沪、穗、汉五大城市治安座谈会纪要，又如，沪甬两地国际集装箱堆场（仓储）行业协会第三次联席会议纪要。第二种是类似文件标题式的，将会议的主要内容在标题里概括出来。如，关于杭甬高速复线宁波段一期工程附海互通布设及与500kV北仑电厂-观城输电线路交叉方案征求意见会议纪要；又如，关于落实高速公路项目竣工验收有关工作的协调会议纪要。第三种是采用正副标题的形式。会议的主要内容或精神为正标题，会议的名称和文种为副标题。

（3）会议的主体结构安排一般有3种方式。第一是分条分项式，将会议讨论的问题和议定的事项分条列项，按照内容主次表达出来。通常在每项前要使用"一、二、三……"明显地表示出来，使内容一目了然，层次分明。第二是综合式，就是对会议的主要内容或议定事项进行综合概括，然后分成若干类别分别说明。综合式的写法强调分清主次、突出主要内容。一般要把主要的、最重要的内容放在前面，而且应该尽量写得详细、具体，次要的和一般性内容放在后面，可以适当写得简略些。三是摘要式，就是把与会者的具有代表性、典型性的发言要点摘录出来，按发言顺序或内容分类写出，并且在写作中应该注意尽量保留发言人谈话的风格，避免千篇一律和一般化。

2. 论述题

会议记录不同于会议纪要，二者存在较大区别。

第一，从性质上来说，会议纪要是法定行政公文；会议记录是机关、单位内部用于记录会议发言的事务文书。

第二，从内容上来看，会议纪要是经过整理加工的会议上达成一致认识，是会议内容的要点;会议记录是会议发言的原始记录,基本上要做到有言必录。

第三,从形式上看,会议纪要基本上按照行政公文的规范格式;会议记录没有统一格式,多是各单位自定。

第四,从发布形式上来说,会议纪要按公文程序发,但没有主送和抄送机关;会议记录仅作为内部资料保存,绝不公开发布。

最后,在提炼加工程度上二者也有一定的区别,会议记录,无论详细记录还是摘要记录,都要求是忠实于实际情况的原始记载,参加会议的人怎么说就怎么记,既不能遗漏重要内容,更不能添枝加叶;会议纪要则是在记录的基础上有所加工。通过执笔人的分析综合后,摘其要点,舍其芜杂,按一定的逻辑顺序编排加工而成。记录不是文章,只能作为文章的原始材料;纪要则是经过抽象思维、加工制作之后形成的文章。

第 四 章

《计划》节参考答案

1. 选择题

A　C　D

2. 简答题

(1)计划的特点有:①预见性。制订计划既要符合客观实际,更要对未来做科学的预见。这就要计划制订者在行文前,必须对各种可能出现的情况有清醒的认识,正确的估量。对将要做哪些工作,达到什么目的,如何去实施等有一个正确的设想。②目的性。制订任何一份计划,必须要有明确的目的性,即在一定时间内完成使命任务,获得什么效益。如果计划目的性不明确,没有针对性,计划也就失去了现实意义。③指导性。计划一旦确定,就对制订者与和实施者具有严格的约束力,对具体工作起着指导与约束作用。这就要求人们在工作中要依照计划,合理安排工作落实,避免被动,减少工作的盲目性。

(2)写作计划过程中的注意事项:①深入实践,实事求是。制订计划前,必须深入实际,认真调查研究。既要"吃透"上级的精神,又要虚心听取群众的意见,掌握本单位的实际情况,分析主客观条件,尽可能预测计划执行过程中可能遇到的困难和问题,以便在计划中写明预防和解决问题的方法。②目标明确,语言简明。计划的整体设想要明晰,并将实现目标的途径和方法逐一地列出来。计划切忌语言含糊,职责不清,使之无法落实和检查。计划的内容一般要分条分项来写,说明要简洁。③针对性强,留有余地。制订计划时,要针对本单位、本部门的工作重点,保证计划中能够反映出当前要解决的主要问题。计划是根据客观情况制定的,客观情况在不断地变化,所以计划应该可以灵活处理,应留有一定的余地。

(3)要做到使计划中提出的具体措施切实可行,制订的计划必须注重可操作性,如果计划不具有操作性,那么计划就失去了应有的意义,制订计划首先要对现实和自己的情况有深刻的了解。而制订一个切实可行的计划需要把握以下原则。

一是计划制订过程中要对各项任务、完成措施、实施步骤、完成时间等有明确规定和具体要求,从而使工作计划切实可行,真正落到实处,充分体现出可操作性的特点。二是计划中的每项任务的完成时间安排要合理,时间过长,会影响效率;时间过紧,则会影响完成任务的信心。三是制订计划要突出重点,须完成的工作按轻重缓急分类,以确定完成的时间和顺序,不能不分轻重,眉毛胡子一把抓。四是把握执行计划的灵活性,在执行计划过程中,发生情况的变化时,要及时予以调整,当然计划制订中要尽量考虑周全,避免执行中的过多调整,失去计划的严肃性。

《总结》节参考答案

1. 选择题

A　C　C

2. 简答题

（1）总结的结构一般由标题、正文、落款 3 部分组成。

总结的标题一般有单标题和双标题两种。而总结的正文由前言、主体和结尾 3 部分组成。

前言作为总结的开头部分,一般用简洁的语言概述完成工作的基本情况,或者说明所要总结的问题、时间、地点、背景、事情的大致经过;或者将总结的中心内容,即主要经验、成绩与效果等作概括的提示。主体是总结的核心部分,内容主要包括成绩和经验、问题和教训、今后的努力方向等。成绩和经验这两者是总结的中心和重点,是构成总结正文的支柱。问题和教训同样很重要,每篇总结都要坚持辩证法,坚持一分为二的两点论,既要看到成绩,也要看到问题,分清主流和枝节。写存在的问题和教训要中肯,恰当,实事求是。今后的努力方向这部分是在总结经验教训的基础上,针对工作中存在的问题,提出切实有效的改进措施、今后努力方向,或者提出新的奋斗目标,以表明决心,展望前景,鼓舞斗志;落款中的署名要写全称,写在正文的右下方。标题中已表明的,或标题下已有署名的,结尾则可不写。成文日期写在署名的下方,年、月、日要标全。

（2）总结写作时的注意事项:一是突出重点。总结写作要突出重点,首先要明确总结的目的,目的明确了,就可以缩小范围,有的放矢。同时,要围绕中心,把各类问题和材料按照一定的逻辑顺序安排结构,并联系社会实际予以比较,通过比较突出中心问题。切忌把一切成绩和材料僵硬地搬进总结中。二是突出个性。写总结一定要抓住最突出的、最能反映事物本质特点的,最具有鲜明个性和特色的东西。如新的情况、新的问题核心的经验教训等,切忌人云亦云,同时也不能无中生有地标新立异。总结中的新的情况、新的问题及经验教训要具有代表性和普遍意义。三是实事求是。这是总结写作的基本原则,但在总结写作实践中,违反这一原则的情况却屡见不鲜。有人认为"三分工作七分吹",在总结中夸大成绩,隐瞒缺点,报喜不报忧,这种弄虚作假、浮夸邀功的坏作风对任何单位和个人都没有任何益处,必须坚决防止。

《简报》节参考答案

1. 简答题

（1）简报具有以下特点:①精简性。简报篇幅短小,通常用消息、简讯等形式,三言两语报道动态和信息。在简报的写作过程中,尽量以少的文字说明丰富的内容,以有限的篇幅传播更多的信息。要做到事由集中,重点为突出,语言简洁凝练,让人看后一目了然。②内部性。一般报纸面向全社会,内容是公开的,没有保密价值,读者越多越好,正因为如此,它除了新闻性外,还要求有知识性和趣味性。简报则不同,编报机关主办的简报更是如此。有的简报往往是专给某一级领导人看的,有一定的保密要求,不能任意扩大阅读范围。③新闻性。简报虽为内部刊物,但主要以消息报道为主,其性质仍然属于新闻类型,因而它也具有新闻的性质。

(2)简报具有新闻性的特点:简报虽为内部刊物,但主要以消息报道为主,其性质仍然属于新闻类型,因而它也具有新闻的性质。新闻性只要指三点:一是"真",在简报中,所写的事件、人物必须要真实可靠,所引用的数据也要准确无误,不能胡乱编造。对于基本情况的评价也要做到客观、适当,不要吹虚成功,也不要掩饰问题。二是"快",简报和新闻一样,具有时效性,这是新闻的价值所在,也是简报的价值所在。简报要迅速及时地反映问题、通报情况,同时也要及时地追踪反映新问题、新情况、新信息,便于读者及时掌握动态的趋势,从而更好地指导本机关、本单位的人员更好地开展各项工作。三是"文体新闻化",无论是何种形式、种类的简报,简报的正文部分通常是由一篇或多篇动态消息、通信、述评、综述、调查报告、简讯等新闻报道最常用的文体组成的。这些文体自然形成了简报鲜明的新闻性特点。

(3)简报写作应注意以下方面:①选材要精准。要围绕主题精心挑选典型事例,或者抓全局性、指导性的问题,抓问题的核心、关键;或者关注各级领导、群众关心的问题;或者关注所在地域、行业系统的热点;或者是让人眼睛为之一亮的问题。②以叙述为主、议论为辅。简报写作的特点在于让事实说话。简报有观点、倾向,但不像总结和调查报告那样由作者直接说出来,而是通过事实的叙述显示出来。因此,简报在表达方法上应以叙述为主,为读者提供反映客观情况的真实材料,把事情的来龙去脉交代清楚,尽量少议论。③简明扼要,一目了然。简报的写作必须注意做到简短、明快,用尽可能少的文字说清楚必须说明的问题。注意主题集中,一稿一事,不贪大求全。一份简报只抓住一个问题,不搞面面俱到才能使简报的主题凝聚,篇幅短小,问题说得透彻。如果简报所涉及的内容较多,可以把想说的问题进行归纳、提炼,抓住最能反映事物性质的东西做主题,重点来写,其他则一概摒弃。

2. 写作题

(略)

《调查报告》节参考答案

1. 填空题

(1)针对性、真实性、典型性、叙议结合。

(2)介绍典型经验的调查报告、揭露不良问题的调查报告、反映社会情况的调查报告。

(3)标题、正文、落款。

(4)介绍调查的时间、地点、经过,以说明材料事实的来源;交代调查的目的和动机;指出调查的问题和结论。

2. 简答题

（1）调查报告选取的对象要典型,材料要真实,论述要科学。调查报告的写作不是一蹴而就的,必须经过"准备—调查—研究—写作"4个阶段。准备阶段主要是确定调查的主旨和制订调查计划;调查阶段主要是收集资料,同时要讲究调查方法;研究阶段主要是整理资料,包括辨伪、补充、归类、提炼观点等。写作阶段草拟提纲,写作成文,修改定稿。调查报告常见的错误是材料使用不当和观点提炼不当。为了避免这些错误,调查人员应该重视调查活动过程,尊重客观事实,重视问题的设计与开展;用科学的方法进行分析,梳理观点,得出相关的结论;灵活使用各种不同的结构,避免行文布局的呆板。

（2）相同点:调查报告和总结都要进行深入细致的调查研究工作,掌握第一手材料,运用分析、综合的写作方法阐释事物发生、发展的过程,归纳带有普遍性的经验、体会和教训,它们都必须尊重客观事实,用事实说话。它们都有相同的写作结构,即标题、主体和落款。

不同点:

① 写作人称不同。调查报告一般用第三人称"他"或"他们"。总结一般用第一人称"我"或"我们"。

② 写作的目的和作用不同。调查报告侧重于当前形势,着眼于指导全面工作,并利用各种媒介迅速向全社会传播作者的观点和思想,有的调查报告常常为领导部门的科学决策和制定方针政策提供依据。总结主要作为本单位制订计划的依据,或向上级有关领导部门汇报工作请款,一般不通过媒介宣传发表。

③ 写作对象不同。调查报告的写作对象比较广泛,它既可以调查一个机关、一个单位的具体情况,又可以调查几个单位、几个地区或省市的全局性的情况;既可以调查现实情况,又可以调查历史情况;既可以肯定和宣扬先进精神,又可以否定和揭露不良现象或问题。总结的写作对象比调查报告狭窄得多。

《讲话稿》节参考答案

1. 判断题

　×

2. 简答题

（1）撰写讲话稿之前,撰写者要掌握材料,领会领导意图,写出符合领导意图的讲话稿。讲话稿主题要突出,观点要鲜明。层次要清晰,逻辑性要强,要有一定的新意。领导的讲话不同于一般的讲话,它不仅具有权威性,还要体现领导讲话的特点,做到既全面又独特。文稿写作工作是一项崇高的职业,需要撰写者付出艰苦的努力。撰写者必须有扎实的理论功底、政策水平,还要有紧跟形势,抓住新情况、新问题、新特点、新成就、新面貌、新变化来写。

（2）演讲稿是一种比较正式的以文字为主要表达方式的稿件。这种稿件要求很高,要按照演讲者的需求、听众的需求等要求进行撰稿,在正式场合上进行。发言稿是一种比较注重口语化的文字表达方式,主要以传递信息、告知情况为目的,一般比较简洁、概况,而讲话稿一般都是领导需要的稿件,主要是一些重要文件、重要指示等,语言比较严肃。

3. 写作题

亲爱的游客朋友们:

欢迎来到全球最高的妈祖圣像脚下,参加天津妈祖文化旅游节活动,下面我为大家介绍妈祖文化。

妈祖文化起源于古代人民的海上祭祀活动,古代在海上航行经常受到风浪的袭击而造成船沉人亡,为了祈求平安,航海者在起航前要先祭天妃。妈祖正是历代船工、海员和渔民共同信奉的神祇。妈祖于公元 960 年农历三月二十三日出生在福建莆田一户普通的林姓人家,起名林默。早期因知识广博、助人为乐为乡人所信赖,继而被附近渔民神化,在她过世后为其修建祠庙,为最早的妈祖庙,而后妈祖文化不断发展壮大。妈祖的影响力遍及我国港澳台以及亚洲、北美等 20 多个国家地区。

佛教和儒家均对妈祖进行了吸收、演绎和"改造",将其塑造成为精神典范。历代统治者也不断对妈祖文化进行加封行赏。元朝时妈祖升为国家级的航海保护神。明清时代,受当时移民潮的影响,信仰妈祖的范围不断扩大,清代时妈祖信仰进入发展的全盛期。

在我国台湾地区,妈祖信仰也十分普遍,2012 年 9 月 28 日,全球最高的妈祖圣像的落成有力地推动了两岸文化交流。妈祖是集无私、善良、亲切、慈爱、英勇的传统美德于一体的精神象征和女性代表。让我们借妈祖之名,以亲情的名义祈祷四海归一,天下一家!

《公示》节参考答案

1. 填空题

(1)文章式公示,表格式公示、综合式公示

(2)标题、正文、落款

(3)发布公示的机关或单位名称、发布公示的日期

2. 判断题

× √

3. 简答题

(1)公开性、广泛性、周知性、科学性、时限性。

(2)公示与公告的区别如下。

① 发布目的不同。发布公示的目的在于使社会各方面或本系统内的公众了解和掌握被公示对象的基本情况,同时征询各方面的意见,接受社会公众的监督。发布公告的目的在于将有关的重要事项或者法定事项向国内外告知。公告的发布范围要比公示更广。

② 发布内容性质不同。公示所涉及的内容具有可变性,可根据社会公众的所提交的反馈意见,按照实际情况和需要加以调整或变更。公告的内容具有确定性,它是将已经

确定的重要事项或者法定事项向国内外公布。

公示与通告的区别主要在于告知范围不同。公示告知范围比通告广泛。通告对一定范围内的社会公众和有关方面具有强制性和约束力，公示则不具备此种效能。

公示与通知的区别在于发布内容和性质不同。通知作为一种知照性公文，具有用以公布有关人事任免事项的功能，而且这些事项是由法定程序确定了的。公示所涉及相关事项则是尚未确定的，它要求征求广大社会公众的意见，而后方能作出定论。

附录二
其他几个重要文字法规

一、通用规范汉字表

国务院关于公布《通用规范汉字表》的通知①

国发〔2013〕23 号

各省、自治区、直辖市人民政府，国务院各部委、各直属机构：

国务院同意教育部、国家语言文字工作委员会组织制定的《通用规范汉字表》，现予公布。

《通用规范汉字表》是贯彻《中华人民共和国国家通用语言文字法》，适应新形势下社会各领域汉字应用需要的重要汉字规范。制定和实施《通用规范汉字表》，对提升国家通用语言文字的规范化、标准化、信息化水平，促进国家经济社会和文化教育事业发展具有重要意义。《通用规范汉字表》公布后，社会一般应用领域的汉字使用应以《通用规范汉字表》为准，原有相关字表停止使用。

国务院

2013 年 6 月 5 日

二、标点符号用法

《标点符号用法》②

（GB/T 15834—2011）

前 言

本标准按照 GB/T 1.1—2009 给出的规则起草。

---

① 编者注：《通用规范汉字表》共有 138 页，篇幅太长，故此处不再呈现。欲细研此表者请自行链接 http://www.gov.cn/zwgk/2013-08/19/content_2469793.htm，2013-08-19.

② 中国标准出版社．专业标准汇编［S］．北京：中国标准出版社，2012：29-52.

本标准代替 GB/T 15834—1995,与 GB/T 15834—1995 相比,主要变化如下:

——根据我国国家标准编写规则(GB/T 1.1—2009),对本标准的编排和表述做了全面修改;

——更换了大部分示例,使之更简短、通俗、规范;

——增加了对术语"标点符号"和"语段"的定义(2.1/2.5);

——对术语"复句"和"分句"的定义做了修改(2.3/2.4);

——对句末点号(句号、问号、叹号)的定义做了修改,更强调句末点号与句子语气之间的关系(4.1.1/4.2.1/4.3.1);

——对逗号的基本用法做了补充(4.4.3);

——增加了不同形式括号用法的示例(4.9.3);

——省略号的形式统一为六连点"……",但在特定情况下允许连用(4.11);

——取消了连接号中原有的二字线,将连接号形式规范为短横线"-"、一字线"—"和浪纹线"~",并对三者的功能做了归并与划分(4.13);

——明确了书名号的使用范围(4.15/A.13);

——增加了分隔号的用法说明(4.17);

——"标点符号的位置"一章的标题改为"标点符号的位置和书写形式",并增加了使用中文输入软件处理标点符号时的相关规范(第5章);

——增加了"附录":附录 A 为规范性附录,主要说明标点符号不能怎样使用和对标点符号用法加以补充说明,以解决目前使用混乱或争议较大的问题。附录 B 为资料性附录,对功能有交叉的标点符号的用法做了区分,并对标点符号误用高发环境下的规范用法做了说明。

本标准由教育部语言文字信息管理司提出并归口。

本标准主要起草单位:北京大学。

本标准主要起草人:沈阳、刘妍、于泳波、翁姗姗。

本标准所代替标准的历次版本发布情况为:

——GB/T 15834—1995。

<h2 style="text-align:center">标点符号用法</h2>

1 范围

本标准规定了现代汉语标点符号的用法。

本标准适用于汉语的书面语(包括汉语和外语混合排版时的汉语部分)。

2 术语和定义

下列术语和定义适用于本文件。

2.1

标点符号 punctuation

辅助文字记录语言的符号,是书面语的有机组成部分,用来表示语句的停顿、语气以及标示某些成分(主要是词语)的特定性质和作用。

注:数学符号、货币符号、校勘符号、辞书符号、注音符号等特殊领域的专门符号不属于标点符号。

2.2

句子　sentence

前后都有较大停顿、带有一定的语气和语调、表达相对完整意义的语言单位。

2.3

复句 complex sentence

由两个或多个在意义上有密切关系的分句组成的语言单位,包括简单复句(内部只有一层语义关系)和多重复句(内部包含多层语义关系)。

2.4

分句　clause

复句内两个或多个前后有停顿、表达相对完整意义、不带有句末语气和语调、有的前面可添加关联词语的语言单位。

2.5

语段 expression

指语言片段,是对各种语言单位(如词、短语、句子、复句等)不做特别区分时的统称。

3　标点符号的种类

3.1 点号

点号的作用是点断,主要表示停顿和语气。分为句末点号和句内点号。

3.1.1 句末点号

用于句末的点号,表示句末停顿和句子的语气。包括句号、问号、叹号。

3.1.2 句内点号

用于句内的点号,表示句内各种不同性质的停顿。包括逗号、顿号、分号、冒号。

3.2 标号

标号的作用是标明,主要标示某些成分(主要是词语)的特定性质和作用。包括引号、括号、破折号、省略号、着重号、连接号、间隔号、书名号、专名号、分隔号。

4　标点符号的定义、形式和用法

4.1 句号

4.1.1 定义

句末点号的一种,主要表示句子的陈述语气。

4.1.2 形式

句号的形式是"。"

4.1.3 基本用法

4.1.3.1 用于句子末尾,表示陈述语气。使用句号主要根据句段前后有较大停顿、带有陈述语气和语调,并不取决于句子的长短。

示例1:北京是中华人民共和国的首都。

示例2:(甲:咱们走着去吧?)乙:好。

4.1.3.2 有时也可以表示较缓和的祈使语气和感叹语气。

示例1:请你稍等一下。

示例2:我不由地感到,这些普通劳动者也同样是很值得尊敬的。

4.2 问号

4.2.1 定义

句末点号的一种,主要表示句子的疑问语气。

4.2.2 形式

问号的形式是"?"。

4.2.3 基本用法

4.2.3.1 用于句子末尾,表示疑问语气(包括反问、设问等疑问类型)。使用问号主要根据语段前后有较大停顿、带有疑问语气和语调,并不取决于句子的长短。

示例1:你怎么还不回家呢?

示例2:难道这些普通的战士不值得歌颂吗?

示例3:(一个外国人,不远万里来到中国,帮助中国的抗日战争。)这是什么精神?这是国际主义的精神。

4.2.3.2 选择问句中,通常只在最后一个选项的末尾用问号,各个选项之间一般用逗号隔开。当选项较短且选项之间几乎没有停顿时,选项之间可不用逗号。当选项较多或较长,或有意突出每个选项的独立性时,也可每个选项之后都用问号。

示例1:诗中记述的这场战争究竟是真实的历史描述,还是诗人的虚构?

示例2:这是巧合还是有意安排?

示例3:要一个什么样的结尾:现实主义的? 传统的? 大团圆的? 荒诞的? 民族形式的? 有象征意义的?

示例4:(他看着我的作品称赞了我。)但到底是称赞我什么:是有几处画得好? 还是什么都敢画? 抑或只是一种对于失败者的无可奈何的安慰? 我不得而知。

示例5:这一切都是由客观的条件造成的? 还是由行为的惯性造成的?

4.2.3.3 在多个问句连用或表达疑问语气加重时,可叠用问号。通常应先单用,再叠用,最多叠用三个问号。在没有异常强烈的情感表达需要时不宜叠用问号。

示例:这就是你的做法吗? 你这个总经理是怎么当的?? 你怎么敢这样欺骗消费者???[①]

4.2.3.4 问号也有标号的用法,即用于句内,表示存疑或不详。

示例1:马致远(1250? —1321),大都人,元代戏曲家、散曲家。

示例2:钟嵘(? —518),颍川长社人,南朝梁代文学批评家。

示例3:出现这样的文字错误,说明作者(编者? 校者?)很不认真。

4.3 叹号

4.3.1 定义

句末点号的一种,主要表示句子的感叹语气。

4.3.2 形式

叹号的形式是"!"。

4.3.3 基本用法

4.3.3.1 用于句子末尾,主要表示感叹语气,有时也可表示强烈的祈使语气、反问语气等。使用叹号主要根据语段前后有较大停顿、带有感叹语气和语调或带有强烈的祈

[①] 2011 版的《标点符号用法》的用例存在旧例较多新例较少、反例较多正例较少的通病。

使、反问语气和语调,并不取决于句子的长短。

示例1:才一年不见,这孩子都长这么高啦!

示例2:你给我住嘴!

示例3:谁知道他今天是怎么搞的!

4.3.3.2 用于拟声词后,表示声音短促或突然。

示例1:咔嚓! 一道闪电划破了夜空。

示例2:咚! 咚咚! 突然传来一阵急促的敲门声。

4.3.3.3 表示声音巨大或声音不断加大时,可叠用叹号;表达强烈语气时,也可叠用叹号,最多叠用三个叹号。在没有异常强烈的情感表达需要时不宜叠用叹号。

示例1:轰!! 在这天崩地塌的声音中,女娲猛然醒来。

示例2:我要揭露! 我要控诉!! 我要以死抗争!!!

4.3.3.4 当句子包含疑问、感叹两种语气且都比较强烈时(如带有强烈感情的反问句和带有惊愕语气的疑问句),可在问号后再加叹号(问号、叹号各一)。

示例1:这么点困难就能把我们吓倒吗?!

示例2 他连这些最起码的常识都不懂,还敢说自己是高科技人才①?!

4.4 逗号

4.4.1 定义

句内点号的一种,表示句子或语段内部的一般性停顿。

4.4.2 形式

逗号的形式是","。

4.4.3 基本用法

4.4.3.1 复句内各分句之间的停顿,除了有时用分号(见4.6.3.1),一般都用逗号。

示例1:不是人们的意识决定人们的存在,而是人们的社会存在决定人们的意识。

示例2:学历史使人更明智,学文学使人更聪慧,学数学使人更精细,学考古使人更深沉。

示例3:要是不相信我们的理论能反映现实,要是不相信我们的世界有内在和谐,那就不可能有科学。

4.4.3.2 用于下列各种语法位置:

a)较长的主语之后。

示例1:苏州园林建筑各种门窗的精美设计和雕镂功夫,都令人叹为观止。

b)句首的状语之后。

示例2:在苍茫的大海上,狂风卷集着乌云。

c)较长的宾语之前。

示例3:有的考古工作者认为,南方古猿生存于上新世至更新世的初期和中期。

d)带句内语气词的主语(或其他成分)之后,或带句内语气词的并列成分之间。

示例4:他呢,倒是很乐观地、全神贯注地干起来了。

---

① 本书作者注:写作"人才"的更为多见,且"人才"为推荐使用条目。

示例5：(那是个没有月亮的夜晚。)可是整个村子——白房顶啦,白树木啦,雪堆啦,全看得见。

e）较长的主语中间、谓语中间和宾语中间。

示例6：母亲沉痛的诉说,以及亲眼看到的实事,都启发了我幼年时期追求真理的思想。

示例7：那姑娘头戴一顶草帽,身穿一条绿色的裙子,腰间还系着一根橙色的腰带。

示例8：必须懂得,对于文化传统,既不能不分青红皂白统统抛弃,也不能不管精华糟粕全盘继承。

f) 前置的谓语之后或后置的状语、定语之前。

示例9：真美啊,这条蜿蜒的林间小路。

示例10：她吃力地站了起来,慢慢地。

示例11：我只是一个人,孤孤单单的。

4.4.3.3 用于下列各种停顿处：

a）复指成分或插说成分前后。

示例1：老张,就是原来的办公室主任,上星期已经调走了。

示例2：车,不用说,当然是头等。

b）语气缓和的感叹语、称谓语和呼唤语之后。

示例3：哎哟,这儿,快给我揉揉。

示例4：大娘,您到哪儿去啊?

示例5：喂,你是哪个单位的?

c）某些序次语（"第"字头、"其"字头及"首先"类序次语）之后。

示例6：为什么许多人都有长不大的感觉呢? 原因有三:第一,父母总认为自己比孩子成熟;第二,父母总要以自己的标准来衡量孩子;第三,父母出于爱心总不想让孩子在成长的过程中走弯路。

示例7：《玄秘塔碑》所以[①]成为书法的范本,不外以下几方面的因素:其一,具有楷书点画、构体的典范性;其二,承上启下,成为唐楷的极致;其三,字如其人,爱人及字,柳公权高尚的书品、人品为后人所崇仰。

示例8：下面从三个方面讲讲语言的污染问题:首先,是特殊语言环境中的语言污染问题;其次,是滥用缩略语引起的语言污染问题;最后,是空话和废话引起的语言污染问题。

4.5 顿号

4.5.1 定义

句内点号的一种,表示语段中并列词语之间或某些序次语之后的停顿。

4.5.2 形式

顿号的形式是"、"。

4.5.3 基本用法

4.5.3.1 用于并列词语之间。

示例1：这里有自由、民主、平等、开放的风气和氛围。

示例2：造型科学、技艺精湛、气韵生动,是盛唐石雕的特色。

---

① 本书作者认为此处用"之所以",与其后的"不外"更吻合。

4.5.3.2 用于需要停顿的重复词语之间。

示例：他几次三番、几次三番地辩解着。

4.5.3.3 用于某些序次语（不带括号的汉字数字或"天干地支"类序次语）之后。

示例1：我准备讲两个问题，一、逻辑学是什么？ 二、怎样学好逻辑学？

示例2：风格的具体内容主要有以下四点，甲、题材；乙、用字；丙、表达；丁、色彩。

4.5.3.4 相邻或相近两数字连用表示概数通常不用顿号。若相邻两数字连用为缩略形式，宜用顿号。

示例1：飞机在6000米高空水平飞行时，只能看到两侧八九公里和前方一二十公里范围内的地面。

示例2：这种凶猛的动物常常三五成群地外出觅食和活动。

示例3：农业是国民经济的基础，也是二、三产业的基础。

4.5.3.5 标有引号的并列成分之间、标有书名号的并列成分之间通常不用顿号。若有其他成分插在并列的引号之间或并列的书名号之间（如引语或书名号之后还有括注），宜用顿号。

示例1："日""月"构成"明"字。

示例2：店里挂着"顾客就是上帝""质量就是生命"等横幅。

示例3：《红楼梦》《三国演义》《西游记》《水浒传》，是我国长篇小说的四大名著。

示例4：李白的"白发三千丈"（《秋浦歌》）、"朝如青丝暮成雪"（《将进酒》）都是脍炙人口的诗句。

示例5：办公室里订有《人民日报》（海外版）、《光明日报》和《时代周刊》等报刊。

4.6 分号

4.6.1 定义

句内点号的一种，表示复句内部并列关系分句之间的停顿，以及非并列关系的多重复句中第一层分句之间的停顿。

4.6.2 形式

分号的形式是"；"。

4.6.3 基本用法

4.6.3.1 表示复句内部并列关系的分句（尤其当分句内部还有逗号时）之间的停顿。

示例1：语言文字的学习，就理解方面说，是得到一种知识；就运用方面说，是养成一种习惯。

示例2：内容有分量，尽管文章短小，也是有分量的；内容没有分量，即使写得再长也没有用。

4.6.3.2 表示非并列关系的多重复句中第一层分句（主要是选择、转折等关系）之间的停顿。

示例1：人还没看见，已经先听见歌声了；或者人已经转过山头望不见了，歌声还余音袅袅。

示例2：尽管人民革命的力量在开始时总是弱小的，所以总是受压的；但是由于革命的力量代表历史发展的方向，因此本质上又是不可战胜的。

示例 3：不管一个人如何伟大，也总是生活在一定的环境和条件下；因此，个人的见解总难免带有某种局限性。

示例 4：昨天夜里下了一场雨，以为可以凉快些；谁知没有凉快下来，反而更热了。

4.6.3.3 用于分项列举的各项之间。

示例：特聘教授的岗位职责为：一、讲授本学科的主干基础课程；二、主持本学科的重大科研项目；三、领导本学科的学术队伍建设；四、带领本学科赶超或保持世界先进水平。

4.7 冒号

4.7.1 定义

句内点号的一种，表示语段中提示下文或总结上文的停顿。

4.7.2 形式

冒号的形式是"："。

4.7.3 基本用法

4.7.3.1 用于总说性或提示性词语（如"说""例如""证明"等）之后，表示提示下文。

示例 1：北京紫禁城有四座城门，午门、神武门、东华门和西华门。

示例 2：她高兴地说："咱们去好好庆祝一下吧！"

示例 3：小王笑着点了点头："我就是这么想的。"

示例 4：这一事实证明：人能创造环境，环境同样也能创造人。

4.7.3.2 表示总结上文。

示例：张华上了大学，李萍进了技校，我当了工人：我们都有美好的前途。

4.7.3.3 用在需要说明的词语之后，表示注释和说明。

示例 1：（本市将举办首届大型书市。）主办单位：市文化局；承办单位：市图书进出口公司；时间：8 月 15 ~20 日；地点：市体育馆观众休息厅。

示例 2：（做阅读理解题有两个办法。）办法之一：先读题干，再读原文，带着问题有针对性地读课文。办法之二：直接读原文，读完再做题，减少先入为主的干扰。

4.7.3.4 用于书信、讲话稿中称谓语或称呼语之后。

示例 1：广平先生：……´

示例 2：同志们、朋友们：……

4.7.3.5 一个句子内部一般不应套用冒号。在列举式或条文式表述中，如不得不套用冒号时，宜另起段落来显示各个层次。

示例：第十条 遗产按照下列顺序继承：

第一顺序，配偶、子女、父母。

第二顺序，兄弟姐妹、祖父母、外祖父母。

4.8 引号

4.8.1 定义

标号的一种，表示语段中直接引用的内容或需要特别指出的成分。

4.8.2 形式

引号的形式有双引号（""）和单引号（''）两种。左侧的为前引号，右侧的为后引号。

4.8.3 基本用法

4.8.3.1 表示语段中直接引用的内容。

示例:李白诗中就有"白发三千丈"这样极尽夸张的语句。

4.8.3.2 表示需要着重论述或强调的内容。

示例:这里所谓的"文",并不是指文字,而是指文采。

4.8.3.3 表示语段中具有特殊含义而需要特别指出的成分,如别称、简称、反语等

示例1:电视被称作"第九艺术"。

示例2:人类学上常把古人化石统称为尼安德特人,简称"尼人"。

示例3:有几个"慈祥"的老板把捡来的菜叶用盐浸浸就算作工友的菜肴。

4.8.3.4 当引号中还需要使用引号时,外面一层用双引号,里面一层用单引号。

示例:他问:"老师,'七月流火'是什么意思?"

4.8.3.5 独立成段的引文如果只有一段,段首和段尾都用引号;不止一段时,每段开头仅用前引号,只在最后一段末尾用后引号。

示例:我曾在报纸上看到有人这样谈幸福:

"幸福是知道自己喜欢什么和不喜欢什么……

"幸福是知道自己擅长什么和不擅长什么……

"幸福是在正确的时间做了正确的选择……"

4.8.3.6 在书写带月、日的事件、节日或其他特定意义的短语(含简称)时,通常只标引其中的月和日;需要突出和强调该事件或节日本身时,也可连同事件或节日一起标引。

示例1:"5·12"汶川大地震

示例2:"五四"以来的话剧,是我国戏剧中的新形式。

示例3:纪念"五四运动"90 周年

4.9 括号

4.9.1 定义

标号的一种,表示语段中的注释内容、补充说明或其他特定意义的语句。

4.9.2 形式

括号的主要形式是圆括号"( )",其他形式还有方括号"〔 〕"、六角括号"〔〕"和方头括号"【】"等。

4.9.3 基本用法

4.9.3.1 表示下列各种情况,均用圆括号:

a）表示注释内容或补充说明。

示例1:我校拥有特级教师(含已退休的)17 人。

示例2:我们不但善于破坏一个旧世界,我们还将善于建设一个新世界!(热烈鼓掌)

b）表示订正或补加的文字。

示例3:信纸上用稚嫩的字体写着:"阿夷(姨),你好!"

示例4:该建筑公司负责的建设工程全部达到优良工程(的标准)。

c）表示序次语。

示例5:语言有三个要素:声音;结构;意义。

示例6：思想有三个条件：(一)事理；(二)心理；(三)伦理。

d）表示引语的出处。

示例7：他说得好："未画之前,不立一格;既画之后,不留一格。"（《板桥集·题画》）

e）表示汉语拼音注音。

示例8 ："的（de）"这个字在现代汉语中最常用。

4.9.3.2 表示作者国籍或所属朝代时,可用方括号或六角括号。

示例1：〔英〕赫胥黎《进化论与伦理学》

示例2：〔唐〕杜甫著

4.9.3.3 报刊标示电讯、报道的开头,可用方头括号。

示例：【新华社南京消息】

4.9.3.4 表示公文发文字号中的发文年份时,可用六角括号。

示例：国发〔2011〕3 号文件

4.9.3.5 表示被注释的词语时,可用六角括号或方头括号。

示例1：〔奇观〕奇伟的景象。

示例2：【爱因斯坦】物理学家。生于德国,1933 年因受纳粹政权迫害,移居美国。

4.9.3.6 除科技书刊中的数学、逻辑公式外,所有括号(特别是同一形式的括号)应尽量避免套用。必须套用括号时,宜采用不同的括号形式配合使用。

示例：[茸（róng）毛]很细很细的毛。

4.10 破折号

4.10.1 定义

标号的一种,表示语段中某些成分的注释、补充说明或语音、意义的变化。

4.10.2 形式

破折号的形式是"——"。

4.10.3 基本用法

4.10.3.1 表示注释内容或补充说明(也可用括号,见 4.9.3.1;二者的区别另见 B.1.7)。

示例1：一个矮小而结实的日本中年人——内山老板走了过来。

示例2：我一直坚持读书,想借此唤起弟妹对生活的希望——无论环境多么困难。

4.10.3.2 表示插入语(也可用逗号,见 4.4.3.3)。

示例：这简直就是——说得不客气点——无耻的勾当!

4.10.3.3 表示总结上文或提示下文(也可用冒号,见 4.7.3.1、4.7.3.2)。

示例1：坚强,纯洁,严以律己,客观公正——这一切都难得地集中在一个人身上。

示例2：画家开始娓娓道来——

数年前的一个寒冬,……

4.10.3.4 表示话题的转换。

示例："好香的干菜——听到风声了吗?"赵七爷低声说道。

4.10.3.5 表示声音的延长。

示例："嘎——"传过来一声水禽被惊动的鸣叫。

4.10.3.6 表示话语的中断或间隔。

示例1:"班长他牺——"小马话没说完就大哭起来。

示例2:"亲爱的妈妈,你不知道我多爱您。——还有你,我的孩子!"

4.10.3.7 表示引出对话。

示例:——你长大后想成为科学家吗?

——当然想了!

4.10.3.8 标示事项列举分承。

示例:根据研究对象的不同,环境物理学分为以下五个分支学科:

——环境声学;

——环境光学;

——环境热学;

——环境电磁学;

——环境空气动力学。

4.10.3.9 用于副标题之前。

示例:飞向太平洋

——我国新型号运载火箭发射目击记

4.10.3.10 用于引文、注文后,标示作者、出处或注释者。

示例1:先天下之忧而忧,后天下之乐而乐。

——范仲淹

示例2:乐浪海中有倭人,分为百余国。

——《汉书》

示例3:很多人写好信后把信笺折成方胜形,我看大可不必。①

4.11 省略号

4.11.1 定义

标号的一种,表示语段中某些内容的省略及意义的断续等。

4.11.2 形式

省略号的形式是"……"。

4.11.3 基本用法

4.11.3.1 表示引文的省略。

示例:我们齐声朗诵起来:"……俱往矣,数风流人物,还看今朝。"

4.11.3.2 表示列举或重复词语的省略。

示例1:对政治的敏感,对生活的敏感,对性格的敏感,……这都是作家必须要有的素质。

示例2:他气得连声说:"好,好……算我没说。"

4.11.3.3 表示语意未尽。

示例1:在人迹罕至的深山密林里,假如突然看见一缕炊烟,……

---

① 编者注:方胜,指古代妇女戴的方形首饰,用彩绸等制作,由两个斜方部分叠合而成。

示例2：你这样干,未免太……

4.11.3.4 表示说话时断断续续。

示例：她磕磕巴巴地说："可是……太太……我不知道……你一定是认错了。"

4.11.3.5 表示对话中的沉默不语。

示例："还没结婚吧?"

"……"他飞红了脸,更加忸怩起来。

4.11.3.6 表示特定的成分虚缺。

示例：只要……就……

4.11.3.7 在表示诗行、段落的省略时,可连用两个省略号(即相当于十二连点)。

示例1：从隔壁房间传来缓缓而抑扬顿挫的吟咏声——

床前明月光,疑是地上霜。

……

示例2：该刊根据工作质量、上稿数量、参与程度等方面的表现,评选出了高校十佳记者站。还根据发稿数量、提供新闻线索情况以及对刊物的关注度等,评选出了十佳通讯员。

……

4.12 着重号

4.12.1 定义

标号的一种,表示语段中某些重要的或需要指明的文字。

4.12.2 形式

着重号的形式是"．"标注在相应文字的下方。

4.12.3 基本用法

4.12.3.1 表示语段中重要的文字。

示例1：诗人需要表现,而不是证明。

示例2：下面对本文的理解,不正确的一项是：……

4.12.3.2 表示语段中需要指明的文字。

示例：下边加点的字,除了在词中的读法外,还有哪些读法?

着急 子弹 强调

4.13 连接号

4.13.1 定义

标号的一种,表示某些相关联成分之间的连接。

4.13.2 形式

连接号的形式有短横线"-"、一字线"—"和浪纹线"～"三种。

4.13.3 基本用法

4.13.3.1 表示下列各种情况,均用短横线：

a）化合物的名称或表格、插图的编号。

示例1：3-戊酮为无色液体,对眼及皮肤有强烈刺激性。

示例2：参见下页表2-8、表2-9。

b）连接号码,包括门牌号码、电话号码,以及用阿拉伯数字表示年月日等。

示例3:安宁里东路26号院3-2-11室

示例4:联系电话:010-88842603

示例5:2011-02-15

c)在复合名词中起连接作用。

示例6:吐鲁番-哈密盆地

d)某些产品的名称和型号。

示例7:WZ-10直升机具有复杂天气和夜间作战的能力。

e)汉语拼音、外来语内部的分合。

示例8:shuōshuō-xiàoxiào(说说笑笑)

示例9:盎格鲁-撒克逊人

示例10:让-雅克·卢梭("让-雅克"为双名)

示例11:皮埃尔·孟戴斯-弗朗斯("孟戴斯-弗朗斯"为复姓)

4.13.3.2 表示下列各种情况,一般用一字线,有时也可用浪纹线:

a)表示相关项目(如时间、地域等)的起止。

示例1:沈括(1031—1095),宋朝人。

示例2:2011年2月3—10日

示例3:北京—上海特别旅客快车

b)表示数值范围(由阿拉伯数字或汉字数字构成)的起止。

示例4:25~30g

示例5:第五~八课

4.14 间隔号

4.14.1 定义

标号的一种,表示某些相关联成分之间的分界。

4.14.2 形式

间隔号的形式是"·"。

4.14.3 基本用法

4.14.3.1 表示外国人名或少数民族人名内部的分界。

示例1:克里丝蒂娜·罗塞蒂

示例2:阿依古丽·买买提

4.14.3.2 表示书名与篇(章、卷)名之间的分界。

示例:《淮南子·本经训》

4.14.3.3 表示词牌、曲牌、诗体名等和题名之间的分界。

示例1:《沁园春·雪》

示例2:《天净沙·秋思》

示例3:《七律·冬云》

4.14.3.4 用在构成标题或栏目名称的并列词语之间。

示例:《天·地·人》

4.14.3.5 以月、日为标志的事件或节日,用汉字数字表示时,只在一、十一和十二月后用间隔号;当直接用阿拉伯数字表示时,月、日之间均用间隔号(半角字符)。

示例1:"九一八"事变 "五四"运动

示例2："一·二八"事变 "一二·九"运动

示例3："3·15"消费者权益日 "9·11"恐怖袭击事件

4.15 书名号

4.15.1 定义

标号的一种,表示语段中出现的各种作品的名称。

4.15.2 形式

书名号的形式有双书名号"《 》"和单书名号"〈 〉"两种。

4.15.3 基本用法

4.15.3.1 表示书名、卷名、篇名、刊物名、报纸名、文件名等。

示例1:《红楼梦》(书名)

示例2:《史记·项羽本纪》①(卷名)

示例3:《论雷峰塔的倒掉》(篇名)

示例4:《每周关注》(刊物名)

示例5:《人民日报》(报纸名)

示例6:《全国农村工作会议纪要》(文件名)

4.15.3.2 表示电影、电视、音乐、诗歌、雕塑等各类用文字、声音、图像等表现的作品的名称。

示例1:《渔光曲》(电影名)

示例2:《追梦录》(电视剧名)

示例3:《勿忘我》(歌曲名)

示例4:《沁园春·雪》(诗词名)

示例5:《东方欲晓》(雕塑名)

示例6:《光与影》(电视节目名)

示例7:《社会广角镜》(栏目名)

示例8:《庄子研究文献数据库》(光盘名)

示例9:《植物生理学系列挂图》(图片名)

4.15.3.3 表示全中文或中文在名称中占主导地位的软件名。

示例:科研人员正在研制《电脑卫士》杀毒软件。

4.15.3.4 表示作品名的简称。

示例:我读了《念青唐古拉山脉纪行》一文(以下简称《念》),收获很大。

4.15.3.5 当书名号中还需要书名号时,里面一层用单书名号,外面一层用双书名号。

示例:《教育部关于提请审议〈高等教育自学考试试行办法〉的报告》

4.16 专名号

4.16.1 定义

标号的一种,表示古籍和某些文史类著作中出现的特定类专有名词。

4.16.2 形式

专名号的形式是一条直线,标注在相应文字的下方。

---

① 编者注:《史记·项羽本纪》更为多见。

4.16.3 基本用法

4.16.3.1 表示古籍、古籍引文或某些文史类著作中出现的专有名词,主要包括人名、地名、国名、民族名、朝代名、年号、宗教名、官署名、组织名等。

示例1:孙坚人马被刘表率军围得水泄不通。(人名)

示例2:于是聚集冀、青、幽、并四州兵马七十多万准备决一死战。(地名)

示例3:当时乌孙及西域各国都向汉派遣了使节。(国名、朝代名)

示例4:从咸宁二年到太康十年,匈奴、鲜卑、乌桓等族人徙居塞内。(年号、民族名)

4.16.3.2 现代汉语文本中的上述专有名词,以及古籍和现代文本中的单位名、官职名、事件名、会议名、书名等不应使用专名号。必须使用标号标示时,宜使用其他相应标号(如引号、书名号等)。

4.17 分隔号

4.17.1 定义

标号的一种,表示诗行、节拍及某些相关文字的分隔。

4.17.2 形式

分隔号的形式是"/"。

4.17.3 基本用法

4.17.3.1 诗歌接排时分隔诗行(也可使用逗号和分号,见4.4.3.1/4.6.3.1)。

示例:春眠不觉晓/处处闻啼鸟/夜来风雨声/花落知多少。

4.17.3.2 表示诗文中的音节节拍。

示例:横眉/冷对/千夫指,俯首/甘为/孺子牛。

4.17.3.3 分隔供选择或可转换的两项,表示"或"。

示例:动词短语中除了作为主体成分的述语动词之外,还包括述语动词所带的宾语和/或补语。

4.17.3.4 分隔组成一对的两项,表示"和"。

示例1:13/14次特别快车

示例2:羽毛球女双决赛中国组合杜婧/于洋两局完胜韩国名将李孝贞/李敬元。

4.17.3.5 分隔层级或类别。

示例:我国的行政区划分为:省(直辖市、自治区)/省辖市(地级市)/县(县级市、区、自治州)/乡(镇)/村(居委会)。

5 标点符号的位置和书写形式

5.1 横排文稿标点符号的位置和书写形式

5.1.1 句号、逗号、顿号、分号、冒号均置于相应文字之后,占一个字位置,居左下,不出现在一行之首。

5.1.2 问号、叹号均置于相应文字之后,占一个字位置,居左,不出现在一行之首。两个问号(或叹号)叠用时,占一个字位置;三个问号(或叹号)叠用时,占两个字位置;问号和叹号连用时,占一个字位置。

5.1.3 引号、括号、书名号中的两部分标在相应项目的两端,各占一个字位置。其中前一半不出现在一行之末,后一半不出现在一行之首。

5.1.4 破折号标在相应项目之间,占两个字位置,上下居中,不能中间断开分处上行之末和下行之首。

5.1.5 省略号占两个字位置,两个省略号连用时占四个字位置并须单独占一行。省略号不能中间断开分处上行之末和下行之首。

5.1.6 连接号中的短横线比汉字"一"略短,占半个字位置;一字线比汉字"一"略长,占一个字位置;浪纹线占一个字位置。连接号上下居中,不出现在一行之首。

5.1.7 间隔号标在需要隔开的项目之间,占半个字位置,上下居中,不出现在一行之首。

5.1.8 着重号和专名号标在相应文字的下边。

5.1.9 分隔号占半个字位置,不出现在一行之首或一行之末。

5.1.10 标点符号排在一行末尾时,若为全角字符则应占半角字符的宽度(即半个字位置),以使视觉效果更美观。

5.1.11 在实际编辑出版工作中,为排版美观、方便阅读等需要,或为避免某一小节最后一个汉字转行或出现在另外一页开头等情况(浪费版面及视觉效果差),可适当压缩标点符号所占用的空间。

5.2 竖排文稿标点符号的位置和书写形式

5.2.1 句号、问号、叹号、逗号、顿号、分号和冒号均置于相应文字之下偏右。

5.2.2 破折号、省略号、连接号、间隔号和分隔号置于相应文字之下居中,上下方向排列。

5.2.3 引号改用双引号"﹃""﹄"和单引号"﹁""﹂",括号改用"︵""︶",标在相应项目的上下。

5.2.4 竖排文稿中使用浪线式书名号"︴",标在相应文字的左侧。

5.2.5 着重号标在相应文字的右侧,专名号标在相应文字的左侧。

5.2.6 横排文稿中关于某些标点不能居行首或行末的要求,同样适用于竖排文稿。

附录 A(规范性附录)
标点符号用法的补充规则

A.1 句号用法补充规则

图或表的短语式说明文字,中间可用逗号,但末尾不用句号。即使有时说明文字较长,前面的语段已出现句号,最后结尾处仍不用句号。

示例1:进行中的学生方队

示例2:经过治理,本市市容市貌焕然一新。这是某区街道一景

A.2 问号用法补充规则

使用问号应以句子表示疑问语气为依据,而并不根据句子中包含有疑问词。当含有疑问词的语段充当某种句子成分,而句子并不表示疑问语气时,句末不用问号。

示例1:他们的行为举止、审美趣味,甚至读什么书,坐什么车,都在媒体掌握之中。

示例2:谁也不见,什么也不吃,哪儿也不去。

示例3:我也不知道他究竟躲到什么地方去了。

A.3 逗号用法补充规则

用顿号表示较长、较多或较复杂的并列成分之间的停顿时,最后一个成分前可用"以及(及)"进行连接,"以及(及)"之前应用逗号。

示例:压力过大、工作时间过工、作息不规律,以及忽视营养均衡等,均会导致健康状况的下降。

A.4 顿号用法补充规则

A.4.1 表示含有顺序关系的并列各项间的停顿,用顿号,不用逗号。下例解释"对于"一词用法,"人""事物""行为"之间有顺序关系(即人和人、人和事物、人和行为、事物和事物、事物和行为、行为和行为等六种对待关系),各项之间应用顿号。

示例:〔对于〕表示人,事物,行为之间的相互对待关系。(误)

示例:〔对于〕表示人、事物、行为之间的相互对待关系。(正)

A.4.2 用阿拉伯数字表示年月日的简写形式时,用短横线连接号,不用顿号。

示例:2010、03、02(误)

2010-03-02(正)

A.5 分号用法补充规则

分项列举的各项有一项或多项已包含句号时,各项的末尾不能再分号。

示例:本市先后建立三大农业生产体系:一是建立甘蔗生产服务体系。成立糖业服务公司,主要给农民提供机耕等服务;二是建立蚕桑生产服务体系;三是建立热作服务体系。(误)

本市先后建立起三大农业生产体系:一是建立甘蔗生产服务体系。成立糖业服务公司,主要给农民提供机耕等服务。二是建立蚕桑生产服务体系。三是建立热作服务体系。(正)

A.6 冒号用法补充规则

A.6.1 冒号用在提示性话语之后引起下文。表面上类似但实际不是提示性话语的,其后用逗号。

示例1:郦道元《水经注》记载:"沼西际山枕水,有唐叔虞祠。"(提示性话语)

示例2:据《苏州府志》载,苏州城内大小园林约有150多座,可算名副其实的园林之城。(非提示性话语)

A.6.2 冒号提示范围无论大小(一句话、几句话甚至几段话),都应与提示性话语保持一致(即在该范围的末尾要用句号点断)。就避免冒号涵盖范围过窄或过宽。

示例:艾滋病有三个传播途径:血液传播、性传播和母婴传播,日常接触是不会传播艾滋病的。(误)

艾滋病有三个传播途径:血液传播、性传播和母婴传播。日常接触是不会传播艾滋病的。(正)

A.6.3 冒号应用在有停顿处,无停顿处不应用冒号。

示例1:他头也不抬,冷冷地问:"你叫什么名字?"(有停顿)

示例2:这事你得拿主意,光说"不知道"怎么行?(无停顿)

A.7 引号用法补充规则

"丛刊""文库""系列""书系"等作为系列著作的选题名,宜用引号标引。当"丛刊"

等为选题名的一部分时,放在引号之内,反之则放在引号之外。

示例1:"汉译世界学术名著丛书"

示例2:"中国哲学典籍文库"

示例3:"20世纪心理学通览"丛书

A.8 括号用法补充规则

括号可分为句内括号和句外括号。句内括号用于注释句子里的某些词语,即本身就是句子的一部分,应紧跟在被注释的词语之后。句外括号则用于注释句子、句群或段落,即本身结构独立,不属于前面的句子、句群或段落,应位于所注释语段的句末点号之后。

示例:标点符号是辅助文字记录语言的符号,是书面语的有机组成部分,用来表示语句的停顿、语气以及标示某些成分(主要是是词语)的特定性质和作用。(数学符号、货币符号、校勘符号等特殊领域的专门符号不属于标点符号。)

A.9 省略号用法补充规则

A.9.1 不能用多于两个省略号(多于12点)连在一起表示省略。省略号须与多点连续的连珠号相区别(后者主要是用于表示目录中标题和页码对应和连接的专门符号)。

A.9.2 省略号和"等""等等""什么的"等词语不能同时使用。在需要读出来的地方用"等""等等""什么的"等词语,不用省略号。

示例:含有铁质的食物有猪肝、大豆、油菜、菠菜……等。(误)

含有铁质的食物有猪肝、大豆、油菜、菠菜等。(正)

A.10 着重号用法补充规则

不应使用文字下加直线或波浪线等形式表示着重。文字下加直线为专名号形式(4.16);文字下加浪纹线是特殊书名号(A.13.6)。着重号的形式统一为相应项目下加小圆点。

示例:下面对本文的理解,不正确的一项是(误)

下面对本文的理解,不正确的一项是(正)

A.11 连接号用法补充规则

浪纹线连接号用于标示数值范围时,在不引起歧义的情况下,前一数值附加符号或计量单位可省略。

示例:5公斤~100公斤(误)

5~100公斤(正)

A.12 间隔号用法补充规则

当并列短语构成的标题中已用间隔号开时,不应再用"和"类连词。

示例:《水星·火星和金星》(误)

《水星·火星·金星》(正)

A.13 书名号用法补充规则

A.13.1 不能视为作品的课程、课题、奖励奖状、商标、证照、组织机构、会议、活动等名称,不应用书名号。下面均为书名号误用的示例:

示例1:下学期本中心将开设《现代企业财务管理》《市场营销》两门课程。

示例2:明天将召开《关于"两保两挂"的多视觉理论思考》课题立项会。

示例3：本市将向 70 岁以上（含 70 岁）老年人颁发《敬老证》。

示例4：本校共获得《最佳印象》《自我审美》《卡拉 OK》等六个奖杯。

示例5：《闪光》牌电池经久耐用。

示例6：《文史杂志社》编辑力量比较雄厚。

示例7：本市将召开《全国食用天然色素应用研讨会》。

示例8：本报将于今年暑假举行《墨宝杯》书法大赛。

A.13.2 有的名称应根据指称意义的不同确定是否用书名号。如文艺晚会指一项活动时，不用书名号；而特指一种节目名称时，可用书名号。再如展览作为一种文化传播的组织形式时，不用书名号；特定情况下将某项展览作为一种创作的作品时，可用书名号。

示例1：2008 年重阳联欢晚会受到观众的称赞和好评。

示例2：本台将重播《2008 年重阳联欢晚会》。

示例3："雪域明珠——中国西藏文化展"隆重开幕。

示例4：《大地飞歌艺术展》是一部大型现代艺术作品。

A.13.3 书名后面表示该作品所属类别的普通名词不标在书名号内。

示例：《我们》杂志

A.13.4 书名有时带有括注。如果括注是书名、篇名等的一部分，应放在书名号之内，反之则应放在书名号之外。

示例1：《琵琶行（并序）》

示例2：《中华人民共和国民事诉讼法（试行）》

示例3：《新政治协商会议筹备会组织条例（草案）》

示例4：《百科知识》（彩图本）

示例5：《人民日报》（海外版）

A.13.5 书名、篇名末尾如有叹号或问号，应放在书名号之内。

示例1：《日记何罪！》

示例2：《如何做到同工又同酬？》

A.13.6 在古籍或某些文史类著作中，为与专名号配合，书名号也可改用浪线式"＿＿"，标注在书名下方。这可以看作特殊的专名号或特殊的书名号。

A.14 分隔号用法补充规则

分隔号又称正斜线号，须与反斜线号"＼"相区别（后者主要是用于编写计算机程序的专门符号）。使用分隔号时，紧贴着分隔号的前后通常不用点号。

附录 B（资料性附录）
标点符号若干用法的说明

B.1 易混标点符号用法比较

B.1.1 逗号、顿号表示并列词语之间停顿的区别

逗号和顿号都表示停顿，但逗号表示的停顿长，顿号表示的停顿短。并列词语之间的停顿一般用顿号，但当并列词语较长或其后有语气词时，为了表示稍长一点的停顿，也可用逗号。

示例1：我喜欢吃的水果有苹果、桃子、香蕉和菠萝。

示例2:我们需要了解全局和局部的统一,必然和偶然的统一,本质和现象的统一。

示例3:看游记最难弄清位置和方向,前啊,后啊,左啊,右啊,看了半天,还是不明白。

B.1.2 逗号、顿号在表示列举省略的"等""等等"之类词语前的使用

并列成分之间用顿号,末尾的并列成分之后用"等""等等"之类词语时,"等"类词前不用顿号或其他点号;并列成分之间用逗号,末尾的并列成分之后用"等"类词时,"等"类词前应用逗号。

示例1:现代生物学、物理学、化学、数学等基础学科的发展,带动了医学科学的进步。

示例2:写文章前要想好:文章主题是什么,用哪些材料,哪些详写,哪些略写,等等。

B.1.3 逗号、分号表示分句间停顿的区别

当复句的表述不复杂、层次不多,相连的分句语气比较紧凑、分句内部也没有使用逗号表示停顿时,分句间的停顿多用逗号。当用逗号不易分清多重复句内部的层次(如分句内部已有逗号),而用句号又可能割裂前后关系的地方,应用分号表示停顿。

示例1:她拿起钥匙,开了箱上的锁,又开了首饰盒上的锁,往老地方放钱。

示例2:纵比,即以一事物的各个发展阶段作比;横比,则以此事物与彼事物相比。

B.1.4 顿号、逗号、分号在标示层次关系时的区别

句内点号中,顿号表示的停顿最短、层次最低,通常只能表示并列词语之间的停顿;分号表示的停顿最长、层次最高,可以用来表示复句的第一层分句之间的停顿;逗号介于两者之间,既可表示并列词语之间的停顿,也可表示复句中分句之间的停顿。若分句内部已用逗号,分句之间就应用分号(见 B.1.3 示例2)。用分号隔开的几个并列分句不能由逗号统领或总结。

示例1:有的学会烤烟,自己做挺讲究的纸烟和雪茄;有的学会蔬菜加工,做的番茄酱能吃到冬天;有的学会蔬菜腌渍、窖藏,使秋菜接上春菜。

示例2:动物吃植物的方式多种多样:有的是把整个植物吃掉,如原生动物;有的是把植物的大部分吃掉,如鼠类;有的是吃掉植物的要害部位,如鸟类吃掉植物的嫩芽。(误)

动物吃植物的方式多种多样,有的是把整个植物吃掉,如原生动物;有的是把植物的大部分吃掉,如鼠类;有的是吃掉植物的要害部位,如鸟类吃掉植物的嫩芽。(正)

B.1.5 冒号、逗号用于"说""道"之类词语后的区别

位于引文之前的"说""道"后用冒号。位于引文之后的"说""道"分两种情况:处于句末时,其后用句号;"说""道"后还有其他成分时,其后用逗号。插在话语中间的"说""道"类词语后只能用逗号表示停顿。

示例1:他说:"晚上就来家里吃饭吧。"

示例2:"我真的很期待。"他说。

示例3:"我有件事忘了说……"他说,表情有点为难。

示例4:"现在请皇上脱下衣服,"两个骗子说,"好让我们为您换上新衣。"

B.1.6 不同点号表示停顿长短的排序

各种点中与都表示说话时的停顿。句号、问号、叹号都表示句子完结,停顿最长。分号用于复句的分句之间,停顿长度介于句末点号和逗号之间,而短于冒号。逗号表示一句话中间的停顿,又短于分号。顿号用于并列词语之间,停顿最短。通常情况下,各种点

号表示的停顿由长到短为：句号＝问号＝叹号＞冒号（指涵盖范围为一句话的冒号）＞分号＞逗号＞顿号。

B.1.7　破折号与括号表示注释或补充说明时的区别

破折号用于表示比较重要的解释说明，这种补充是正文的一部分，可与前后文连续；而括号表示比较一般的解释说明，只是注释而非正文，可不与前后文连续。

示例1：在今年——农历虎年，必须取得比去年更大的成绩。

示例2：哈雷在牛顿思想的启发下，终于认出了他所关注的彗星（该星后人称为哈雷彗星）。

B.1.8　书名号、引号在"题为……""以……为题"格式中的使用

"题为……""以……为题"中的"题"，如果是诗文、图书、报告或其他作品可作为篇名、书名看待时，可用书名号；如果是写作、科研、辩论、谈话的主题，非特定作品的标题，应用引号。即"题为……""以……为题"中的"题"应根据其类别分别按书名号和引号的用法处理。

示例1：有篇题为《柳宗元的诗》的文章，全文才2000字，引文不实却达11处之多。

示例2：今天一个以"地球·人口·资源·环境"为题的大型宣传活动在此间举行。

示例3：《我的老师》写于1956年9月，是作者应《教师报》之约而写的。

示例4："我的老师"这类题目，同学们也许都写过。

B.2　两个标点符号连用的说明

B.2.1　行文中表示引用的引号内外的标点用法

当引文完整且独立使用，或虽不独立使用但带有问号或叹号时，引号内句末点号应保留。除此之外，引号内不用句末点号。当引文处于句子停顿处（包括句末尾）且引号内未使用点号时，引号外应使用点号，当引文位于非停顿处或者引号内已使用句末点号时，引号外不用点号。

示例1："沉舟侧畔千帆过，病树前头万木春。"他最喜欢这两句诗。

示例2：书价上涨令许多读者难以接受，有些人甚至发出"还买得起书吗？"的疑问。

示例3：他以"条件还不成熟，准备还不充分"为由，否决了我们的提议。

示例4：你这样"明日复明日"地要拖到什么时候？

示例5：司马迁为了完成《史记》的写作，使之"藏之名山"，忍受了人间最大的侮辱。

示例6：在施工中要始终坚持"把质量当生命"。

示例7："言之无文，行而不远"这句话，说明了文采的重要。

示例8：俗话说："墙头一根草，风吹两边倒。"用这句话来形容此辈再恰当不过。

B.2.2　行文中括号内外的标点用法

括号内行文末尾需要时可用问号、叹号和省略号。除此之外，句内括号行文末尾通常不用标点符号。句外括号行文末尾是否用句号由括号内的语段结构决定：若语段较长、内容复杂，应用句号。句内括号外是否用点号取决于括号所处位置：若句内括号处于句子停顿处，应用点号。句外括号外通常不用点号。

示例1：如果不采取（但应如何采取呢？）十分具体的控制措施，事态将进一步扩大。

示例2：3分钟过去了（仅仅才3分钟！），从眼前穿梭而过的出租车竟达32辆！

示例3:她介绍时用了一连串比喻(有的状如树枝,有的貌似星海⋯⋯),非常形象。

示例4:科技协作合同(包括科研、试制、成果推广等)根据上级主管部门或有关部门的计划签订。

示例5:应把夏朝看作原始公社向奴隶制国家过渡时期。(龙山文化遗址里,也有俯身葬。俯身者很可能就是奴隶。)

示例6:问:你对你不喜欢的上司是什么态度?

答:感情上疏远,组织上服从。(掌声,笑声)

示例7:古汉语(特别是上古汉语),对于我说,有着常人无法想象的吸引力。

示例8:由于这种推断尚未经过实践的考验,我们只能把它作为假设(或假说)提出来。

B.2.3 破折号前后的标点用法

破折号之前通常不用点号;但根据句子结构和行文需要,有时也可分别使用句内点号或句末点号。破折号之后通常不会紧跟着使用其他点号;但当破折号表示语音的停顿或延长时,根据语气表达的需要,其后可紧接问号或叹号。

示例1:小妹说:"我们现在工作得挺好,老板对我不错,工资也挺高。——我能抽支烟吗?"(表示话题的转折)

示例2:我不是自然主义者,我主张文学高于现实,能够稍稍居高临下地去看现实,因为文学的任务不仅在于反映现实。光描写存在的事物还不够,还必须记住我们所希望的和可能产生的事物。必须使现象典型化。应该把微小而有代表性的事物写成重大的和典型的事物。——这就是文学的任务。(表示对前几句话的总结)

示例3:"是他——?"石一川简直不敢相信自己的耳朵。

示例4:"我终于考上大学啦!我终于考上啦——!"金石开兴奋得快要晕过去了。

B.2.4 省略号前后的标点用法

省略号之前通常不用点号。以下两种情况例外:省略号前的句子表示强烈语气、句末使用问号或叹号时;省略号前不用点号就无法表示停顿或表明结构关系时。省略号之后通常也不用点号,但当句末表达强烈的语气或感情时,可在省略号后用问号或叹号;当省略号后还有别的话、省略的文字和后面的话不连续且有停顿时,应在省略号后用点号;当表示特定格式的成分虚缺时,省略号后可用点号。

示例1:想起这些,我就觉得一辈子都对不起你。你对梁家的好,我感激不尽!⋯⋯

示例2:他进来了,⋯⋯一身军装,一张朴实的脸,站在我们面前显得很高大,很年轻。

示例3:这,这是⋯⋯?

示例4:动物界的规矩比人类还多,野骆驼、野猪、黄羊⋯⋯,直至塔里木兔、跳鼠,都是各行其路,决不混淆。

示例5:大火被渐渐扑灭,但一片片油污又旋即出现在遇难船旁⋯⋯。清污船迅速赶来,并施放围栏以控制油污。

示例6:如果⋯⋯,那么⋯⋯。

B.3 序次语之后的标点用法

B.3.1"第""其"字头序次语,或"首先""其次""最后"等做序次语时,后用逗号(见4.4.3.3)。

B.3.2 不带括号的汉字数字或"天干地支"做序次语时,后用顿号(见4.5.3.3)。

B.3.3 不带括号的阿拉伯数字、拉丁字母或罗马数字做序次语时,后面用下脚点(该符号属于外文的标点符号)。

示例1:总之,语言的社会功能有三点:1. 传递信息,交流思想;2. 确定关系,调节关系;3. 组织生活,组织生产。

示例2:本课一共讲解三个要点:A. 生理停顿;B. 逻辑停顿;C. 语法停顿。

B.3.4 加括号的序次语后面不用任何点号。

示例1:受教育者应履行以下义务:(一)遵守法律、法规;(二)努力学习,完成规定的学习任务;(三)遵守所在学校或其他教育机构的制度。

示例2:科学家很重视下面几种才能:(1)想象力;(2)直觉的理解力;(3)数学能力。

B.3.5 阿拉伯数字与下脚点结合表示章节关系的序次语末尾不用任何点号。

示例:3 停顿

3.1 生理停顿

3.2 逻辑停顿

B.3.6 用于章节、条款的序次语后宜用空格表示停顿。

示例:第一课　春天来了

B.3.7 序次简单、叙述性较强的序次语后不用标点符号。

示例:语言的社会功能共有三点:一是传递信息;二是确定关系;三是组织生活。

B.3.8 同类数字形式的序次语,带括号的通常位于不带括号的下一层。通常第一层是带有顿号的汉字数字;第二层是带括号的汉字数字;第三层是带下脚点的阿拉伯数字;第四层是带括号的阿拉伯数字;再往下可以是带圈的阿拉伯数字或小写拉丁字母。一般可根据文章特点选择从某一层序次语开始行文,选定之后应顺着序次语的层次向下行文,但使用层次较低的序次语之后不宜反过来再使用层次更高的序次语。

示例:一、……

(一)……

1.……

(1)……

①/a.……

B.4 文章标题的标点用法

文章标题的末尾通常不用标点符号,但有时根据需要可用问号、叹号或省略号。

示例1:看看电脑会有多聪明,让它下盘围棋吧

示例2:猛龙过江:本店特色名菜

示例3:严防"电脑黄毒"危害少年

示例4:回家的感觉真好

——访大赛归来的本市运动员

示例5:里海是湖,还是海?

示例6:人体也是污染源!

示例7:和平协议签署之后……

附录三

新的《出版物上数字用法》①

前　言

本标准按照 GB/T 1.1—2009 给出的规则起草。

本标准代替 GB/T 15835—1995《出版物上数字用法的规定》，与 GB/T 15835—1995《出版物上数字用法的规定》相比，主要变化如下：

——原标准在汉字数字与阿拉伯数字中，明显倾向于使用阿拉伯数字。本标准不再强调这种倾向性。

——在继承原标准中关于数字用法应遵循"得体原则"和"局部体例一致原则"的基础上，通过措辞上的适当调整，以及更为具体的规定和示例，进一步明确了具体操作规范。

——将原标准的平级罗列式行文结构改为层级分类式行文结构。

——删除了原标准的基本术语"物理量"与"非物理量"，增补了"计量""编号""概数"作为基本术语。

本标准由教育部语言文字信息管理司提出并归口。

本标准主要起草单位：北京大学。

本标准主要起草人：詹卫东、覃士娟、曾石铭。

本标准所代替标准的历次版本发布情况为：

——GB/T 15835—1995。

---

① 中国标准出版社．专业标准汇编［S］．北京：中国标准出版社，2012：53-60.

出版物上数字用法

1 范围

本标准规定了出版物上汉字数字和阿拉伯数字的用法。

本标准适用于各类出版物(文艺类出版物和重排古籍除外)。政府和企事业单位公文,以及教育、媒体和公共服务领域的数字用法,也可参照本标准执行。

2 规范性引用文件

下列文件对于本文件的应用是必不可少的。凡是注日期的引用文件,仅注日期的版本适用于本文件。凡是不注日期的引用文件,其最新版本(包括所有的修改单)适用于本文件。

GB/T 7408—2005 数据元和交换格式 信息交换 日期和时间表示法

3 术语和定义

下列术语和定义适用于本文件。

3.1

计量 measuring

将数字用于加、减、乘、除等数学运算。

3.2

编号 numbering

将数字用于为事物命名或排序,但不用于数学运算。

3.3

概数 approximate number

用于模糊计量的数字。

4 数字形式的选用

4.1 选用阿拉伯数字

4.1.1 用于计量的数字

在使用数字进行计量的场合,为达到醒目、易于辨识的效果,应采用阿拉伯数字。

示例1:-125.03 34.05% 63%~68% 1:500 97/108

当数值伴随有计量单位时,如长度、容积、面积、体积、质量、温度、经纬度、音量、频率等等,特别是当计量单位以字母表达时,应采用阿拉伯数字。

示例2:523.56km(523.56 千米) 346.87L(346.87 升) 5.34m²(5.34 平方米)

567mm³(567 立方毫米) 605g(605 克)

100~150kg(100~150 千克)

34~39℃(34~39 摄氏度) 北纬40°(40 度)

120dB(120 分贝)

4.1.2 用于编号的数字

在使用数字进行编号的场合,为达到醒目、易于辨识的效果,应采用阿拉伯数字。

示例:电话号码:98888

邮政编码:100871

通信地址:北京市海淀区复兴路 11 号

电子邮件地址:x186@186. net

网页地址:http://127. 0. 0. 1

汽车号牌:京 A00001

公交车号:302 路公交车

道路编号:101 国道

公文编号:国办发〔1987〕9 号

图书编号:ISBN 978-7-80184-224-4

刊物编号:CN11-1399

章节编号:4. 1. 2

产品型号:PH—3000 型计算机

产品序列号:C84XB—JYVFD—P7HC4—6XKRJ—7M6XH

单位注册号:02050214

行政许可登记编号:0684D10004—828

4.1.3 已定型的含阿拉伯数字的词语

现代社会生活中出现的事物、现象、事件,其名称的书写形式中包含阿拉伯数字,已经广泛使用而稳定下来,应采用阿拉伯数字。

示例:3G 手机　MP3 播放器　G8 峰会　维生素 B12　97 号汽油　"5·27"事件

"12·5"枪击案

4.2 选用汉字数字

4.2.1 示例:三四个月　一二十个　四十五六岁　五六万套

五六十年前

几千　二十几　一百几十　几万分之一

4.2.3 已定型的含汉字数字的词语

汉语中长期使用已经稳定下来的包含汉字数字形式的词语,应采用汉字数字。

示例:万一　一律　一旦　三叶虫　四书五经　星期五　四氧化三铁

八国联军　七上八下　一心一意　不管三七二十一　一方面　二百五

半斤八两　五省一市　五讲四美　相差十万八千里　八九不离十

白发三千丈　不二法门　二八年华　五四运动　"一·二八"事变　"一二·九"运动

4.3 选用阿拉伯数字与汉字数字均可

如果表达计量或编号所需要用到的数字个数不多,选择汉字数字还是阿拉伯数字在书写的简洁性和辨识的清晰性两方面没有明显差异时,两种形式均可使用。

示例 1:17 号楼(十七号楼)　3 倍(三倍)　第 5 个工作日(第五个工作日)

100 多件(一百多件)　20 余次(二十余次)　约 300 人(约三百人)

40 左右(四十左右)　50 上下(五十上下)　50 多人(五十多人)

第 25 页(第二十五页)　第 8 天(第八天)　第 4 季度(第四季度)

第 45 份(第四十五份)　共 235 位同学(共二百三十五位同学)

0.5(零点五)　76 岁(七十六岁)　120 周年(一百二十周年)

1/3(三分之一) 公元前 8 世纪(公元前八世纪)

20 世纪 80 年代(二十世纪八十年代) 公元 253 年(公元二五三年)

1997 年 7 月 1 日(一九九七年七月一日)

下午 4 点 40 分(下午四点四十分)

4 个月(四个月) 12 天(十二天)

如果要突出简洁醒目的表达效果,应使用阿拉伯数字;如果要突出庄重典雅的表达效果,应使用汉字数字。

示例 2:北京时间 2008 年 5 月 12 日 14 时 28 分

十一届全国人大一次会议(不写为"11 届全国人大 1 次会议")

六方会谈(不写为"6 方会谈")

在同一场合出现的数字,应遵循"同类别同形式"原则来选择数字的书写形式。如果两数字的表达功能类别相同(比如都是表达年月日时间的数字),或者两数字在上下文中所处的层级相同(比如文章目录中同级标题的编号),应选用相同的形式。反之,如果两数字的表达功能不同,或所处层级不同,可以选用不同的形式。

示例 3:2008 年 8 月 8 日 二○○八年八月八日(不写为"二○○八年 8 月 8 日")

第一章 第二章……第十二章(不写为"第一章 第二章……第 12 章")

第二章的下一级标题可以用阿拉伯数字编号:2.1,2.2,……

应避免相邻的两个阿拉伯数字造成歧义的情况。

示例 4:高三 3 个班 高三三个班 (不写为"高 33 个班")

高三 2 班 高三(2)班(不写为"高 32 班")

有法律效力的文件、公告文件或财务文件中可同时采用汉字数字和阿拉伯数字。

示例 5:2008 年 4 月保险账户结算日利率为万分之一点五七五零(0.015750%)

35.5 元(35 元 5 角 三十五元五角 叁拾伍圆伍角)

5 数字形式的使用

5.1 阿拉伯数字的使用

5.1.1 多位数

为便于阅读,四位以上的整数或小数,可采用以下两种方式分节:

——第一种方式:千分撇

整数部分每三位一组,以",,"分节。小数部分不分节。四位以内的整数可以不分节。

示例 1:624,000 92,300,300 19,351,235.235767 1256

——第二种方式:千分空

从小数点起,向左和向右每三位数字一组,组间空四分之一个汉字,即二分之一个阿拉伯数字的位置。四位以内的整数可以不加千分空。

示例 2:55 235 367.346 23 98 235 358.238 368

注:各科学技术领域的多位数分节方式参照 GB 3101—1993 的规定执行。

5.1.2 纯小数

纯小数必须写出小数点前定位的"0",小数点是齐阿拉伯数字底线的实心点"."。

示例:0.46 不写为 .46 或 0。46

5.1.3 数值范围

在表示数值的范围时,可采用浪纹式连接号"～"或一字线连接号"—"。前后两个数值的附加符号或计量单位相同时,在不造成歧义的情况下,前一个数值的附加符号或计量单位可省略。如果省略数值的附加符号或计量单位会造成歧义,则不应省略。

示例: $-36 \sim -8$ ℃   400～429 页   100～150kg   12 500～20 000 元

9 亿～16 亿万(不写为 9～16 亿)   13 万～17 万元(不写为 13～17 万元)

15%～30%(不写为 15～30%) $4.3 \times 106 \sim 5.7 \times 106$(不写为 $4.3 \sim 5.7 \times 106$)

5.1.4 年月日

年月日的表达顺序应按照口语中年月日的自然顺序书写。

示例 1:2008 年 8 月 8 日   1997 年 7 月 1 日

"年""月"可按照 GB/T 7408—2005 的 5.2.1.1 中的扩展格式,用"-"代替,但年月日不完整时不能代替。

示例 2:2008-8-8   1997-7-1

8 月 8 日(不写为 8-8)   2008 年 8 月(不写为 2008-8)

四位数字表示的年份不应简写为两位数字。

示例 3:"1990 年"不写为"90 年"

月和日是一位数时,可在数字前补"0"。

示例 4:2008-08-08   1997-07-01

5.1.5 时分秒

计时方式既可采用 12 小时制,也可采用 24 小时制。

示例 1:11 时 40 分(上午 11 时 40 分)

21 时 12 分 36 秒(晚上 9 时 12 分 36 秒)

时分秒的表达顺序应按照口语中时、分、秒的自然顺序书写。

示例 2:15 时 40 分   14 时 12 分 36 秒

"时""分"也可按照 GB/T 7408—2005 的 5.3.1.1 和 5.3.1.2 中的扩展格式,用":"代替。

示例 3:15:40   14:12:36

5.1.6 含有月日的专名

含有月日的专名采用阿拉伯数字表示时,应采用间隔号"·"将月、日分开,并在数字前后加引号。

示例:"3·15"消费者权益日

5.1.7 书写格式

5.1.7.1 字体

出版物中的阿拉伯数字,一般应使用正体二分字身,即占半个汉字位置。

示例:234   57.236

5.1.7.2 换行

一个用阿拉伯数字书写的数值应在同一行中,避免被断开。

5.1.7.3 竖排文本中的数字方向

竖排文字中的阿拉伯数字按顺时针方向转 90°。旋转后要保证同一个词语单位的文字方向相同。

示例:

5.2 汉字数字的使用

5.2.1 概数

两个数字连用表示概数时,两数之间不用顿号"、"隔开。

示例:二三米　一两个小时　三五天　一二十个　四十五六岁

5.2.2 年份

年份简写后的数字可以理解为概数时,一般不简写。

示例:"一九七八年"不写为"七八年"

5.2.3 含有月日的专名

含有月日的专名采用汉字数字表示时,如果涉及一月、十一月、十二月,应用间隔号"·"将表示月和日的数字隔开,涉及其他月份时,不用间隔号。

示例:"一·二八"事变　"一二·九"运动　五一国际劳动节

5.2.4 大写汉字数字

——大写汉字数字的书写形式

零、壹、贰、叁、肆、伍、陆、柒、捌、玖、拾、佰、仟、万、亿

——大写汉字数字的适用场合

法律文书和财务票据上,应采用大写汉字数字形式记数。

示例:3,504 元(叁仟伍佰零肆圆)　　39,148(叁万玖仟壹佰肆拾捌圆)

5.2.5 "零"和"〇"

阿拉伯数字"0"有"零"和"〇"两种汉字书写形式。一个数字用作计量时,其中"0"的汉字书写形式为"零",用作编号时,"0"的汉字书写形式为"〇"。

示例:"3052(个)"的汉字数字形式为"三千零五十二"(不写为"三千〇五十二")

"95.06"的汉字数字形式为"九十五点零六"(不写为"九十五点〇六")

"公元 2012(年)"的汉字数字形式为"二〇一二"(不写为"二零一二")

5.3 阿拉伯数字与汉字数字同时使用

如果一个数值很大,数值中的"万""亿"单位可以采用汉字数字,其余部分采用阿拉伯数字。

示例1:我国 1982 年人口普查人数为 10 亿零817 万5 288 人

除上面情况之外的一般数值,不能同时采用阿拉伯数字与汉字数字。

示例2:108 可以写作"一百零八",但不应写作"1 百零 8""一百 08"

4000 可以写作"四千",但不应写作"4 千"。

参 考 文 献

[1] 张保忠. 党政公文写作规范技巧范例全书[M]. 北京:研究出版社,2012.

[2] 苏豫. 办公室公文写作大全[M]. 北京:中国华侨出版社,2012.

[3] 张永璟. 应用写作通论[M]. 广州:广东高等教育出版社,2013.

[4] 谢亦森. 大手笔是怎样炼成的[M]. 武汉:长江文艺出版社,2013.

[5] 张保忠. 中国党政公文写作要领与范例[M]. 北京:经济科学出版社,2013.

[6] 马伟胜. 公文写作处理与病例评改[M]. 南宁:广西人民出版社,2013.

[7] 白延庆. 新编公文写作教程[M]. 北京:对外经贸大学出版社,2013.

[8] 张永璟. 实用公文写作通释[M]. 广州:广东人民出版社,2014.

[9] 岳海翔. 行政公文写作一点通[M]. 北京:中国文史出版社,2013.

[10] 程玥. 党政机关公文写作与公文处理指导全书[M]. 北京:红旗出版社,2014.

后　　记

　　古人曾就文章之艰辛说道:"一字之失,一句为之蹉跎;一句之误,通篇为之梗塞"。教材的撰写从来都是一件相当艰辛的事,特别是公文写作类教材的编写,千言万语难道其千辛万苦。"校门"与"衙门"的"零距离"是最难实现的,因为入世、出世的思维相去霄壤、判若云泥。带着如履薄冰、战战兢兢的心态,我们精读了中央人民政府网上的3000多篇公文、中国共产党新闻网上的数百篇公文,还把历次党代会工作报告、政府工作报告、政府白皮书及一些省市的政府电子公文都咀嚼再三;在此基础上,"众人拾柴":商定规范、科学分工、落笔成文,写成了这本教材。我们坚信,有5000多篇"高大上"的公文为我们"垫底",我们写出来的这本书应该凝聚了不少写好公文的正能量,应该对公文写作者有所助益。

　　为了"节能减排"、充分利用网络资源,本书的案例一般都作了较大删节,学员、读者若想了解案例的原样,可根据页下的链接地址找到其全文。书中的其他研究成果,我们在引用时都力所能及地注明出处;但囿于种种原因,有些被借用的成果未予标出,请大家在使用的过程中给我们指出来,以便再版式时修订。

　　本书的各章节分工情况如下。

公文规则:张永璟

公文原理:张夏梦

公文写作:李锦云(前8种公文)

　　　　　王　瑶(后7种公文)

事务文写作:吴　恒(计划、简报、总结)

　　　　　　周冰欣(调查报告、讲话稿、公示)

　　特别需要强调的是,当今时代是一个经济、政治、社会日新月异的时代,公文规则将推陈出新、层出不穷,本书不可能即时跟进、穷尽性地收集完备。因此,希望大家在使用时自行上网丰富、完善书中提及的规则。

　　囿于识见与时间,本书的错漏甚至贻笑大方之处在所难免,恳请学员、读者在使用过程中不吝指出。我们的联系方式是 jcxzshuangwaiwai@126.com。

编者

2015 年 1 月